政治學方法論

The Methodology of Politics

呂亞力　著

三民書局

弁　言

　　呂亞力先生所著《政治學方法論》自出版以來，承蒙讀者愛戴，已多次再刷。

　　本書內容包括狹義的政治學方法論、政治研究的基礎、政治分析的主要概念架構，聚焦於政治現象的實證研究與政治問題的理性思辨，內容深入淺出，針對政治研究的方法、理論皆有著墨，對於從事政治學研究的讀者而言，實為值得一讀再讀的經典之作。

　　適逢舊版售罄，且鉛字排版經多次再刷後效果不佳，為使讀者擁有更佳的閱讀品質，乃將本書重新編排出版，敬請讀者繼續支持並惠予指教。

三民書局編輯部　謹識

自　序

　　寫一本深入淺出，內容周遍的「政治學方法論」是我長久以來的願望。我感到最近十多年來，我國學習政治學的青年學生，對政治現象的實證研究與政治問題的理性思辯，是愈來愈有興趣了，但中文的政治學方法論方面的書籍，則甚為稀少。若說政治學研究方法的知識是較佳的實證研究之基礎，與政治問題理性思辯之必要輔佐，這不能不說是一項欠缺。我希望這本書能稍為彌補這項不足，並且企望它能拋磚引玉，為更好更多的政治學方法論的中文著作催生。

　　本書的內容，共分三部分：㈠狹義的政治學方法論：狹義的所謂「方法論」(methodology) 有兩重意義：其一是對研究程序的探討，其目的在釐定適當的研究程序，俾控制研究成果的純正度；其二是「描述、解釋，與辯正」研究的方法，尤其是辯正——即「某種方法何以適於研究？何種所謂『方法』實際上是無用的？」諸類問題的探究——的功能。本篇限於篇幅，主要僅在釐定研究程序，這確是不夠充分的。㈡政治研究的基礎：本書所指的政治研究，是指實證研究。第二篇所包含的皆是任何實證研究者必須具備的一般常識，諸如研究設計、抽樣……等。及㈢政治分析的主要概念架構：本篇對若干當代政治學者較重視的「一般性理論」與「分析途徑」……等作了簡單的敘述、分析與評估。把這些心智產物稱作「概念架構」是有意的：一方面我感到它們的「理論性」層次相差甚遠，而且沒有一個已完全符合方法論上所說的「理論」之條件。另方面我以為在現階段它們的主要功用仍是提供研究者探討的方向與釐定問題與蒐羅資料的範圍，因此，名之為概念架構是合理的。

　　本書的完成，獲得內人極多鼓勵與協助，謹致謝意。筆者學養不足，粗疏與謬誤之處在所難免，祈讀者不吝指正。

呂亞力

序於臺北　六十七年歲末

政治學方法論

目次

第二章　定　律

第三章　理　論

第四章　解釋與預測

第五章　價值：政治研究應否價值中立？

第六章　價值：政治研究能否價值中立？

第二篇　政治研究的基礎

第七章　關於政治研究的基本常識、準備工作與態度

第八章　研究題目的選擇

第九章　「研究問題」之釐清

第十章　研究設計

第十一章　蒐集資料的技術

第十二章　問卷與訪談單

第十三章　抽樣的理論與實際

第十四章　量度、測量與量表

第十五章　政治研究與統計

第三篇　政治分析的主要概念架構

第十六章　實證的政治研究之發展

第十七章　行為學科途徑

第十八章　結構——功能分析

第十九章　系統理論

第二十章　集團途徑

第二十一章　決策理論

第二十二章　溝通理論

第二十三章　政治精英研究途徑

第二十四章　組織分析

參考書目

緒　論

　　一九五〇年代以後，許多政治學者日益重視政治學方法論，是基於一項信念：政治現象的研究，可成為名實相符的科學。今天，接受這種看法的人，雖然愈來愈多，但是，反對它的學者，人數仍然相當可觀。反對者的論調，值得重視，因為倘若政治學不是科學，而且永遠不能成為科學，則政治學方法論就沒有充分的存在理由了❶。

　　政治學能否成為科學？是我們在緒論中欲探究的問題。我們擬首先列出反對者的理由，然後再提出主張政治學可成為科學的人士的辯辭與觀點❷。

壹、政治學不能成為科學！

　　認為政治學不能成為科學的人的理由，形形色色，相當龐雜；我們擬把主要的論調，歸納分析如後：

　　一、政治學是描述形象 (ideographic) 的學科：德國哲學家溫特彭 (Wilhelm Windelband) 與烈克 (Heinrich Rickert) 曾經把學科分為兩類：「涵蓋定律」 (nomothetic) 式的學科與「描述形象」的學科；前者的顯例為物理科學，其目的在發掘抽象的、普遍性定律；後者包括人文、歷史與社會學科，

---

❶　方法論主張自然科學與社會科學的研究方法，在原則上，是一致的；認為政治學不是科學的人，有的主張政治學有一套單獨的研究方法，與其他學科的研究法原則上不同；也有的甚至主張每一研究者都可有一套他自己的研究方法。

❷　關於此點，一本有用的參考書是 Quentin Gibson, *The Logic of Social Enquiry* (London, 1960)。

研究的對象為個別的，限於特定時空的事件，研究者的工作是把這些事件，盡可能充分而無遺留地呈現，而不是抽象地剖析❸。認為政治學不能成為科學的人士，常把溫、烈二人的觀點奉為圭臬，他們認為政治學為描述形象的學科，它本質上不是科學，使其科學化的努力，不僅徒勞，而且有害。適合於探究「涵蓋定律」式學科的方法不宜於政治學的研究：例如，史密斯(David G. Smith)就曾經表示物理科學的知識是「藉探查而發現」(discovery by investigation)的，而政治學的知識大多是「藉省察而發現」(discovery by reflection)的，在省察的過程中，睿智、卓見與悟力很重要，它所發現的「真理」並不統統「存在於事實」之中❹。

　　二、政治學是規範性(normative)的學科：遠在一九二九年時，依利約(William Y. Elliott)在探討政治科學的可能性時，就曾指出：許多認為政治學絕不可能成為科學的人，其主要理由之一，就是它是一門規範性的學科。「而只要是規範性的題材，就不可能是科學」❺。一九二九年後，持此立場的人士都在重複同樣或相似的論調❻。

　　三、政治學是藝術：在日常生活中，我們常常聽人說政治是一套藝術，沒有定規可循，不能當作科學來處理。若干反對政治學科學化努力的學者也持相同的觀點。梅遜(A. T. Mason)在一篇旨在說明為何「社會科學，尤其政治學較落後的情況」的文章中，指出其理由之一為「政治本身的特性」，他認為「在政治過程中，條件無法控制，而控制乃是建立科學結論所必要的」。因

---

❸　參閱 David G. Smith, "Political Science and Political Theory," *American Political Science Review*, Vol. LI, No. 3, September, 1957, pp. 734–746.

❹　Ibid., p. 735.

❺　見 William Y. Elliott, "The Possibility of a Science of Politics: With Special Attention to Methods Suggested by William B. Munro and George E. G. Catlin," in Stuart A. Rice, ed., *Methods in Social Science* (Chicago, 1931), p. 70.

❻　例如 John H. Hallowell, Leo Strauss, T. I. Cook, Dwight Waldo, H. V. Jaffa 及 Hans J. Morgenthau 都曾表示過類似看法。

此，他說：「究竟政治能否像植物學、化學、或數學般成為一門科學，是殊堪懷疑的」❼。

　　四、政治現象無法以自然科學的研究法去探究：有些學者認為政治學無法成為科學，其主要理由之一是政治現象不能藉自然科學的研究法去探究。這一論調又可區分為：

甲、政治現象無法實驗：一種常見的論調是，政治現象是無法實驗的，既然實驗是獲取與證實科學知識的必要手段，政治學之不能成為科學，也就不言可喻了。

乙、政治資料無法量化，故政治學無法成為科學：若干政治學者認為量化是科學必不可少的特徵，為科學方法重要的一環，政治學的資料大多無法量化，因此政治學不能成為科學❽。

丙、政治研究的題材過分複雜，科學的解釋目標無從達成：政治研究題材過於複雜，常被用來當作政治學無法科學化的藉口❾。所謂「複雜」，究竟何所指？並不十分清楚。也許是指欲充分解釋任何政治事件或現象，必須考慮的因素（變項）往往甚多，處理十分困難，加上種種技術性限制，其結果可能是此事件或現象的解釋不能符合科學解釋的要求。

丁、在許多重要領域中，政治資料不易獲取：對獲取政治資料的限制，大約可分為兩類：㈠事實的限制：例如，重大的政治決策，大都是機密，其程序

---

❼　A. T. Mason, "Politics: Science or Art?" *Southwestern Social Science Quarterly*, 16, No. 3 (December, 1935), pp. 1–10, p. 3.

❽　另一種立場是：量化的技術只能使用於極狹的領域，「大部份計量政治學已成為無關宏旨的瑣事的結合，只是外表唬人而已。」見 Hans J. Morgenthau, "Power as a Political Concept," in *Approaches to the Study of Politics*, ed. R. Young (Evanston, Ill., 1958), p. 70. 此立場在原則上不反對「量化」，但不贊成不適當地使用量化技術。

❾　例如 D. G. Hichner and W. H. Harbold, "Some Reflections on Method in the Study of Politics," *Western Political Quarterly*, 11, 1958, pp. 753–773 就持此觀點。

不易為研究者充分知悉；㈡方法上的限制：由於人具有保持內心秘密的慾望，探測政治態度的調查，有時不易獲致完全可靠的結果。

五、政治行為的研究，有一個實際上的困難，足以使其無法達到科學的另一目標——預測，此即探測人類行為的活動，其本身就可能使行為發生改變：政治研究對於被探究的對象之影響可分為兩種：甲、研究過程與技術影響行為；乙、研究結果的發布改變行為，此即所謂「自我促成的預測」(self-fulfilling prophecy) 與「自我挫敗的預測」(self-denying prophecy) ❿。

貳、政治學能成為科學！

在學術研究的領域內，政治學的成就，是不甚豐碩的。迄今為止，它不僅不能與物理科學與生物科學相比，就是與其他的社會與行為學科，諸如心理學、經濟學……等相較，也是瞠乎其後的，其原因何在？是政治學者必須嚴正反省的。

不少傑出的政治學者都認為主要原因之一，是以往政治學的研究方向，過分重視實際問題的解決，而不重視基本的理論性研究。例如，伊斯頓 (David Easton) 就曾指出：

- ◆ -

❿　所謂「自我促成的預測」與「自我挫敗的預測」常被指為社會科學研究所建立的定律與理論，難以證實的理由之一。因任何定律與理論其最有效的驗證，為根據它所作預測是否兌現。但由於「自我促成的預測」與「自我挫敗的預測」的存在，預測表面上兌現，不足以驗證據以預測的定律或理論，而表面上的不兌現，也不足以構成推翻定律或理論的終極理由。所謂「自我促成的預測」是指預測的結果，是由於預測之舉造成的，例如一位學者，根據其研究，預測將出現經濟蕭條，此研究公諸報端，引起大眾恐慌，表現出許多非理性的反應行為，結果經濟固然蕭條，但這種現象的出現，很可能是這些非理性的反應行為促成；所謂「自我挫敗的預測」是指預測之舉，導致預測結果的不兌現，例如前述學者的預測，引起政府與社會採取一系列的應變措施，未雨綢繆，結果度過了難關。

「極大部分的研究旨在處理改革或實用性問題，不重視純粹研究……對政治改革的問題過分關心，以致把資財大多投入，本來這可用於探索政治關係中的規律性，並因此建立理論為鵠的之研究就落後了❶。」

基氏 (V. O. Key, Jr.) 也注意到許多政治學者的實用性傾向，他說：

「我們工作的素質可能已改善了，但毫無疑問地，我們學科的發展落後需要甚遠。一個基本的障礙，乃是我們撥予純粹研究的人力。我們雖然不知道確實的量，但人人都知道這是很有限的❷。」

另一個原因是直至今日，許多研究者的工作，仍是限於個別事件、制度……等的描述與分析，而不去設法建立普遍性的命題，基氏對此點曾批評如後：「我們的工作仍舊保留本學科源於歷史與法律這一事實，這些學科都是致力於分析個別事物的。我們的期刊中的文章，仍大半是個別事件、制度與設施。這些文章往往很好，甚至卓越，但它們在增進對一般性觀念的了解方面，一無貢獻……它們與本學科前人的研究成果沒有關聯；從其性質推斷，它們與以後的知識也不會有何關聯❸。」

以上的敘述，無非在表明一點：即政治學科學化的要求，是相當迫切的，這與學科的成長與發展是息息相關的。剩下的問題是：它能否成為科學？這涉及對上節中臚列的觀點的駁斥，我們擬逐條探討：

一、把學科刻板地兩分為描述形像的與涵蓋定律的，並不妥當，而把政治學及其他的社會科學歸併為「描述形象的」並無充分理由：任何經驗學科的研究過程，必經歷幾個階段：第一個階段為現象的簡單描述 (simple description of the phenomenon)；第二個階段為就現象的不同面作相關性分析

---

❶　David Easton, *The Political System: An Inquiry into the State of Political Science* (New York, 1953), p. 86.

❷　V. O. Key, Jr., "The State of the Discipline," *The American Political Science Review*, 52, 1958, pp. 961–971, p. 969.

❸　Ibid., p. 965.

（relational analysis of various aspects of the phenomenon，即 correlational analysis）；及第三個階段為現象的因果解釋 (causal interpretation of the phenomenon) ❹。由於學科的發展程度之差異，這些階段在整個過程中的比重可能不同，但假如說有的學科純為描述，有的則不需描述，顯然是誤解。

任何現象的描述都須經過抽象 (abstraction)，並有選擇性的，所謂「充分而無遺留」的描述，不僅不可能，而且是違反「描述」的基本原則的。描述必須運用概念，才能達到溝通的目的，例如描述羅伯斯比爾 (Robespierre)，就須使用法國大革命這個專有名詞，而這名詞中的「革命」一辭，就是一個概念，概念乃是抽象的結果；又任何一個現象都是複雜無比的，如欲無遺留的描述，研究者就是窮畢生之力也難辦到。故事實上任何描述，都是根據研究者的目的，對現象的事實與特徵加以選擇而為的。

認為政治學不能成為科學的人，另一觀點是政治學處理的事物都是具獨特性，自成一格的，不像物理學處理的事物，都是一模一樣的。這看法也不盡妥：世界上任何事物，不論其為物理的，抑或非物理的，從某種觀點看，都有獨特性，沒有不自成一格的。鐘錶的兩聲滴答，並不完全相同，兩次月蝕也不全然相等。而從另一角度看，則事物常有其共同性，例如法國革命與俄國革命，既然都叫革命，自然有其共同的特徵 ❺。故事物的是否獨特，是否自成一格？常常是由分析者按研究目的決定的。

二、假如我們細析「政治學是規範性學科」這一觀點，不難發現它實包括數種立場：㈠有些人士認為政治學除研究事實外，也研究價值，自然科學只研究事實，兩者不同，故不可同日而語。此一立場，過分強調兩種學科的差異。誠然，政治學是研究價值的，但當它研究價值時，這些價值是當作事實來看待與處理的，可稱作「價值－事實」("value-facts") ❻，我們原則上不

---

❹　見 David C. Leege and Wayne L. Francis, *Political Research: Design, Measurement and Analysis* (New York, 1974), pp. 19–20.

❺　譬如 C. Brinton 就曾依據此點，撰成 *The Anatomy of Revolution* 一書。

必把價值—事實與其他類事實看作迥然不同，其理至為明顯。㈡另有些人士則認為研究者個人的價值在政治研究的過程中擔當重要角色；個人價值扮演的角色為：①就若干方面而言，政治問題的探討免不了研究者的價值判斷；②研究者的個人價值在其研究工作的每一步驟中，都產生明顯或隱晦的影響，換句話說，在政治研究中，客觀是不可能的。關於此項看法，主張政治學可成為科學的人的答辯為：政治問題的探討固然不免價值判斷，但是，此探討實可分為兩個層次：一為科學的層次，在此層次，個人的價值判斷可加以控制與約束，使其不致影響研究的成果；另一為哲學的層次，在這一層次的探討中，研究者自然不必隱藏其一己的價值判斷。至於在研究過程中，研究者的主觀價值可能發生某種影響，這是不必否認的。首先，它可能影響他對研究題目的選擇。但是，這方面的影響與政治學是否規範學科的論旨毫無關係，因為正如奈格爾 (Ernest Nagel) 指出的：

「科學研究者選擇其探討的題材，是按興趣決定，就此點而論，各種科學間並無差別。但是，此事實本身對任何部門的研究，均不形成成功地從事客觀的、控制的探討的障礙❼。」

一個政治學者研究裁軍問題可能是基於促進世界和平的意願，同樣地，一位生物學者探討癌症的起源，也可能是基於拯救千萬人的生命。總之，這種動機或價值都可使其不影響從事客觀的研究。此外，政治研究者的主觀價值判斷，足以影響其資料的蒐集與分析。這也許是現在許多研究工作中常遇到的情形，但這種情形在原則上並非不能避免的，如何設法避免是方法論欲

---

❻ 此名詞首見於 Thomas I. Cook, "Power and Society: A Framework for Political Inquiry," *Journal of Philosophy*, 48, 1951, pp. 690–701, at pp. 697–698. 此文為 H. D. Lasswell and A. Kaplan, *Power and Society: A Framework for Political Inquiry* (New Haven, 1950) 的書評。

❼ Ernest Nagel, *The Structure of Science: Problems in the Logic of Scientific Explanation* (New York, 1961), pp. 486–487.

探討的課題之一：研究者主觀價值影響到資料的蒐集與分析，是現在政治學的一個缺點，在未加深究前，我們實不應把這缺點當作無法避免，更不應由於此種成見，而把缺點當作政治學研究的「本質」的一部分❶。

　　三、「政治學是藝術而非科學」這一觀點是基於兩項謬誤：一方面把政治與政治的研究兩者混淆，另一方面未能分辨「發現的系絡」(context of discovery) 與「驗證的系絡」(context of justification) 二者的區別。政治與政治的研究二者的區別，至為明顯，可惜若干論者並不加以區別，在同一篇論文中，忽而說「政治是一種藝術」，忽而又云「政治學是一種藝術」❶。這兩者間的區別，必須嚴格遵守，否則很難澄清政治學的性質。事實上，似乎還沒有任何政治學者表示過政治是科學，把政治當作一種藝術或技術，學界並不否認，但政治學並不就是政治。

　　主張政治學是一種藝術的人士，另有一個理由：研究政治，如想成功，研究者必須表現政治家的卓見與悟力。他們認為政治家的世界是一個無限複雜，高度動態的世界，研究者必須具有洞察政治家心靈的能力，才能成功地研究政治。

　　換句話說，他們認為「理性不足以處理任何具體的政治情勢；只有藉與藝術表現相似的過程，才能掌握它❶」。

　　就此點而論，主張政治學科學化的人必須指出：如何證明所「掌握」的事之真偽？如何肯定藉與藝術表現相似的過程獲致的成果是可靠的？主張政治學可以成為科學的人，認為任何表示某種觀念的命題，其能否成立，關鍵不在於此觀念是如何產生的，而在於事實的根據。換句話說：「發現的系絡」在這點上並不重要，「驗證的系絡」則絕不可忽略。一項重大的科學理論可能

---

❶　關於如何設法減少此種缺點的害處，可參閱 Gibson, op. cit., pp. 73–87.

❶　如 A. T. Mason, D. G. Hichner 諸人均不曾將二者嚴格區分。若干國人每見一位青年擬入政治學系，立刻想到他一定想當官，也是由於將此二者混淆。

❶　見 A. T. Mason, "Politics: Science or Art?" op. cit., p. 9.

由一位天才的突發靈感產生，但其「驗證」則必待觀察與試驗經驗世界的現象。

　　四、關於政治研究的技術性困難，無人否認。但是，如果說由於這些困難，政治學就必然不能成為科學，未免過甚其辭。反對者提出的首項困難是無法實驗。因為反對者未把「實驗」一辭精確界定，其此一反對理由不甚明確。誠然，假如把「實驗」狹隘地界定為奈格爾所謂的「控制的實驗」(controlled experiment)——即實驗者可隨意操縱某一他製造的情勢中的某些因素……因而他可使其中的若干發生變異，而令另一些不變，俾觀察者能研究這些改變對其探討的現象之影響❷，則政治學中確實沒有名符其實的實驗。但是，假如把「實驗」的定義略為放寬，則政治學中，也不是沒有實驗的❷。

　　「由於政治學中沒有實驗，故它不是科學」的論說，在觀念上犯了一個錯誤，即把科學方法（或科學的邏輯）與科學研究的某種特定的技術與程序相混淆了。姑且不論實驗對若干種科學研究的重要性，但它只是一種科學的技術而已。就邏輯的觀點，不論科學家在實驗室中製造一種人為的情勢，以操縱某些因素以便觀察（如化學家所作），抑或在「天然」的環境中觀察（如天文學家所為），都不足以構成原則上的區別。

　　事實上，把「天然情勢」中的若干因素，加以某種程度的「控制」或「操縱」，以作「準實驗」(quasi-experiment) 的研究，在政治學中是屢見不鮮的。在本書的有關章節中，我們將較詳細地敘說。

　　至於「量化」，在政治學界，確是一個相當具有爭執性的問題，但也頗饒趣味。在以往，若干政治學者「對所謂『量化』深惡痛絕❷」。不過，具有這

❷　E. Nagel, op. cit., pp. 450–451.

❷　關於此點，可參閱 Richard C. Snyder, "Some Perspectives on the Use of Experimental Techniques in the Study of International Relations," in *Simulation in International Relations*, by H. Guetzkow and others (Englewood Cliffs, N. J., 1963).

❷　J. W. Prothro, "The Nonsense Fight Over Scientific Method," Bobbs-Merrill Reprints

種強烈「反量化」的態度的人，近二十多年來，在政治行為研究較發達的國家，已經減少不少了❷❹。

　　早年反量化的「理由」之一，是政治學中絕大部份的領域絕對無法量化，削足適履地去量化，必然失敗。另一理由是過份強調「量化」，將引導政治學者忽視無法量化的領域，以致疏忽了「重大」問題❷❺。這類理由能否成立實在不是口舌之爭所能解決的。最好的辦法是讓學者們藉研究去看看「量化」究竟是否可行。以最近二十多年來西方國家社會科學研究中「量化」的結果而言，在很多領域與問題上，成績還算豐碩。當然，我們也不能說社會科學（政治學）的一切研究都需量化，或者都以量化為宜。

　　今天，社會科學界贊成量化與反對量化的人，有時都不免情緒用事。一位當代聞名的科學哲學家古斯塔夫・伯格曼對此曾作精闢的評論：

　　「在心理學與別的行為科學中，量化的興起已有若干時日，它仍是過分熱心的鼓吹及（除了經濟學界）慍怒的抵制之對象……在物理學中，量化與其輝煌的進步相伴俱來；因而在一切領域中，把量化視為進步的必要充分條件的心態是理所當然的。這可能是這種過分的熱情的原因之一……而大捧量化的另一原因，我認為是社會風尚使然。近年來，行為科學已變成大批專業人才的資格基礎（或所謂基礎），這大批人士快速地獲得公私機關經營的權力，並且，不論是好是壞，渴望更多權力。這些期望良好前程的集團需要身分的標記。醫師的潔白外衣是其一；數學公式是另一。另一方面，抵制量化，根本上是反對『科學怪人』的老式偏見的理由化。其論調不過是反複一些較古老的論調的俗套罷了，這些論調部份是建在一種似是而非的兩分上的；質

No. 6.
❷❹　但是，認為「量化技術」並不能應用於大多數研究領域的人，則有增無減。
❷❺　這也是許多不同領域的社會科學家，對於其本門中若干人過份重視「量化」的批評，在某種限度內，這種批評也有道理，但據此反對一切量化的努力，便可能是非理性的。

與量的對立 ❷⑥ 。」

　　平心而論，量化與實驗一樣，只不過是科學方法的特性之一，它充其量也僅是技術而已。對於適合使用它的學科而言，量化極有價值。但是，一種學科，並不因為使用量化的程度小，就一定不是科學。在政治學的領域中，量化技術的運用，近數十年來，有長足進步 ❷⑦ 。但量化政治學顯然不是政治科學唯一的成就，我們也不認為政治科學的一切領域，皆須以「量化」為重。

　　政治研究題材的複雜性，也被人作為政治學難以科學化的理由之一。社會現象（尤其是政治現象）牽涉的因素數目往往超過自然現象，這是無庸否認的，但這種技術性困難不能與原則性困難等量齊觀，技術性困難基本上是可以克服的，以社會現象的研究而言，電腦的運用，已為資料的處理減少了許多麻煩。

　　資料獲取的技術性困難，也只有藉持續的研究去慢慢解決與克服。行為科學近數十年最大的成就之一是已經尋到了獲取以往的研究者難以想像的種種資料的有效策略與途徑。

　　五、研究的歷程與活動使研究對象產生某種改變的情形，不僅可以見之於社會科學，也可見之於自然科學，譬如把一支寒暑表插入液體去測量其溫度時，寒暑表本身也可改變液體之溫度。一般說來，自然科學研究者，處理此類困難的辦法是設法事先測定該項誤差（藉多次試探的經驗來從事），而使其對研究結果不致產生過大的歪曲。社會科學家處理這類問題的辦法，原則上不應有所不同。一種辦法是否有效，要憑藉經驗才能決定。社會學、人類學……等在處理這類問題上，已具有相當豐富的經驗，產生頗為有效的辦法，我們沒有理由認為政治學就不能相當成功地處理類似的難題。

----

❷⑥　G. Bergmann, *Philosophy of Science* (Madison, 1957), p. 67.

❷⑦　關於此點，可參閱 Hayward R. Alker, Jr., *Mathematics and Politics* (New York, 1965)，及 J. David Singer, ed., *Quantitative International Politics: Insights and Evidence* (New York, 1968).

　　至於「自我促成」與「自我挫敗」的預測，根據若干專家的看法，當我們研究的是個人或少數人的行為時，這種效果的可能性較大，假如研究的是大批人的行為時，其效果往往不會太大。政治科學研究欲發展預測的定律，必須依據對大批人的政治行為的探討，這種困難並不構成政治科學基本的弱點。

第一篇
政治學方法論

第一章　概　念

　　漢普爾 (Carl Hempel) 曾經指出：「實證科學具有兩大目標：描述經驗世界的個別現象，與建立解釋與預測這些現象的一般性定律❶。」不論是描述與建立通則，都須依賴概念 (concept)，我們可以說概念是實證科學的基礎。

壹、何謂概念？

　　概念的首要作用，是描述，描述藉語言（文字）為之，我們欲了解概念，必須先試觀其與語言（文字）的關係。

　　當我們發言 （寫作） 以描述某一現象 ， 必用一句或超過一句的陳述語 (statements)❷，每一陳述語中的詞彙（或字）實包括三類：邏輯詞彙 (logical words)，又叫結構詞彙 (structure words)，如「我與他是朋友」一句中的「與」字，這類語彙本身並不指涉任何事物，但它們對於陳述語的結構與型式具有形成的作用。指涉事物的詞彙又可分為兩類：一類指涉個別的事物，如「王先生今天來過」 這句子中的王先生，稱為個別詞 (particular)。另一類指涉一組事物 （即共同具有某些特徵的許多事物），如 「人是萬物之靈」 一語中的人，此為普通詞 (universals)，亦即概念。

　　概念構成陳述語的內容，從某種角度來看，說它們呈現科學的「內涵」，

---

❶ Carl G. Hempel, *Fundamentals of Concept Formation in Empirical Science, International Encyclopedia of Unified Science*, Vol. II, No. 7 (Chicago, 1952), p. 1.

❷ 當我們見到一隻狗時，對人說「狗」，表面上是一個字，但實際上是「那是一隻狗」。故陳述語必成句。

16

並不為過,因此研究者對概念的形成與應用,不能不慎。當一門學科發展的早期,描述與通則均以日常語言表示,概念也都採自日常語言,此種概念具有數項缺點:㈠缺乏精確性;㈡使用上不一貫:在不同情況下,同一概念的意義可能並不完全一致;㈢其所組成之通則的解釋與預測能力頗為有限。因此,隨著學科的進展,日常用語的概念必須漸漸為科技的概念 (technical concepts),或建構的概念 (constructed concepts) 所取代,才能促進學科進一步的前進。建構的概念是依照某些原則界定與引入的❸。

貳、概念的界定與引入

概念如何引入科學的語言,在相當程度內,可決定其是否有用;一個草率引入的概念,往往只能製造誤解,對於科學研究是無益的。那麼,我們應怎樣引入概念呢?粗淺地說,概念必須先要界定,即它們必須被給予意義,然後才可引入。但是,所謂「界定」,並不十分簡單。這涉及兩點:㈠「界說」的二種詮釋;㈡界定的諸種方式。

所謂界定,即賦予界說。人類對於事物的界說,有兩種迥然不同的詮釋:「真實」界說 ("real definition") 與「名義」界說 ("nominal definition"),這一傳統邏輯上的區別是大家耳熟能詳的:「真實」界說指關於某一事物的「本質」("essential characteristics") 的陳述 (a statement of the "essential characteristics" of some entity)❹,例如把人界定為「理性動物」之類。早期的希臘哲學家柏拉圖致力於發現「真實」界說:譬如在理想國 (The Republic) 與對話錄 (The Dialogues) 中都嘗試發現「正義」的本質。由於「本質」的觀念

---

❸ 關於此點,最重要的參考書 Hempel, op. cit.; "Problems of Concept and Theory Formation in the Social Sciences," in *Science, Language, and Human Rights* (Philadelphia, 1952).

❹ 見 Hempel, *Fundamentals of Concept Formation in Empirical Science*, p. 2.

過分曖昧，藉找尋「本質」來界定的概念，對科學研究往往無用❺。

　　名義的界說才是科學研究者所重視的。所謂名義的界說乃是指（界定者）作一個制定 (stipulation)，依照此制定，某一特定詞句（被界定項 [the definiendum]）的意義與另一意義早已決定的特定詞句（界定項 [the definiens]）相等❻。例如：界定「正義」時，我們只要說假定 XYZ……等現象出現，「正義」即存在。名義的界說乃是一個幫助我們了解與描述世界的工具，它無所謂真或偽。我們不能說我的界說是真的，你的是偽的。我們只能說我的定義比你的更有用。至於何種概念比較有用？這是我們在以後要討論的。

　　把概念引入科學的語言的途徑不一。有些概念是我們憑五官的知覺能直接熟稔的，其指涉之事物，我們可直接觀察，亦即它們是關於可觀察的事物 (the observables) 如椅子、桌子之類，對於這類概念，引起的問題甚少，日常談話中的許多概念，均屬這類，它們的界說是全社會「約定俗成」的 (conventional)。日常談話中的概念，也有些指涉對象不是可直接觀察的，它們的意義往往由應用者決定，科學研究者遇到這類概念，採取的手段可能有二種：一種是遵從應用者心目中的意義，即採納該概念的報導界說 (reportive definition)（他實際上報導別人的實際使用），另一種是他捨棄報導界說，而自行規定一項意義，即採納制定的界說 (stipulative definition)❼。採取第一種手段的益處是有助於學科的研究者與社會（這包括其他學科的研究者）的溝

---

❺ Isaak 對此作如後的言論「概念的意義不是賦予的；其本質是『發現』的。當用於科學時，此種界說的詮釋造成一個難題。學者的時間浪費於發掘概念的本質，而不是用於找尋概念間的關係。」 見 Alan Isaak, *Scope and Methods of Political Science* (Homewood, Ill., 1969), p. 62.

❻ 關於界說，可參閱 Richard S. Rudner, *Philosophy of Social Sciences* (Englewood Cliffs, N. J., 1966), pp. 15–21.

❼ John Hospers, *An Introduction to Philosophical Analysis* (Englewood Cliffs, N. J., 1953), p. 51.

通，利於資料與心得的交換，但其缺點甚多甚大：一個指涉複雜事物的概念，其報導界說一定很多，而且大都不精確，不明顯 (explicit)，都難免曖昧。因此權衡輕重，報導界說是應該盡可能捨棄不用的。

相反地，制定的界說，亦即我們在前面所說的名義的界說，是我們應毫不遲疑應用的。我們如何為概念制定界說呢？一種方式是我們在報導界說中慎選其一，然後決定它為概念的界說；另外一種更受重視的方式是採用「運作」的界說 (operational definition)。

所謂「運作」的界說，就是藉某種「行動」(operation) 所界定的意義。自從英國物理學者布烈治曼 (P. W. Bridgman) 在一九二八年提倡所謂「運作」界說後，這已成為引入科學概念的最重要的方法之一。當吾人面對一個無法直接觀察的事物，而感到指涉該事物的概念與它是否相符，是一個問題時，就自然而然地想到：這概念能否「運作」地界定？雖然今天我們知道並不是一切指涉不能觀察的事物之概念均可「運作」地界定，而且不是一切無法運作地界定的這類概念都必然沒有意義，但在相當長久的時期內（至少迄一九六〇年代中期），若干經驗主義者一貫堅持任何概念必須能運作化界定，才有意義，才能成為科學語彙的一部份。而一個理論系統中若含有無法運作地界定的概念，就是沒有意義的空談 ❽。

關於何謂運作的界說，我們擬舉出自然科學中一個大家引用的例子。譬如硬度 (hardness) 這一概念的界定：我們可以把一塊石頭以一塊玻璃敲擊，就發現石頭原封不動而玻璃破裂，則我們可說石頭有硬度，而此即為硬度的運作定義。以較正規的話說，「運作界說」的意義如下：若吾人在某物上採取某動作 (O)，產生某一特殊結果 (R)，我們可說它具有某特徵 (D)，此即吾人的運作界說。

在政治學中，研究者無法隨心所欲地採取某種行動，因為自然科學家的

---

❽ 參閱 May Brodbeck, "The Philosophy of Science and Educational Research," *Review of Educational Research*, December, 1957, pp. 1–2.

行動對象是物，政治學者研究的是人，但這並不是說政治學中不能產生運作界說，但這需藉助於觀察：譬如吾人見到以色列佔領黎嫩南部，美國指責以色列，經過一段時間的猶豫後，以色列終於撤出，此即為「權力」的運作界說（美國比以色列更有權力）。

除了指涉可觀察事物的概念，運作的概念外，另外還有兩種方式引入概念，由其中一種方式引入的我們可稱之為性向的概念 (dispositional concepts)，由另種方式引入的可名之謂理論的概念。

性向的概念給予經驗主義者的麻煩，超過運作的概念，因為性向的概念所指涉的「實體」(entity) 雖大多可「觀察」到，但其指涉的特性，既不明顯，也無法作一「行動」來測知的 ❾。譬如我們說「汽油具有易燃性」，易燃性即為一個性向的概念。我們如在汽油上點火，我們可獲「燃燒」這個運作概念的界說，但得不到易燃性這個性向概念的界說。易燃之物可能並未燃燒，而正在燃燒之物未必都具有易燃性。在政治研究中，使用性向的概念的場合甚多，例如我們用問卷調查一個人的政治態度或意見時，假定其對某些問題如何回答，即為一個「強烈保守主義者」「溫和保守主義者」……等等。有些學者認為這些答案足以反映答卷者內心的態度或意見，也有些學者則持不同的看法，他們認為我們既無法觀察到答卷者的內心（實體 [entity]），把一張紙上的記號視作其態度與意見的反映，是無意義的。這兩派的爭執，實無必要。站在實用的立場，我們認為這類性向的概念（態度與意見等），透過合理的推論 (inference)，可當作實體的不完善的反映，而在缺乏更良好的探測一個人的態度、意見……等時，一種以推論為基礎的策略（如問卷）也是值得採用的。

理論的概念的界定，更是間接，是按其在理論中的地位界定的。魯特納曾經用一句話，來說明此種概念比性向的概念為經驗主義帶來的更大困擾：「（性向的概念）指的是可觀察的實體之不能觀察或不顯露的性質，而（理論

---

❾　見 Rudner, op. cit., pp. 21–23.

的概念）指的是不能觀察的實體的不能觀察或不顯露的性質❿。」在科學用語中這類概念甚多，例如「電子」「中子」等等幾乎完全無法觀察。但是，「不能觀察」只是理論的概念的特性之一。其另一特性是它藉理論而界定，不能像運作的概念般獨立地被賦予意義。脫離了理論，它就沒有價值。理論的概念，在理論發展進步的科學中，固然甚多，但在政治學中，仍無真正的理論概念。

參、類型概念的區分與功能

概念的種類，依不同的標準，可作不同的分劃。我們若依其界定與引入科學語言的方式，可分為可觀物的概念、運作的概念、性向的概念與理論的概念，這在上節中，我們已經討論過了。

政治學領域中，類型概念 (typological concepts) 使用甚多，擬特別提出來討論。

我們可根據漢普爾的說法，按照功能，把類型概念分為分類的 (classificatory)，比較的 (comparative)，計量的 (quantitative) 與理想型的 (ideal-type)⓫。

所謂分類的概念，其功能是提供把大批事物劃歸各種類別的基礎。分類是人類設法了解環境的第一步，世界上的事物為數甚多，其性質又甚龐雜，倘若我們不把它們分類，根本就無法對之產生初步的認識，更遑論深刻地探究了。科學家作科學分析其起步也是分類。普通人與科學家都作分類，但科學家的分類顯然要謹嚴得多，也就是說，科學家的分類概念，要精確得多。

---

❿　Ibid., p. 23.

⓫　見 Hempel, "Problems of Concept and Theory Formation in the Social Sciences," in E. Nagel and C. G. Hempel, *Science, Language, and Human Rights*, Vol. I. Eastern Division (Philadelphia, 1952), pp. 65–84.

例如普通人也許會把世界上的國家分為民主國家與共產國家兩類，並把一切非共國家列為民主國家，而一位政治學家就可能建立一個概念「民主」，然後把一切國家中合於此概念者劃為「民主」的，把剩下的劃為「非民主」的。而在建立「民主」這個概念時，他必須列出一些可觀察的特徵，諸如選舉的公開度、國會的存在與功能……等，並使該概念與它們相聯，此為兩分分類 (dichotomous classification) 的例子。我們也可運用多重分類概念 (multiple classificatory concepts)，譬如依照人種概念，把全世界的人分為黃種人、白種人、黑種人三類，即為一例。

不論是兩分分類概念或多重分類概念之使用，概念必須適當地界定，我們如何判定分類概念的界定是否適當？有三點值得注意：㈠概念製作的程序必須正確；㈡概念不僅經驗上健全 (empirically sound)，（例如上述「民主」概念，必須與適當的、可觀察的政治體系特徵有關，倘若我們把「人人都擔任公職」作為特徵之一，則顯然不妥。）而且有利於發展適當的通則，並可提供預測的基礎（假如我們分劃國家元首，根據其「是否戴眼鏡」，雖然經驗上並無不可，但對發展通則無用）；㈢根據該概念形成的分類系統不僅能把有關的一切個案統統歸類，無一遺留（此稱為 exhaustiveness）；而且每一個案只能歸入一類，決不可同時歸入一個以上的類別中（此稱為 exclusiveness）。假如我們使用的概念，可使一個個案歸入不同類，就是不健全的。

比較的概念歸根結底，也是用作分類的，但較分類的概念精緻，而且對於科學研究，更加有用。分類的概念雖然有助於吾人了解複雜的世界，但這種了解是初步的，淺近的，它對科學研究只提供一個起點。譬如我們欲研究人的性格，把人分為「內向型」與「外向型」，雖然有些用處，但是假如深入觀察，我們不難發現實際生活中極少絕對內向或絕對外向的人。倘若我們硬要在「內向」人格與「外向」人格間劃一條清楚的界線，則必須運用「人為」的標準來決定它，較自然而合理的方式似乎是把這兩個概念建構成具有等差性，這樣我們就可說某甲比某乙更內向，因為某甲性格中呈現的「內向」性多於某乙（亦即「外向」性少於某乙）。這個例子顯示比較的概念不僅有利於

較精密的分析，而且在有些情形下，是較為合理的。

　　比較的概念又稱序列的概念 (ordering concept)，因為它的功能不僅是歸類，也是把個案排上順序。援用上例，我們理論上可把世界上的人按其外向或內向的程度排起順序，可說某甲是世界上最外向的人，或某乙是世界上最內向的人等。

　　序列的概念中，有一次類，即所謂「極端型」(extreme type)，又稱「純粹型」(pure type)。當吾人運用「內向型」人格或「外向型」人格等概念於比較時，理論上，我們可設想純粹內向或純粹外向的人，在實際生活中，我們很難發現這樣的實例，但「極端型」可作為概念的指涉點 (conceptual points of reference)，當作序列的基準，運用此型概念代表研究者從分類的概念形成階段提升至計量概念的形成階段之過渡。「極端型」與韋伯 (Max Weber) 的「理想型」常被混為一談，其實是不同的。

　　當我們把一群人集結在一起，就其性格加以比較，我們可說甲比乙更內向，乙比丙更內向……。這雖然可以表示甲比乙具有更多的「內向性」……，但卻無法表示甲這種性質究竟比乙多了多少？欲表示此點，我們必須將該概念加上某種數學的性質，這樣我們就可說「甲比乙內向三倍」之類的話，如此，我們就建構了一個計量的概念。

　　政治學者對計量概念的製作，深感興趣，因為假如我們具有良好的計量概念，必定能有助於獲取更可靠更精確的知識：我們欲知道的不僅是美國比烏拉圭更有權力，而是美國比烏拉圭，權力究竟大多少？

　　計量概念有兩次類：一為序數 (interval)，如寒暑表上的十度、二十度、三十度……等，其間隔是相等的。另一為比例 (ratio)。迄今為止，政治學家仍在努力於發展計量概念，但是，我們的政治知識主要還停留在以分類與比較的概念之基礎上。

　　理想型 (ideal-type) 是韋伯所創的分析建構概念 (analytical construct) ❷。

------

❷　韋伯對理想型的性質與用途，具有曖昧與矛盾的想法：他的若干說法似乎把理想

它「是藉片面地強調某種觀點與綜合許多分散的、互不相聯的、多多少少存在的及偶爾不存在的具體個別現象而形成。這些現象皆按片面的強調的觀點，安排成一個統一的分析建構❸。」一個理想型與具體真實不會相符合，雖然它是從此真實的若干成分建構的，它比真實邏輯上更嚴謹、更一貫。它與極端型不同，因為當建構它時，不必具有明確的排列順序的標準，運用它時，不是為了運用序列概念的目的，而是為了解釋社會與歷史的現象❹。韋伯的理想型共計三種，其區別是由於抽象的層次不同：第一種如「新教倫理」(Protestant Ethic)、「近代資本主義」等，指在特殊的時期與地點出現的某些現象；第二種如「官僚組織」(bureaucracy) 等概念，涉及社會真實的抽象因素，可在不同的時期與文化中發現；第三種指涉人類如為純粹的經濟動機所催促（如果他們是純粹的「經濟人」），其經濟行為的方式❺。

肆、概念的評估

科學的概念，必須根據兩個原則形成：一、它必須指涉經驗的事物，換句話說，它必定歸根結底指的是可觀察之事物。嚴格遵守此一規則，不僅可避免製造或採用那些荒誕的概念（如「狐仙」之類），也可減少概念的曖昧（如一個概念具有數重意義時造成者）。概念獲得經驗意含 (empirical import)（即具有經驗的指涉物）有三種方式：㈠一個概念指的是我們可觀察到的事

型當作概念的系統（非理論性的建構），可是有的又把它當作陳述的系統（理論性的建構）。他有時視其用途為純粹啟發性的 (heuristic)，有時又認為在建立社會科學理論時方法上不可缺少的。見 Rudner, op. cit., p. 54.

❸ Edward Shils and Henry Finch, eds., *Max Weber on the Methodology of the Social Sciences* (New York, 1949), p. 90.

❹ 參閱 Hempel, "Problems of Concept and Theory Formation in the Social Sciences," op. cit., pp. 3–4.

❺ Lewis A. Coser, *Masters of Sociological Thought* (New York, 1977), p. 224.

物，如桌子、椅子……等；㈡它指的我們雖不能直接觀察到，但卻能藉可觀察的事物來界定，一切運作的概念屬於此類；㈢一個理論概念所指涉的我們雖然無法觀察到，也不能藉可觀察的事物來界定它，但由於它是與他種概念在理論系統中邏輯的相聯才能存在，故其經驗意含也是不缺乏的。

二、它必須具有理論的重要性，換句話說，它應該具有理論的用途，可用之於理論中。我們形成概念本身不是目的，沒有理論重要性的概念，對我們獲取系統的知識幫助不大。一個概念的理論重要性，依其在理論系統中的地位（亦即與系統中其他概念的關係）決定，故又稱為概念的系統意含(systematic import)。

我們評估概念，也必須按其是否滿足這兩個條件來定優劣：經驗意含與系統意含。在一門理論發展已達相當高的層次的學科，此二條件具有相等的重要性；但在理論發展尚不甚發達的學科如政治學，則經驗意含顯然比系統意含更重要。在我們的學科中，一切缺少經驗意含的概念都應擯棄或重塑，這是使政治學成為真正的經驗科學的當務之急。但是，假如我們對系統意含的要求過嚴，則可能會妨礙理論的發展。現階段的政治學中，真正合乎方法論的理論甚少，建構理論的憑藉不夠（例如資料的質量等），而理論的工作卻值得鼓勵！就是不甚健全的理論，也是有比無好。在這種情形下，審查一個概念的理論意含的標準難以確立，也不宜規定過嚴。現有的許多新概念，例如列格斯 (F. Riggs) 的「稜柱社會」("prismatic society")、「派別」("clects")……等 ❶，其系統意含是否充分，甚引起爭執，接受列氏理論的人，有正面的看法。而那些不接受的人，則認為無甚意含，而在現階段，我們實無客觀準則或學科的傳統，來定評列氏的理論，如此，此等概念的系統意含是否充分，是一個未決問題，政治學中許多新概念其地位都相似，但為了政治學的經驗性發展，它們的存在是應被確認的。

---

❶　參閱 Fred W. Riggs, *Administration in Developing Countries: The Theory of Prismatic Society* (Boston, 1964).

伍、政治學使用概念的若干問題

易君博教授曾精闢地剖析政治學中概念使用的狀況 ❶。他認為政治學中概念使用存在著混亂而不當的情勢，這是從四方面表現的：⑴同一名詞代表不同的概念，⑵不同的名詞代表同一概念，⑶缺乏經驗意含，⑷缺乏系統意含。他又指出這情形的造成，可歸因於語言的原因（即政治學使用的語言大多來自自然的語言）、價值的原因（即研究者主觀價值涉及名詞的運用）、方法的原因（政治學缺乏共同的理論系統，沒有此一背景，其使用概念造成分歧）。

除了易教授分析的問題外，政治學使用概念尚存在若干問題：㈠是概念移殖的問題，㈡是概念轉譯的問題及㈢教學需要與研究需要對概念的製作與運用產生的不同影響。

㈠概念移殖的問題：政治學中的許多概念，是由其他學科移殖而來。例如「功能」(function) 是從社會學移來（社會學中使用此概念又是移殖自別的學科），「反饋」是從操縱學 (cybernatics) 移用。概念的移殖，雖然有其必要，但也能產生一些副作用：政治學者可能缺乏對其他學科的深厚知識背景，對移殖的概念也許並不真正了解，尤其對該項概念的指涉，可能只具有含糊的認知。概念移殖一多，在政治學界固然造成溝通的困難，而就科際整合的立場言，有時造成的是一種假象——實際完成的整合比表面上的少得多。

㈡概念轉譯的問題：今日政治學界，國際間研究成果的交流非常頻繁，在這種交流中，概念的轉譯成為一個值得重視的問題。新的抽象概念雖然往往是具獨創性的研究者的個人心智產物，但研究者常受其生長的社會政治、社會、文化的影響，欲正確了解這類概念，就必須對創造者的文化與社會背

---

❶ 參閱易君博：政治學論文集：理論與方法（民國六十四年臺北出版），頁四二至四七。

景有所認識。例如精英 (elité) 這個概念，原來是出於十八世紀的法國，其進入社會科學，是由於十九世紀末二十世紀初若干意大利學者的努力。十八世紀的法國是階級森嚴的社會，十九世紀末二十世紀初意大利是一個民主政治弱點暴露無遺的國家，精英 (elité) 這個概念的誕生與獲得廣泛接受與這些社會的背景頗有關係，欲深刻了解此概念的涵義，也必須注意此種背景❸。一個概念轉譯至另一種文字（語言），為另一種文化與社會背景的人所採用，這些涵義難免部份失去，假如使用這些外來概念的人，再以自己文化的觀點去詮釋這些概念，則其涵義可能改變甚多，例如 Class（階級）這個概念，在西方的意識中，是與 stratum（社會層級）截然不同的，但當中國人使用這個概念時，其意義實無異社會層級。

此外，概念轉譯時，很可能因轉譯者不止一人，結果同一概念以不同的詞彙表示，此亦可能成為易教授指出政治學界使用概念的混亂情勢的成因之一。在我國，目前這種情形相當嚴重，已造成溝通上的障礙。

㈢教學需要與研究需要對概念的製作與運用產生的影響是不同的。按照教學需要，概念應易於了解，使一般學生都能藉其獲取系統的知識。以現階段的教學情況而論，這表示政治學應盡可能使用自然語言中的概念或以自然語言建構的概念；然而，政治研究卻需要我們盡可能淘汰自然語言的概念，並設法製作與使用藉「概念形成的原則」嚴謹製作的概念。這兩種矛盾的需要，如何調和？是當前政治學界面臨的一項挑戰❹。

---

❸　關於 elité 的概念，可參閱呂亞力：「簡論領導階層研究」，食貨月刊，復刊第三卷第四期，民國六十二年七月出版，頁三〇至頁三八。

❹　有些學者主張製作概念應首重研究的需要，其次才是教學的需要，不宜本末倒置。見 Richard C. Snyder, "A Decision-Making Approach to the Study of Political Phenomena," in *Approaches to the Study of Politics*, ed. Roland Young (Evanston, Ill., 1958), p. 7.

第二章　定律

　　概念是經驗科學的基石，但其主要功用是在描述待解釋的現象，並作為定律的成分，對於現象的解釋直接關係較少，對現象的解釋具有直接地密切關係的是定律 (laws) 與理論 (theories)，我們擬先討論定律，然後再在第三章中討論理論。

壹、假設與定律

　　一旦概念形成，下一步就是發展假設 (hypotheses)，然後才是理論的建構。所謂假設，就結構方面言，乃是把若干概念聯繫的一種系統。譬如：我們有兩個概念，一是財富，另一是特權，我們把它們嚴謹地界定（如三千萬元以上叫財富，去區公所申請戶籍謄本不必排隊……等叫特權）❶，就可作一假設：擁有財富者就擁有特權。假設常從理論或模式中演繹而來，若干人誤認它們只能來自理論架構；但事實上，它們可能來自思想家的著作；學者個人的睿智、卓見或經驗；在一門理論發展尚未發達的學科如政治學，後幾種來源產生的假設可能更多。

　　假設與定律在結構形式上，並無區別❷。此二者的不同在於：假設是未

---

❶　此僅為說明方便所舉之例。事實上界定概念不是如此方便，也不是可完全「任意」(arbitrary) 而為的。

❷　吾人此處使用定律一詞，是廣義的。有些學者，使用通則 (generalization) 來代表廣義的定律，而把定律一詞專指普遍性定律。又假設又可稱為「命題」(propositions)，尤其當其視為「理論」的部分時。

經經驗證據驗證的，故缺乏事實的支持。它們只能作為研究的工具。

　　社會科學家作研究，常使用「無關性假設」(null hypothesis)。這是由於在其工作中，對不同因素間的可能關係常常毫無把握。「無關性假設」假定兩項因素間沒有關係：如 X 與 Y 不相聯。倘若我們的研究否定了無關性假設，至少可初步斷定，除非是出於偶然，X 與 Y 是有關的，然後就可藉進一步的研究，去了解關係的確實性質。

貳、定律的類型

　　科學定律，可分為三類，它們不僅在建構形式上略有區別，而且其地位也不相等 ❸。

　　大體來說，我們可把定律分為普遍性定律、蓋然性定律與準定律 ❹。

　　㈠普遍性定律 (general law 或 universal law)：所謂普遍性定律，乃是「能以適當的經驗發現證實的陳述句，此句是按不容例外的條件之形式表示的」。此形式為：「一切 A 是 B」，則「倘若 X 是 A，則 X 是 B」。無庸贅言，普遍性定律是最有力的定律，假若我們能證實一切 A 是 B，則每一個 A 的個案 a，都可說是 B 或 B 的個案 b 了。舉例來說，倘若我們能證實一切擁有財富的人都擁有特權，則就可大膽地說：某先生是享特權的，不論某先生是古代

---

❸　有些方法論者，如漢普爾不承認蓋然性定律與準定律之地位。

❹　方法論者對此有不同的名稱：㈠普遍性定律的名稱大體通用，但也有稱之為普遍性通則 (universal generalization) (Isaak)，有些逕稱之為定律；㈡蓋然性定律，有些人稱之為統計通則 (statistical generalization) (Isaak)，也有稱之為統計定律 (statistical law) (Abraham Kaplan)，也有稱之為機率律 (statement of chance) (Quentin Gibson)；及㈢「準定律」名詞係根據 A. Kaplan，見其 *The Conduct of Inquiry: Methodology for Behavioral Science* (San Francisco, 1964), p. 97. Isaak 把其歸入統計通則 (statistical generalization)（筆者認為不妥），也有人稱之為傾向律 (tendency statement) (Q. Gibson)。

中國的員外，美國紐約華爾街的銀行家，沙烏地阿拉伯產油區的酋長，或是臺北市的大貿易商。同樣地，一旦我們發現特權，也可立刻以財富來解釋❺。由此可見，普遍性定律對於發現與解釋都甚有用處，其優點凌駕任何別類的法則。

　　㈡蓋然性定律 (probability law)：可惜目前社會科學中，很難發展普遍性定律，但社會科學家又不能放棄發展有價值的通則 (generalization) 之努力，就不得不退而求其次，設法發展蓋然性定律。此類定律可能以數種方式出現：較弱的方式為「若干 A 是 B」，「大多數 A 是 B」；較佳而有用的方式為「百分之八十的 A 是 B」，或「A 是 B 的蓋然率為百分之八十」。後者的優點是比較精確，因此提供我們的知識較多。把蓋然性定律適用於個案顯然不及普遍性定律。當我們說「一切 A 是 B」時，只要 X 是 A，則就可自動推知 X 是 B 了。而當我們把蓋然定律適用於個案時，事情就不簡單。

　　為說明方便起見，我們不妨以下列公式提出問題：P(a, b) = p 此即：a 是 b 的蓋然率是 p，p 之值在 0 與 1 之間。我們的問題是：倘若 P(a, b) = p，有一個別事物 X 是 a，我們又怎麼能說這就足以證明（或否定）「X 是 b」？

　　以此來證明 X 是（或不是）b 有兩大缺點：不論 p 的值多高，除非我們知道 X 不是例外，我們絕對不能斷言 X 就是 b。儘管日本的大商人絕大多數投自民黨的票，我們不能就此斷言三井株式會社的董事山本先生一定會投自民黨，因他很可能就是那少數例外之一。

　　另外還有一個缺點乃是：X 除擁有 a 的各項性質外，還可能具有別的性質，足以改變 p 的值。換句話說，X 可能既是 a，又是 c，因此 P(a, b) = 3/4，P(ac, b) 也許只有 1/4 了。山本不僅是一個大商人，他也可能是社會主義者，這就足以造成 p 的值之不同了。

　　由於上述的考慮，方法論者發展出兩項原則：㈠ P(a, b) = p 這項定律，

---

❺　當然，財富只能提供部分的解釋；但假如財富與特權二概念的關係是普遍性定律確立的，此解釋是很有力的。

作為 X 是 b（或不是 b）的證據，其價值的增減，與 p 值的增減成正比（即 p 值在 0.5 以上者較有價值，愈高愈有價值，p 值在 0.5 以下者較無價值，愈低愈無）。㈡該律作為證據的價值，按它所包括是 X 的性質之數量而定。假如包括的數量愈多，則愈有價值，包括的愈少，則愈無價值❻。

㈢準定律 (quasi law)：準定律又稱傾向律 (tendency statement)。它與蓋然定律相仿，都能容忍例外的存在。普遍定律只要發現例外，便立刻失效，遭否定了。假如我們說「一切老鴉都是黑的」，那怕我們發現了千萬隻黑鴉，只要發覺一隻白的，這句話就遭否定了。相反地，在後兩種定律中，出現例外，並不威脅其存在。但這兩種定律處理例外的方式是不同的：前者把例外包容在它本身，後者則以「干預條件」來解釋例外，由於此兩類定律的相似性，把一類改換為另一類是輕而易舉的。譬如「大多數新興國家都是工業落後的」，就可能改為「新興國家很可能是工業落後的」。

準定律在社會科學研究中常被人使用，尤其是當研究者試圖解釋一件事的起因時。要想肯定一條普遍的因果定律，必須做到兩點之一。我們必須指出一組條件，只要它們存在，則不論在任何情形下，這件事一定發生——這些條件是所謂充分條件 (sufficient conditions)，或者我們必須指出某一條件或若干條件，只要不存在，這件事必然不發生，而且不論在任何情形下均如此——這條件叫必需條件 (necessary condition or necessary conditions)。做到這兩點都不容易，尤其前者，我們如想對一件事的發生，作充分的因果解釋，則必須清楚指出它發生的絕對的充分條件，在社會科學研究中，這是極不易的。因此，在社會科學的研究中，當我們解釋一件事的發生，通常只能指出若干條件，並且說這些條件存在時，這件事應該會發生，只要別的尚未判明的條件不去阻撓的話。

研究社會科學，尤其是政治學的人，想來也聽慣了一句話：倘若其他條件相等 (other things being equal)，則 X 是 Y。例如：倘若其他條件相等，則

---

❻　參閱 Quentin Gibson, *The Logic of Social Enquiry* (London, 1960), p. 127.

獨裁國家必會向外擴張。準定律這種表示法也可視為在普遍定律上加上一項附件，表示例外是有的。其實這麼一來，所謂普遍定律只是形式上的。

由於蓋然定律與準定律都是統計性的通則，有些人難免失望，其實精密的統計通則也是建立在經驗基礎上，而且對於解釋複雜的政治現象很有用處的。建立精密的蓋然定律與準定律，值得政治學者努力。

參、定律的功用

定律的功用甚多，主要的有描述現象，解釋與預測，有系統地組織經驗，賦予事實意義。

㈠描述現象：把個別的事物，加以描述，固然可以提供別人知識，但這類知識，其價值比之由定律所提供的系統知識，顯然要低些。例如我們說「美國是一個工業大國」，固然能告訴一個鄉下人，一點關於美國的事情，但假如我們說「一切強國都是工業化的」，後面這句話提供的知識，卻比前面那句話更有意義，而且也許更有用處。發展一個定律，事實上也是描述現象，不過描述的方式是綜合性的。

㈡解釋與預測：建立定律與理論都是為了解釋與預測，關於解釋與預測的討論，我們將保留至第四章。

㈢有系統地組織經驗：人類經驗之流中，一些較持久而重複出現的成分之標記，構成吾人「辨認」的基礎，這類標記，實質上就是最基本的通則（或定律）。知識肇端於分辨差異，但差異的存在，基於吾人「異中有同」之體認。知之萌生在於先有認識 (no cognition without recognition)，所謂識就是發覺經驗之流中的常態與型式 (patterns)。懷德海 (Alfred Whitehead) 說：「識別是一切自然知識之源泉❼。」

㈣賦予事實意義：一般人大都認為定律是事實確定後達到的通則，實際

---

❼　轉引自 Abraham Kaplan, op. cit., p. 85.

上，它們在研究者決定事實的意義時也扮演重要的角色。任何事實都有表面的意義與較深刻的意義，表面的意義是當我們對其單獨考慮時所認識的，即事實孤立的意義，較深刻的意義是當我們把它放置於某種系絡 (context) 後獲得的意義，也就是當我們藉定律與理論賦予它的意義。

肆、定律的評估

科學哲學家雷肯巴哈 (Hans Reichenbach) 曾經把科學研究或科學定律與理論產生的活動與研究成果（定律與理論）驗證的活動作了一項區分，認為前者是在發現的系絡 (context of discovery) 中的 ，而後者是在驗證的系絡 (context of justification) 中的❽。在發現的系絡中的活動，其定規難以確定，我們也許可設想人類思維活動有一定的軌跡可尋，但一位天才產生一個理論是由於沉思默想，抑或觀察自然……都有可能，這不是方法論者關心的。方法論者考究的是驗證，即將創造與研究的成果——定律與理論——加以評估，予以考驗。

關於定律的評估，有幾點需考慮：㈠定律所包括的諸概念是否健全，及諸概念間的關係之性質；㈡定律的經驗基礎；㈢定律的形式；㈣定律的涵蓋性；㈤定律成為理論的成分的可能性。

㈠定律中之概念的問題：定律陳述者是概念間的關係，因此概念是定律的主要成分，概念不健全，定律自然也不健全，其理至為明顯，關於概念的健全與否？第一章中已經分析，此處不贅。

概念間的關係是我們應特別注意的。定律中諸概念的關係必須是經驗的，不是分析的 (analytical)，倘若其關係是分析的，則形成的「定律」，可能僅是形式上的，實質上只是同語反覆系統 (system of tautologies) 而已，例如：「一切軍事獨裁制都是軍人的寡頭政治制度」等等，在研究上，毫無意義。欲使

❽ 參閱 Hans Reichenbach, *Experience and Prediction* (Chicago, 1938).

概念間的關係不是分析的，最重要的是每一概念必須獨立地界定，不得互相依賴地界定。

㈡定律的經驗基礎：經驗科學的定律必須具有經驗基礎，也就是建立在觀察與經驗的基礎上。欲驗證一個定律是否具有經驗基礎，應注意兩點：⑴其包括的概念是否具有經驗意含；⑵定律本身是否容許證實或反證；有些所謂「定律」，是無法試驗 (test) 的，這樣它們就可永遠不被推翻，但其不能被推翻，不是由於支持它的證據之力，完全是其形成的方式使然。譬如「歷史上一切重要的運動都是知識份子領導的」，這個中國讀書人愛說的「通則」。這句話確有經驗的基礎，因為其概念具有經驗意含，整句話邏輯上也說得過去。但假如我們依它為假設作研究，把許多歷史上的運動——太平天國、五四運動……拿來作分析，我們發現了一個「運動」不是知識份子領導的（如義和團），就可說它「不重要」，如此這個假設就可不被推翻，但它是藉界說保住的 (true by definition)。

在一個研究方法未獲足夠重視的研究領域，這種所謂的「定律」與「通則」是很多的，我們閱讀書籍與期刊論文時，需要特別注意。

㈢定律的形式 ： 原則上，任何定律均可藉普遍化的條件句 (generalized conditional or universalized conditional) 來表示，即「倘若 X 是 Y，則 X 是 Z」或「倘若 X 是 Y，則 X 是 x%Z」。例如：「一切革命者都是不滿現實者」，則定律的形式為「就每個人而言 (X) 倘若這個人 (X) 是一個革命者 (Y)，則他是一個不滿現實者 (Z)」：「百分之九十的革命者都是不滿現實者」，其形式為「假如一個人 (X) 是革命者 (Y)，則 X 是不滿現實者的可能性為九成」(90%Z) ❾。

㈣定律的涵蓋性 ： 一個定律的優劣，其決定因素之一是它的涵蓋性

---

❾ 或者用方法論者的說法 ：㈠若一個人具有革命者性質 (Characteristic of being revolutionaries)，則他具有不滿現實者性質 (Characteristic of being a malcontent)；㈡若一個人具有革命者性質，則他具有不滿現實者的性質的可能性為九成。

(scope)，也就是它試圖解釋之現象的多寡。假如其他的條件相等，則涵蓋性愈大的定律愈好。當我們想到這點，就不由得不佩服牛頓的天才，他的萬有引力定律可解釋的現象之多，真是罕有其匹：從宇宙星辰之地位、海洋的潮汐……以至蘋果之墜地，幾乎無所不包。社會科學中，難見涵蓋性類似的定律，不過我們不妨舉米契爾斯 (Robert Michels) 的 「寡頭鐵律」 ("law of oligarchy") ❿ 為例來說明此點：米氏原來研究的對象是德國的社會民主黨，假如他的結論是「德國社會民主黨（或者一九二○年代的德國社會民主黨）的組織是一群寡頭控制的」，則他的研究恐不會引起後人太大的注意，但他擴大其研究視野，作結論說「一切組織都是寡頭控制的」，情形就不同了，後人不管同不同意，都必須重視米氏的發現。我們再舉一個比較近代的例子，來進一步說明這點：在美國的選舉研究中，一再發現該國的天主教徒投民主黨票者比例較大，而基督新教徒則投共和黨票者比例較大。這發現對競選者是重要的事實，但在學術上並無太大重要性。一旦羅森伯 (Morris Rosenberg) 把「天主教徒」、「基督新教徒」、「民主黨」、「共和黨」等概念視為更抽象的概念的指標時，這發現乃具有理論意義。「低身份」(lower-status) 的人，較不滿現實，支持求變的主張，「高身份」(upper-status) 者，從現有制度中獲利，支持守成的主張。假如把「天主教徒」作為「低身份」的指標，「基督新教徒」作為「高身份」的指標，「民主黨」作為「求變」的主張之指標，共和黨作為「守成」的主張之指標，則就可得一涵蓋性更廣，而且理論度也更深的「假設」❶，倘若我們能據此，在不同的社會，不同的時期作研究，而把它證實，就能獲得更有價值的成果。

---

❿　見 Robert Michels, *Political Parties: A Sociological Study of the Oligarchical Tendency of Modern Democracy* (New York, 1959).

❶　此例採自 David C. Leege and Wayne L. Francis, *Political Research: Design, Measurement and Analysis* (New York, 1974), pp. 5–6. 原載於 Morris Rosenberg, *The Logic of Survey Analysis* (New York, 1968), pp. 222 ff.

㈤定律與理論：什麼是定律？什麼是理論？其界線並不似一般人想像地明顯：牛頓的萬有引力定律，米契爾斯的寡頭鐵律，是定律，但也都可稱為理論。事實上，一切涵蓋性大，抽象度高的定律，都是理論的最精粹、最簡便的表示。但並非一切定律都是理論，其實，大多數定律都不是理論，但它們都是理論的構成成分。理論的優劣，需看構成它的定律的良窳，而定律之好壞，有時也與理論不無關係❷。

理論大都是一個以上的定律結合成的，定律間的聯繫，不僅足以決定理論的優劣，也可影響到定律的地位。同一理論中定律間的聯繫，必須具有緊湊性 (coherence)、貫通性 (consistency) 等性質，我們在第三章將較詳細地析論此點。

伍、政治研究中的定律

政治學中，真正的定律，仍舊非常缺乏。其原因之一是由於政治現象涉及的變項 (variables)❸比自然現象多，而控制的實驗的技術往往不能應用於研究，建立定律的困難當然較大較多；另一主要原因可從政治學的發展察知，在以往政治學者並不重視經驗定律的發掘，本世紀以前的學者，雖然不乏尋求「通則」的，如馬基維利 (Machiavelli) 與孟德斯鳩等人，都期望找到政治生活中重複的型式 (repetitive patterns)，但他們使用的研究方法與技術，仍不能符合經驗科學的要求❹。本世紀以還，研究的方法與技術有了改進，但在

❷ 當然，在政治學的現狀下，常可發現弱的理論，但卻含有較強的定律，或比較強的理論，但卻含有一些裂隙（即弱的定律）的情形。

❸ 所謂變項，簡言之，即構成某一現象或引起它的有關因素，這些因素互相關聯，由於它們並不固定，故稱變項。

❹ 馬基維利使用觀察的技術，但他的目的不是求取政治知識，而是助人（指 R. Medici）爭取權力，故絲毫不講客觀；孟德斯鳩雖然也使用「觀察」，但個人的想像與推理佔的份量甚大。

相當時期內，有些學者過分熱衷於實際政治問題的解決與政治制度與設施的改進，另有些則專注於個案研究 (case studies)（這與本世紀五十年代前的政治學者的訓練側重公法與歷史也許有關），這兩種人的研究成果表現出伊斯頓所批評的「過分事實主義」(hyper factualism) ⑮ 的傾向——即孤立的事實的累積，但並不導致系統的知識。直到五十年代以後，政治學者才開始重視通則或定律的建立。

目前在建立通則或定律方面，最有貢獻的政治學者如拉斯威爾 (H.D. Lasswell)，道爾 (Robert Dahl)，蘭恩 (Robert Lane)……等人的著作都值得注意。拉斯威爾的權力與社會 (*Power and Society*) ⑯ 不僅在政治概念的澄清與製作，成就卓越，而且提出了不少「通則」，都有發展成定律的可能。道爾在經驗民主政治理論的建構上，作了重要的貢獻，他在論及多元政體 (polyarchy) 時，提出了許多定律式的命題 (propositions)；在其何人治理 (*Who Governs?*) ⑰，也含有不少命題。蘭恩的政治生活 (*Political Life*) 與政治意識型態 (*Political Ideology*) 等書中，提出很多關於政治行為的「通則」 ⑱。

---

⑮ 見 David Easton, *Political System: An Inquiry into the State of Political Science* (New York, 1960).

⑯ H. D. Lasswell and A. Kaplan, *Power and Society: A Framework for Political Inquiry* (New Haven, 1950).

⑰ Robert Dahl, *Polyarchy: Participation and Opposition* (New Haven, 1971) 及 *Who Governs?* (New Haven, 1961).

⑱ Robert Lane, *Political Life* (Glencoe, Ill., 1959) 及 *Political Ideology: Why the American Common Man Believes What He Does* (New York, 1962).

第三章　理　論

　　政治學者使用理論 (theory) 一詞，可能指兩種截然不同之物：㈠政治哲學的理論：政治哲學的理論如盧梭的民約論之類，都是規範的 (normative) 理論，其主要目的在闡揚或剖析哲學家主觀的政治價值；今日我們對此類理論，往往以「學說」「思想」……等稱之，但也有人依舊以「理論」名之 ❶。㈡經驗理論：此類理論之建構邏輯及其評估為本章探討之中心。本書使用「理論」一詞，純指此類理論。

壹、理論的界說與功能

　　「理論」一詞，較嚴格的方法論者，慣用的界說是「演繹地相聯的一組通則」 ❷。此一界說，過份嚴格與狹隘，假如我們採用它，就勢必承認政治學中，尚缺乏夠格的理論。以較寬大的界說，我們可說理論是「一組通則結合成的系統，這些通則彼此相聯，並且表示變項間的關係」 ❸。

　　理論與經驗世界可觀察的事物的關係是間接的：定律居於直接證據與理論之間，因此理論的抽象程度一般都相當高。

---

❶　例如： George Sabine, *A History of Political Theory* (New York, 1953) 以及 T. D. Weldon, *States and Morals* (New York, 1947) 中「理論」一詞都指規範理論。

❷　見 Eugene J. Meehan, *The Theory and Method of Political Analysts* (Homewood, Ill., 1965), p. 133.

❸　見 Stephen L. Wasby, *Political Science: The Disicipline and Its Dimensions* (New York, 1970), p. 62.

　　一種較普通的看法，認為理論主要的功能是知識的組織或系統化，也就是把零星的知識整合 (integration) 或編集 (codification) 並予以解釋❹。持此種見解的人，視「理論」為知識的真實狀態的反映，例如：政治行為的理論，即為正確反映政治行為知識的實情。此派人的理論觀稱為「真實」觀 (realist conception of theory)。集合知識，誠然是理論的一項功能，而且對於學術而言，是具有相當重要性的功能❺。但是，如把它視作其主要功能，是許多人不贊同的。這些人士認為理論基本上是一件工具 (instrument)❻。係用來協助研究者發現新知識的，它是研究的指引。由於理論把知識集合組織起來，它有助於界定我們現有知識的界限與顯示我們無知的程度。這樣，它使我們在選擇研究問題時比較方便。但其功能不止於此，理論應能提供假設。「工具」論者認為就研究活動而言，理論與定律的作用形成一個循環：理論提供假設（定律的雛形），假設獲得證實，成為定律，定律可用來驗證或修正理論。

　　除了上述兩大功能外，派森斯等人 (Talcott Parsons and others) 認為理論還有一項功能：即有助於控制研究者觀察與解釋上的偏見，這種偏見是分工過分細密所難免的，一個涵蓋性較廣的理論在某種限度內可減輕學科分工過細之弊❼。

貳、理論的分類

　　理論分類的方式甚多，而且學者們的見解也相當分歧，我們不擬詳細臚

---

❹　見 Talcott Parsons and Edward Shils (eds.), *Toward a General Theory of Action*. (New York, 1951), pp. 3–4.

❺　參閱 Meehan, op. cit., pp. 128–130.

❻　Ibid. 理論可以地圖來比喻。一張把地面的一切表現無遺的圖，能提供我們知識，但一張將地面的事物選擇表示的圖能協助駕車者找到目的地。

❼　見 Parsons and Shils, op. cit. p. 3.

列各種分類，只試圖把數種較重要者，略加說明。總之，讀者應注意我們認清這種分類，目的應該是加深對理論的性質與用途的了解，不僅是為滿足好奇。

第一種區分理論的標準是其建構的原則。根據此理論可分為㈠演繹理論 (deductive theories)，㈡聯結理論 (concatenated theories)，這是理論分類中最主要的一種❽。

㈠演繹理論：在若干方法論者與科學哲學家眼中，演繹理論才是真正的理論❾。演繹理論必須含有普遍性定律❿，否則不能存立。從結構方面看，在一演繹系統中，理論的起點是「假定項」（或者用勃洛貝克 [May Brodbeck] 的說法，稱為「自明之理」[axioms]）⓫，假定項必須以普遍性定律方式表示，它不必驗證，但其不必驗證，完全是為了建構理論的方便，並不一定是由於它表示的是「真理」。假定項之有無價值，完全看從它演繹出的命題（又可稱為理論項 [theorems]）是否有用及這些命題與可觀察的資料間的關係。在理論中，假定項是不能從別的命題演繹獲得的，但是當一個新理論被提出時，一個老理論的假定項可能成為新理論的假定項中演繹出來的命題。這種情形顯示人類追求知識是沒有終點的。

下圖是演繹理論的一個簡單的建構圖。此圖中，我們表示的是一個只有一項假定項的演繹理論，事實上，一個複雜的理論其假定項可能不只一項。

---

❽ 此為 A. Kaplan 與 E. Meehan 的分法；Q. Gibson 則分為 law theories 與 factor theories。

❾ Ernest Nagel 與 R. B. Braithwaite 的作品中，均不提非演繹的理論。

❿ 方法論者認為其 axiom 必須為普遍性定律，有些人認為蓋然性定律可引入演繹理論，但其選擇必須嚴格。

⓫ 自 axiom 演繹出的命題或通則叫 theorems。

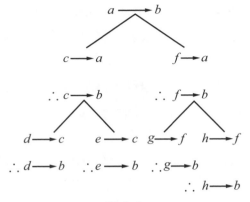

圖 3–1

　　圖 3–1 顯示一切演繹理論的基本結構，都是層級的，故演繹理論又叫層級理論 (hierarchical theory)。假定項為一切 a 都是 b（以 a→b 表示），一切在其下的命題均可從它演繹而得，而任何用來支持下層命題的證據也自然成為上層者的證據。

　　演繹理論是很有力量，很有用處的。它不僅具有極強的解釋力，而且有利於新領域的探討。

　　演繹理論的檢竅 (validation)（即確定其可靠性與有效性），比較容易。樸泊 (Karl Popper) 所提出的四種試驗理論的方法較易施之於演繹理論❷。

　　㈡聯結理論：政治學中，找不到真正的演繹理論（儘管有些建立此類理論的嘗試），因為缺乏普遍性定律，政治學只得依賴藉準定律（或至多蓋然性定律，但良好的蓋然性定律也不多）建構的理論，此即聯結理論（包括因素理論）。聯結理論乃是一種聯繫準定律的理論結構，由於準定律形式上不是普

❷　Karl Popper 的四種試驗理論的基本方法為㈠省察其使用的概念是否具有內在的一貫性；㈡省察理論的邏輯形式以決定其命題是經驗的，抑或同語反覆的；㈢與其他理論對比，看它們是否邏輯上可並存；㈣自理論演繹的結論與經驗資料相比較以斷定理論的可驗證性。 見 K. Popper, *The Logic of Scientific Discovery* (New York, 1959), p. 34.

遍的（即不是全稱命題），其聯繫當然不是演繹的。

下圖（圖 3-2）是聯結理論的建構圖：

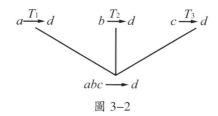

圖 3-2

例如我們解釋戰爭的爆發：我們有幾項準定律，諸如：⑴軍備競爭可能引起戰爭；⑵經濟恐慌可能引起戰爭；⑶侵略野心可能引起戰爭。即上圖中的 T_1、T_2、T_3……從這些準定律我們可推論其匯合時（即軍備、經濟及侵略性均存在時）的可能後果，此整個結構就是一個聯結理論的系統。

聯結理論顯然是一種較弱的理論，不僅解釋力較不充分，而且對新的研究領域的發掘，幾乎毫無幫助。

因素理論是聯結理論的一種，其與他種聯結理論的不同是直接把定律與某一特殊現象或特殊事件相聯，例如政治學者舉出若干可能導致某種發展的因素，或造成某種行為型式的動機，均可視之為因素理論。

聯結理論的檢覈，雖然比較困難，但也是可以辦到的；事實上，正因為它不是嚴謹的理論，檢覈更有必要，以免魚目混珠的情形發生。聯結理論的檢覈，必須從兩方面著手：㈠其包含的每一準定律是否具有充分而適當的經驗證據之支持？倘若檢覈的是因素定律，尤應注意準定律所指的因素是否運作，足夠重要與適宜。例如我們有這麼一項準定律：天災可能導致革命，就必須盡可能設法裁定天災在邏輯上確實與革命的發生具有密切的關係，並且當革命發生時，它確實存在……等。㈡把若干準定律聯結的原則是否適當？

當我們檢覈因素理論時，尤應注意所謂因素理論不是把一切可以想到的因素統統臚列以建構的。其所列因素必須有選擇性：重要者一項不漏，未運作的潛在因素或可能因素則一概摒除。每一因素之列入，必有充分而適當的經驗證據證明其應該如此，苟非如此，就不是因素理論，只是「大雜碎」而已。

　　另一種關於理論的分類，是按其適用的範圍，可分為狹範圍理論 (narrow range theory)，中範圍理論 (middle range theory) 及普遍性理論 (general theory)。例如：關於某一結構的某項功能的理論是狹範圍理論；默頓 (Robert K. Merton) 的「經驗功能論」(empirical functionalism)（即結構之具有明顯與隱性兩類功能）為中範圍理論；派森斯的功能要件分析 (functional requisites analysis) 為普遍性理論❸。

　　在社會科學界，現階段究應以發展中範圍理論抑或普遍性理論為優先，爭辯相當激烈。在社會學方面，派森斯與默頓之爭，其揭示的問題，甚值得注意❹。派森斯認為社會科學應發展抽象程度較高的普遍性定律，不僅可予學科一個較確實的定向，以免各項實際問題的研究者使學科割裂過甚，同時可使學科超出常識的層次；默頓則以為經驗的可驗證性與可靠性 (empirical validity and reliability) 為社會科學最應注意之事，以目前社會科學的能力，其所建立的普遍性理論，一定與經驗世界過於脫節。對於指導研究，恐怕用處不大。政治學界，伊斯頓竭力主張建立普遍性理論，他的意見雖然獲得廣泛的支持，但也受到若干人士強烈的反對。

參、理論建構的途徑

　　社會科學中，理論建構的主要途徑，計有演繹的途徑、類推 (analogy) 的途徑、「部分與整體相聯」的途徑與「部分與部份相聯，然後再與整體相聯」的途徑等。

　　㈠演繹的途徑，又可分為兩種：一種是先有若干基本假定項，然後從它

---

❸　此項劃分，事實上不免曖昧，有時一項理論究竟為狹範圍或中範圍，並不易斷定。

❹　參閱 Gideon Sjoberg and Roger Nett, *A Methodology for Social Research* (New York, 1968), pp. 226–227.

們「演繹」出命題的方式，這也就是自然科學中理論建構的典型方式；此種方式建構的理論在社會科學中殊為少見，在政治學中，唐斯 (Anthony Downs) 的民主政治的經濟理論 (the economic theory of democracy) 是一個例子❶❺。唐斯依據少數的假定項，諸如人的行為都是理性的；他必定設法增大他的利益……等，建構其民主理論；另一種方式是先有若干經驗發現，然後發展出「演繹理論」來加以解釋。在政治學中，未見此種方式的實例。當我們論及社會科學中的「演繹理論」時，必須注意此所謂「演繹」，純粹是指理論建構者建構理論的途徑，並不是說他的理論已符合方法論上關於演繹理論的條件。

　　㈡類推的途徑：運用「類比推理」的方法建立理論是頗常見的。所謂「類推」，是指兩種或兩種以上現象間的關係之相似性，不是指諸現象間的相似性。使用類推發展理論的人，其興趣是抽象的關係，而不是具體的現象間的關係❶❻。政治學中，使用「類推」法建構理論的實例是杜區 (Karl Deutsch) 在「政府的神經」(*The Nerves of Government*)❶❼中，以各種自動機械系統的溝通來「類比」政治系統中的溝通。「類推」的途徑建構理論，頗易造成謬誤。例如以往若干社會學家以社會達爾文主義 (Social Darwinism) 為基準來解釋人際關係，今日已遭拒斥。但謹慎使用，此種理論建構的途徑是很有價值的，尤其是對政治學而言❶❽。

　　㈢部份與整體相聯：結構－功能分析是把部分與整體相聯的理論建構途徑的例子。社會科學家的目標是確立某一結構的功能，但當他這樣做時，是按某一較大的系統之目標為準繩的。在此類分析中，有一隱含的前提是：整

---

❶❺　Anthony Downs, *An Economic Theory of Democracy* (New York, 1957).

❶❻　關於此點，參閱 G. Sjoberg and R. Nett, op. cit., pp. 246–248.

❶❼　Karl Deutsch, *The Nerves of Government* (New York, 1966).

❶❽　Sjoberg 等認為類推推理能提示變項的、未發覺的或嶄新的關係，此為其在理論建構上最大的優點，見 G. Sjoberg and R. Nett, op. cit., p. 248.

體不僅僅是構成它的若干部分的總和❶。奧蒙 (G. Almond) 的理論是此類途徑建構理論的顯例。

　　㈣部分與部分相聯,然後再與「整體相聯」:社會科學家觀察社會,大約持兩種立場;⑴有的認為社會的每一部分都在相當和諧地情況下運作,社會整體乃處於「均衡」(equilibrium) 的狀態。派森斯、李普塞 (S. M. Lipset)、道爾 (Robert A. Dahl)、奧蒙都持此見解;⑵另有些認為社會系統含有互相抵觸的目標,是由彼此矛盾的因素構成的,馬克思為持此觀點最聞名的人物。當代學者如柯塞 (Lewis Coser)、達倫道夫 (Ralf Dahrendorf)、蘭斯基 (Gerhard Lenski),都贊同此立場。站在第二種立場的人,大都採用辯證法 (the dialectic) 為其分析的方式。他分析一部分(正),再分析另一部分(反),然後考察此兩部分產生的衝突如何化解為某種綜合體(合)。新馬克思派 (neo-Marxist) 的政治學者,如莫爾 (Barrington Moore, Jr.) 等是照此途徑建構理論的。

肆、理論、模式與概念架構

　　許多政治學者運用「理論」一辭,並不嚴謹,常常與模式(models 也有人譯為型模、模型等)及概念架構等,交互使用。其實,這三者各不相同,不可混淆。

　　玩具火車是火車的模式,因為它模仿真的火車。模式與它所模仿的對象

---

❶　Karl Popper 與社會學家 George Homans……等主張 「方法論的個體主義」("methodological individualism") 之人士認為個人是分析的基本單位;另有些社會科學家把「社會系統」當作「個人」處理,也是一類「方法論的個體主義」者。但也有不少學者主張集團不能化約為個人或「個體角色」。在他們看來,系統不僅僅是構成它的部分之總和。關於此點,可參閱 G. Sjoberg and Roger Nett, op. cit., p. 231.

間有「形似性」(isomorphiam)。形似性具有兩個主要條件與一個次要條件：
⑴模式的成份與實物的成分之一對一的關係：如火車中一煙囪，模式火車中
也應有之等等；⑵若干種關係之保存：如火車的窗子在門右邊，模式火車也
必須同樣；⑶假如二者以同樣原則運作，則模式為「完全」的，否則則為局
部的❷。

　　實物的模式，不是研究者興趣的中心❷。研究者感興趣的是較抽象的模
式。倘若有兩個「理論」，其定律的形式相似或結構相似，則我們可說其中之
一是另一的模式。譬如在某一領域中，我們已擁有相當完整的理論，其定律
可清楚列出，則它可作為另一發展較遲緩領域的「模式」，而此一「落後」領
域在發展「理論」時，可以其模仿的領域之「理論」為模式❷。舉例來說，
傳染病學中傳染病傳播的理論，可作為國際關係中戰爭謠言傳播的模式，以
便國際關係能發展較佳的理論。

　　嚴格說來，模式的功用，純粹是教學與啟發性 (heuristic) 的——它能啟
發較佳理論的產生。但本身不一定是理論，不一定具有解釋現象的能力。

　　所謂概念架構 (conceptual framework) 最基本的含義是一個對研究的問
題之性質與範圍的雛形，研究者在開始之前，倘先有此架構，則可有一努力
的焦點：概念架構又可指一個未經驗證的普遍性的「理論」，尤其是當我們考
慮到它可作為研究的指引時為然。它當然也不像真正的理論般具有解釋現象

❷　參閱 May Brodbeck, "Models, Meaning, and Theories," in *Symposium on Sociological Theory*, ed. L. Gross (New York, 1959), chap. 12. 關於模式的不同意義，可參閱 Merle B. Turner, *Philosophy and the Science of Behavior* (New York, 1967), Chap. 9; E. A. Gellner, "Model (Theoretical Model)," in Julius Gould and William L. Kolb, eds., *A Dictionary of the Social Sciences* (New York, 1964), p. 435.

❷　但實物模式具有教學的功能。見 Abraham Kaplan, *The Conduct of Inquiry: Methodology for Behavioral Science* (San Francisco, 1964), p. 274.

❷　Brodbeck 又指出，倘若「落後」領域的理論的定律獲得驗證，它也可作「進步」領域的「理論」的模式，故兩個理論也可互為模式。見 Brodbeck, op. cit.

的能力。

伍、理論的評估

　　良好的理論，不僅對學術的貢獻極大，而且其本身給予理論創建者的心理滿足是無與倫比的。有一個故事說，瑞士大數學家猶勒 (Leonhard Euler, 1707–1783) 曾要把他建的理論鐫刻在他的墓碑上，此外不必寫上任何生平事跡。這個故事不一定正確，但很可表示建構一個良好的理論給人的滿足感。

　　由於創建理論萬一成功，給人高度的滿足，與學術界崇高的聲望與榮譽，許多人（包括一些「志大才疏」的人）都渴望建構理論，以至我們今天不僅「知識爆炸」 (explosion of information)；而且 「理論充血」 (plethora of theories)；尤其在社會科學的領域中更是如此。在政治學界，好的理論固然不少，壞的恐怕更多。對於建壞理論的人，固然我們不宜責怪，也不可完全否定他的努力，但對建好理論的人，我們應該給他應有的榮譽。分辨好壞，是極必要的事。我們擬把良好的理論的條件分別加以說明：

　　一、解釋力：理論的解釋力依賴其範圍（即如其他條件相等，解釋人類投票行為者優於只能解釋臺北市民投票行為者），所解釋的資料的異質性（牛頓萬有引力說之偉大，理由之一在此）。與資料的重要性，及其定律的驗證性。

　　二、預測力：良好的理論應能作正確的預測。所謂 「預測」 (predictions)，是指基於理論本身的邏輯，所作的對未來之發展之預斷，不是猜想 (guess)❷❸。

　　三、重要性：理論的重要性，主要藉二點決定：①其所涉及的經驗真實

---

❷❸　就是專家基於其學識與經驗所作的所謂 informed guess，也不是「預測」，在理論發展較「落後」的領域，如共黨政治體系研究中，這類猜想頗多，也難避免，但不論猜想者如何「權威」，均不得把這種心智活動稱為「預測」。

之範圍及原有理論之多寡；一個極重要的理論必然影響其學科的極大部分，及許多其他理論，或其他的重要理論；②它具有指導研究，協助發掘新的研究領域，啟發新的觀點的能力。

四、優美：倘若我們說某一理論是優美的 (elegant)，我們通常指它，①具有簡單性 (simplicity)：理論提供我們了解複雜宇宙的一個工具，它必須簡單，一個理論不應包含太多的變項，假如解釋某種政治行為，用了幾十個變項，則這理論就不能「化繁為簡」，則不僅不優美，而且可能不甚有用；②簡鍊 (parsimony)：此指理論的表達方式，必須用字少而精，最好用學術界公認的符號。愛因斯坦的著名理論可用 $e = mc^2$ 表示，公認是「簡鍊」的良好例子。政治學的理論，無法達此境界，是由於學科使用的語言仍是「自然語言」，但政治學者在表示其理論時，也應注意簡鍊。

陸、政治學理論建構現況

現代政治學界是「百家爭鳴」的情況；不同型式的理論都被提出。大體說來，就建構方式言，有兩類理論，最值得注意：一類是唐斯、奧爾遜 (Mancur Olson) 與列克 (William Riker) 等人❷的種種理論。他們在理論建構上，受經濟學的影響較大。現代許多經濟學家建構理論，都是先假設若干前提，然後演繹出整個系統，唐斯等人也是如此，他們依據的「前提」，都是關於人的理性的。他們的理論雖然推理很嚴謹，但其「定律」往往缺少經驗證據之支持（至少在目前，驗證的工作還不夠），這些理論是否能成立，現在難以斷定。另一類理論是受社會學影響的，諸如投票行為的理論、團體理論、組織理論、政治人員甄選的理論、……這類理論受經驗驗證的程度，超過第一類，但它們的缺點是結構鬆散，不夠嚴謹，有些理論涉及的變項太多。

---

❷ Anthony Downs, op. cit.; Mancur Olson, *The Logic of Collective Action* (Cambridge, Mass., 1965); William Riker, *The Theory of Political Coalitions* (New Haven, 1962).

　　就分析的單位言，現代政治學的理論，又可分整體的理論
(Macro-theory)，與個體的理論 (Micro-theory)。前者以整個政治系統為解釋的
對象，如政治發展的理論、民主的理論、集權與獨裁的理論、集體政治暴力
與革命理論、集體選擇理論等。後者以個人或次級系統為解釋的對象，如政
治人格理論、政治社會化理論、政治人員甄選 (Political recruitment) 理論、集
團理論、政黨理論、組織理論、精英理論、決策理論、……等。此外，政治
文化理論被認為可提供整體與個體分析間的橋樑。此兩類理論的發展，均甚
迅速。如何把兩者聯結互補，則為甚具挑戰性的課題，但迄未能有效解決。

　　若干政治學家，頗努力於建立普遍性理論，其中以伊斯頓的系統論、奧
蒙的結構功能論、杜區 (Karl Deutsch) 的溝通理論等最重要，我們在本書的第
三部分將分別評論之。

第四章　解釋與預測

　　科學研究的終極目的是解釋：定律與理論都是我們用來解釋現象的，研究者的學術活動也無不是為了對之提出有系統而證據充足的解釋❶。既然如此，我們如何界定「解釋」，對於「什麼構成充分而適當的解釋」的認識與要求，必然會影響研究的素質。政治學研究成果的不夠理想，部分理由是我們對「解釋」缺乏嚴格的要求；我們並不計較某一「理論」與「定律」解釋力的強弱，也不在乎某項「解釋」是真的，還是「偽的」(pseudo-explanation)❷。往往我們所接受的「解釋」，不過是「言之似乎成理」的一套主觀說辭而已。

　　關於解釋，首先我們應記住：解釋的邏輯並不因學科題材之不同而有所差異；換句話說，政治學與生物學或物理學的解釋，其基本原則是一樣的，「什麼構成良好的解釋」？這問題的答案，並不因學科不同而異，然而，學科的差異則可能影響不同解釋型式的適用性及其解釋力的強弱❸。

---

❶　見 Ernest Nagel, *The Structure of Science* (New York, 1961), p. 15.

❷　關於政治學界的不重視「解釋的邏輯」，米漢指出：「對政治學界最酷烈的批評是它對解釋的邏輯漫不經心，而且，大體上，不曾訓練學生們去獲得這方面的充分能力」。見 Eugene Meehan, op. cit., p. 88.

❸　方法論者對於社會科學中，「如何的解釋才可稱為解釋？」一點，意見分歧甚大。如 Isaak 等則認為社會科學中現有的「解釋」都頗勉強，嚴格來說，不是很好的解釋；米漢等則認為由於社會科學的題材限止了若干研究技術的運用，我們不能用衡量自然科學的解釋結構之標準，來衡量社會科學中的解釋。

壹、解釋的涵義

簡單說來,「解釋」就是對以「為什麼」為開端的問題之回答。在日常生活中,我們常常遇到這類問題:「為什麼他拒絕別人的幫助?」「為什麼美金會貶值?」……我們把這類問題的性質加以分析,可發現這實在包括兩種問題:第一種問題的「為什麼?」其實是「因何動機」「他為了什麼動機拒絕別人的幫助?」第二種問題的「為什麼?」其實是「什麼因素導致?」或「什麼事造成……」。如「什麼因素導致美金貶值?」科學的解釋,主要是尋求第二類問題的正確而充分的答案,雖說第一類問題的答案也是我們欲尋求的,但其重要性顯然低些❹。

關於「解釋」的性質,科學哲學家有三種主要看法:一種是所謂演繹——涵蓋定律方式 (deductive-nomological form) , 這是現在大多數方法論者接受的,我們在第三節中將較詳細地討論;另一種是所謂「心理」的。依據此一看法,科學解釋基本上是「使人了解」或者「把不熟悉的化約為熟悉的」(to reduce the unfamiliar to familiar)。布烈治曼的話可作為此種觀點的明證:「解釋即是把複雜的系統分析成較簡單的系統,使吾人能認識複雜系統中我們早已熟悉的因素之交互作用,這樣吾人可毋庸解釋地接受它們❺。」此種看法有兩個缺點:(1)所謂「熟悉」,是因人而異的,故「把不熟悉的化約為熟悉的」,在沒有解決「對何人是熟悉的」以前,沒有確實的意義;(2)解釋力在於「證據與結論間的邏輯聯鎖」❻,與某項議論是否為人心理上熟悉絲毫無關。

---

❹ 若干學者把第一類問題的回答稱為科學的解釋,第二類問題的回答稱為目的的解釋。見 Richard S. Rudner, op. cit., pp. 59–61, and p. 85.

❺ 原文見 P. W. Bridgman, *The Nature of Physical Theory* (Princeton, 1936), p. 63. 引自 Isaak, op. cit., p. 105.

❻ 見 Isaak, ibid.

對某一事物有無解釋與人們是否懂它是截然不同的兩回事。愛因斯坦的相對論，懂的人很少，但對宇宙現象是一種解釋；我國若干人士相信一個病人心臟脆弱應吃豬心，肺臟脆弱應吃豬肺，大家都很懂他們的想法，但這想法的科學解釋何在？總之，使人熟悉是言辭溝通的問題，解釋是邏輯與方法論的問題。依照第三種關於「解釋」的看法，一項事實只要能安放在一個型式（或組形）(pattern) 或系統中，就算已經解釋了。嚴格說來，把一件事實與一個型式（組形）或系統中其他的成分，密切地聯結，構成和諧的整體，並不等於回答了「為什麼」這個極關重要的問題，因此談不上是解釋。

貳、解釋的層次

　　對於一椿事件的解釋，最好求其充分。充分的解釋，有若干結構上的成分；其一是若干普遍性或至少蓋然性的通則（或定律）；其二為若干關於該事件的個別文句，敘明所謂「先存條件」(initial conditions)。我們可從通則（或定律）及先存條件兩者推出結論，此結論即為敘述該事件的文句。舉例來說，倘若我們試圖解釋一條繩子為何折斷，當我們發現此繩的張力為一磅，而有人將兩磅之物置於繩上，此即構成解釋。此解釋可分成下列成分：⑴通則「當超過繩子張力之物置於其上的，繩子即折斷」；⑵個別文句：a.此繩的張力為一磅；b.置於此繩上之物的重量為二磅。自⑴⑵兩項，我們可作結論：「因此此繩折斷❼。」

　　一門學科，如能對其探索之現象，獲致充分的解釋，自然極為理想。可惜，許多學科，並不能達此境界，尤其社會科學，更是離它相當遙遠，其所以不能至此，一方面是由於缺乏普遍性的定律，另方面是由於有些社會現象，極為複雜，就是敘明「先存條件」，就頗費周章。吾人當然不能把一事件的一

----

❼　此例見於 Karl Popper, *The Logic of Scientific Discovery* (New York, 1959), pp. 59–60. 樸泊認為亦可作如下結論：「此繩將斷」。

切構成因素毫無保留地記載，選擇是必須的，但選擇談何容易。此種種困難，造成充分解釋的難得。

　　次於充分解釋的，還有所謂「部分解釋」(partial explanation) 與「解釋雛形」(explanation sketch)❽，這些層次的解釋，雖然不夠理想，但也是方法論上可以接受的。

　　所謂「部分解釋」是指下列情形下的解釋：①通則（或定律）不夠完整，無法充分引出結論；②先存條件不足以引出結論；③通則（或定律）明確度不夠。在政治學中，「部份解釋」最為普遍。

　　次於「部分解釋」的為「解釋雛形」。所謂「解釋雛形」乃是指一種用意是解釋現實的論說，但卻缺乏邏輯上的謹嚴，與用語上的明確性。此種「解釋」的用處是指引別人注意到可能的變項間關係，俾發展出一種較完善的解釋。我們茲舉一例，說明解釋雛形：一位政治學者曾解釋我國古代缺乏民主思想，其理如下：「……唐虞之世，一方洪水為災，不能不加強中央的權力，他方國土擴大，不能集合人民開會，於是後儒遂不能同歐洲文藝復興時代的學者一樣，因探討希臘文化，而發現民主制度的價值❾。」此說以地理區位的條件來解釋一種思想與價值的缺乏，為標準的總體解釋型 (pattern of macroexplanation) 之例，它不失為一種有價值的說法，但由於論說比較簡潔，譬如國土之大小，與人民集會間的複雜關係，只以一言概括，故為「解釋雛形❿」。

　　解釋與假解釋 (pseudo-explanation) 的區別，我們務必認清。只要是解釋，

---

❽　此區分，是漢普爾首創的，為一般學者通用。見 Carl G. Hempel, "The Function of General Laws in History," in *Theories of History*, ed. P.Gardiner (Glencoe, Ill., 1959).

❾　薩孟武「古代王位的繼承」，政治學報（第二期），民國六十二年九月，頁二。

❿　關於中國古代洪水為災，由於治水之需，而造成高度中央集權，為 Karl Wittfogel 的 "Oriental despotism" 的理論的中心論旨。維氏之書已成西洋東方學中名著，對他的批評也甚多，此處不必一一列舉。

則不論其如何不充分，在原則上具有驗證的可能，亦即它指涉的是經驗的事物。舉例來說，有人久病不癒，其家人認為是狐仙作祟所致，此種解釋就是假解釋。因「狐仙」無法實證驗證，不是經驗的「事物」。

政治學中，不充分的解釋甚多，但只要不是假解釋，都有其價值。我們學界現階段應注意的是兩件事：①細心地區別不充分的解釋與假解釋；②努力把不充分的解釋漸漸地改進為較充分的解釋。

參、解釋的類型

解釋的類型，可按兩種標準去劃分：從邏輯結構，可區分為「演繹—涵蓋律」型 (deductive-nomological pattern) 與「蓋然型」(probabilistic pattern)；從其性質，社會科學常用的解釋型式，又可區分為因果的 (causal explanation)、功能的 (functional explanation)、目的的 (teleological explanation)、溯源的 (genetic explanation) 與總體的 (macro explanation)❶ 。

「演繹—涵蓋律」型是最佳的解釋型式，它具有四種基本因素：(1)普遍性定律或通則；(2)敘明此定律或通則在何種條件下成立之個別文句；(3)被解釋之事件（即被解釋項 [explicandum]）及(4)邏輯的規則。解釋之完成，有賴於吾人闡明被解釋項乃是該定律或通則在限定條件下的邏輯後果。此四種基本要素中，定律（或通則），及註明先存條件（樸泊語）的個別句尤其重要。先存條件如能包括必要與充分兩種，則演繹結構更加完善❷ 。

---

❶ 關於社會科學中解釋的型式，各家區分不一。Rudner 分為科學的（主要指因果的）、功能的與目的的三類；Meehan 分為因果的、功能的、目的的、溯源的（即歷史的）四類；Isaak 分為性向的、意向的、理性的、總體的、系統維持的（即功能的）、溯源的六類。Isaak 之區分過於瑣細，且不甚合理，尤其「性向的與意向的」，「意向的與理性的」之分辨不甚明確。

❷ 所謂必要條件 (Necessary conditions) 乃是指「倘若不存在，事件不會發生」之條件；所謂充分條件 (Sufficient conditions) 乃是指「倘若存在，事件才會發生」之

　　「演繹－涵蓋律」型的解釋型式，應用於社會科學，尤其政治學的殊為少見，此因周遍性定律不易建立使然❸。

　　在不得已的情況下，政治學只能大舉應用蓋然的解釋型式。所謂蓋然型的解釋，即是使用一個或以上的蓋然律或準定律所建的解釋結構。在蓋然解釋中，被解釋項與蓋然律（或準定律）雖然相關，但其關係不是演繹的。因此它不是從「定律」推演而來（事實上，在這種結構中，任何個別事件都不能從「定律」推知），至多，我們只能說「定律」可提供被解釋項有力的證據。蓋然解釋比「演繹－涵蓋律解釋」力量弱得多。而且缺少預測的能力，同時，也不易鑑定其有效性❹。

　　從解釋的性質分，社會科學中常用的解釋型式，計有因果的、功能的、目的的、溯源的與總體的等主要型式。

　　因果解釋乃是五種型式中，最理想的。假如我們能把被解釋的事件安排在因果聯鎖中，而且該聯鎖是演繹的，則不僅該結構的解釋力強，而且可給予研究者極大的心理滿足感。但是，這樣的因果解釋必須包括被解釋項的一切充分條件，而不僅是其必要條件而已。在物理科學中，這種因果解釋是可能的，但在社會科學中，由於我們往往僅能知道一樁事件的必要條件，所使用的因果解釋在形式上是蓋然性的，解釋力自然差得很多，而且，由於不明其充分條件，預測幾乎不可能。譬如，我們欲解釋戰爭。戰爭的爆發可肇之因甚多：民族主義、軍備、政治家的個人恩怨、人格特質、經濟恐慌……。任何單因的理論均不足以解釋一切戰爭，如欲解釋戰爭，我們勢必把一切導致戰爭的重要因素明確釐定，並衡量每一因素的比重，建立標準，由於建構這樣的多重因素理論之不易，政治學中，我們現有的因果解釋實際上並不能構成充分的解釋。

- ◆ -

　　條件。政治現象研究中，較易找到必要條件，但甚難釐定充分條件。

❸　政治現象涉及變項甚多，也是原因之一。

❹　由蓋然律組成的解釋結構又比用準定律組成的強些。

　　功能解釋型，又稱為「系統支持」解釋型 (the system-maintaining pattern of explanation)，功能解釋，在生物科學中廣泛使用。功能解釋假定一個動態的系統的存在，系統的每一部分都具有一個功能，此功能對維持系統的動態決不可少。在功能解釋中，假如我們能顯示解釋項對履行維持系統所需的功能是必要的，解釋就算達成。

　　儘管若干嚴謹的方法論者，如漢普爾等，認為功能解釋無法滿足解釋所需的邏輯要求 ❶，功能解釋近二三十年來，在社會學、政治學中甚為流行，許多人相信它提供建構社會或政治系統普遍性理論的良好途徑 ❶。

　　在建立社會或政治系統的理論上，功能學派面臨一些困難：其一是系統的邊界不易確定，其二是我們可能誤以為每一結構（或結構的每一部分）均有一種功能。或其活動都可按功能來說明，事實上可能並非如此 ❶。最後，我們也可能把關於功能的論說與關於目的者相混，甚至賦予社會或政治系統的結構面以「目的」，這就產生了把現象「擬人化」(reification) 的弊病。

　　目的解釋型 (teleological pattern of explanation)：功能解釋與目的解釋在邏輯上區別極微，但兩者間有一重要區別；功能解釋中，雖然也涉及目標與鵠的，但它們是行動者自己無法預測的。在目的解釋中，行動者可預見其目標，其行動被解釋為朝在預定方向進行的蓄意行動。任何對人類行為的解釋，只要提及行動者的動機，都是目的的解釋，故目的解釋又被若干學者稱為「動機信仰」解釋 (motive-belief explanation) ❶。

---

❶　見 C. G. Hempel, "The Logic of Functional Analysis", in L. Gross, ed., *Symposium on Sociological Theory* (New York, 1959), pp. 284 ff.

❶　如 David Easton, G. Almond 等政治學者，Robert Merton, Talcott Parsons, Neil Smelser 等社會學者均持此觀點。也曾有學者以功能途徑研究中國，如 M. Levy, C. K. Yang 等人。

❶　關於功能解釋的優點與弱點，可參閱 Don Martindale, ed., *Functionalism in the Social Sciences: The Strengths and Limits of Functionalism* (Philadelphia, 1965).

❶　動機─信仰型式也可算作目的型式中最重要的次型。

　　目的解釋又可分為下列次型：性向解釋 (dispositional explanation)、意向解釋 (intentional explanation) 與理性解釋 (rational explanation)。性向解釋為使用性向概念的解釋，如態度、意見、價值、人格特質等，但它不涉及有意識的動機，意向解釋涉及動機與目標，理性解釋與意向解釋甚相似（有人認為它是意向解釋的一類），它是基於「人的理性」之解釋型式。由於「理性」一詞的涵義，一方面涉及行動者的目標（與意向解釋相似），另一方面又把一種性向──人的理性──歸於行動者（與性向解釋相似），故我們也不妨視其為介於二者間的一種解釋型式。

　　溯源的解釋型式 (Genetic pattern of explanation)：若干方法論者，如勃洛貝克不認為它是解釋，因為他們認為僅把事件前後列出，只能回答「如何」，不能回答「為什麼」的問題，不足以構成解釋；但是，我們仍可承認它為一種適當的解釋。事實上，把某一事件的發展描述與說明，頗似因果解釋，只是解釋力較弱而已。任何一件事，其演變的經過，可能有不同的說法，研究者必須慎選其一，在其選擇時，他必須依賴某種假定，即某一說法具有因果上的重要性。若干人士把溯源的解釋與歷史的解釋 (Historical explanation) 不加區別。我們寧可採用溯源的解釋一詞，是基於兩點考慮：㈠歷史家作歷史的解釋，其重點在事件的始末經過，追溯發生的原因為次要；政治學者則把了解始末經過當作追溯原因的手段；㈡歷史的解釋邏輯上的要求不及溯源的解釋嚴格 ❶⑨。

---

⑲　一般歷史學家的著作，雖然也追溯事件或制度……等的起源，但其探索的重心往往是它們「如何」(how) 演變。若干（傑出）史學家則不然。例如 Max Weber 的 *The Protestant Ethic and the Rise of Modern Capitalism*，其探索的重點不在資本主義如何興起，而是為何興起。Weber 的解釋可說是「溯源的解釋」，而一般史家僅解釋歷史現象如何演變，或至多僅對其「為何」發生作常識性地猜測，則為「歷史的解釋」。我們並不否認「歷史的解釋」有其價值，但希望在可能範圍內，歷史學家能努力於對歷史現象作溯源的解釋，中國的歷史學界如要作更輝煌的貢獻，似乎應該注意此點。

總體的解釋型式 (Macro pattern of explanation)：關於政治行為的解釋，頗多是按行為者的性向、意向與理性的，這類個體的解釋，有時不足以構成充分的解釋。譬如杜佛傑 (M. Duverger) 解釋政黨制，以選舉制為獨立變項，就是總體解釋的一例。

除了用制度及制度的屬性作解釋外，總體的解釋也採用環境的成分，諸如物質環境、有機環境、及社會環境等。用「洪水氾濫」來解釋中央集權，就是以物質環境為獨立變項的總體解釋之一例。

肆、解釋與預測

解釋與預測的結構，在邏輯上，是沒有區別的。若干嚴格的方法論者，甚至認為一個充分的解釋，必定具有預測的能力[20]。但是，也有許多人士，認為在社會科學的領域內，預測恐怕是相當困難的，而解釋與預測雖然具有邏輯上的相似性，畢竟是不一樣的，因此即使沒有預測的能力，一個適當的解釋結構仍可被接受[21]。舉例來說，當我們知道某一個別現象的必要條件，但不明白其充分條件時，我們可建立一個相當令人滿意的解釋結構，但卻缺乏預測的能力。

在政治學中，目前我們似乎只能發展不充分的解釋，對許多現象，我們只能知道其必要條件，而無從知道其充分條件，因此政治學者發展的解釋結構，恐怕缺乏預測能力，但這些解釋仍舊具有很高的價值。

---

[20]　如 Carl Hempel 就認為充分的解釋，必定要能預測。

[21]　Michael Scriven 甚至建議社會科學家努力於建立不能預測的解釋結構，以免浪費時間於做其無法做到的事。見 Michael Scriven, "Explanation and Prediction in Evolutionary Theory," *Science*, Vol. Cxxx, 1959, p. 477. A. Kaplan 以為「不能預測的解釋」(Explanation without prediction) 是可以接受的，見 A. Kaplan, op. cit., pp. 346–347.

伍、政治研究與解釋

在以上諸節中，我們已一再提到政治研究中的解釋暨其涉及的問題，但我們的討論是分散的，點到為止的，並未深入地探討，在本節中，我們擬集中討論此事，倘若有些重複之處，希望讀者能忍耐。

政治研究中的解釋，無疑不能令嚴格的方法論者滿意（甚至一些不甚嚴格的，也不無微詞，例如米漢就曾批評許多政治學者所作的有關戰爭的解釋，是機智的練習，而不是正確的解釋❷。），其所以如此，一方面是由於政治現象之複雜限制演繹定律的建構，及因果解釋的不易成立（政治學中大多數解釋都是目的的、功能的，與溯源的）。另方面，也是由於不少政治學者對現象之解釋，缺乏邏輯的嚴謹與意義明確的概念。我們擬舉數例說明這些缺點：

㈠邏輯嚴謹度之不足：在國際關係與共黨問題學者的著作中，最為明顯。推理邏輯不夠嚴謹是由於常常使用隱藏的通則（或「定律」）及對目的的解釋型之不當應用。譬如說，在共黨研究中，對共黨國家派系之爭中，若干領袖之失敗或重要領袖的遭整肅，有的學者常用「極權主義之邏輯或動力」(The logic of totalitarianism or the dynamics of totalitarianism) 這種曖昧的辭句來加以解釋❸。像「極權主義之邏輯」一類辭句，也許實際上包含了整套理論，或者甚至整套「思想」，任何人使用這類文辭，必須把其意義清楚地呈現於讀者之前。含糊地使用這類辭句作為解釋這種方法，是不能當作正規的解釋的。國際關係的研究中，學者們使用曖昧的「通則」，也是常有的事❹。政治學者頗好採用目的的解釋，對於研究對象的政治行為常歸因於其動機。目的的解

---

❷ Eugene Meehan, op. cit., pp. 118–119.

❸ 例如 Robert Conquest, *Russia after Khrushcheo* (New York, 1965), pp. 71–72.

❹ 關於國際關係的 「理論」 問題，可參閱 Stanley H. Hoffmann, ed., *Contemporary Theory in International Relations* (Englewood Chiffs, N. J., 1960).

釋雖然有其價值，但草率使用此種解釋型式（尤其是不當使用），是務必防止的。少數研究者偏嗜此類解釋，也許顯示其具有卡普蘭 (A. Kaplan) 所批評的「密謀史觀」(Conspiratorial view of history)❷❺ ，大多數愛好使用它的人未必具有此種觀念，其一再使用此類解釋型式可能是出於一項合理的想法——即人類的行為大多是有意識的——也許是由於覺得這是較易使用的方式。我們不批評使用此型本身之當與不當，但必須指出：行動者（即研究對象）的動機往往不是他（或他們）公開標榜或明白揭示的，是研究者必須細心「觀察」或「探索」才能獲知的，研究者不能一眼觀察或探索到「動機」，由於它畢竟不是一座山或一條河，他只能藉對對象的行為之觀察，推想而知。既然如此，當研究者「認定」對象具有某種動機時，他必須事先蒐集到足夠的精確與適當的行為證據來支持他的看法，否則他指出的動機，不一定就是行動者真正的動機。他絕不可憑自己一廂情願地猜想或藉少數不可靠的「證據」，就斷定對象的行為是出於某種動機，然後又按此動機來「解釋」他的行為。動機不能證實的目的解釋，即使用辭堂皇，表面上言之成理，也是不為訓練有素的學者所接受的。

　　(二)概念不夠明確：關於政治學者使用概念的一般性問題，我們在第一章中，已討論過，此處不贅。在此，我們擬說明使用意義不明確的概念對於解釋現象所造成的困難。政治學者使用概念於解釋結構中，對解釋目的之達到，造成阻礙的情形如後：(1)使用的概念，界定相當困難，我們雖不能說這些概念絕對缺乏經驗的意含，但其指涉究竟為何，頗難斷言，如「集權主義的邏輯」、「革命的動力」、「民族的自覺」之類；關於這類概念，似乎以不使用為宜，假如一定要使用，就應該加以界定，未加界定就把它們當作解釋結構的一部分，是不能達到解釋的目的的。(2)使用的概念，是多面性 (multi

---

❷❺　所謂「密謀史觀」，是把歷史上一切重大事件的發生，都歸之於少數人的「密謀」的看法。譬如解釋法國大革命，就以少數革命領導者的「密謀」為其主因，而不重視大革命前夕法國社會與政治的種種情形。

dimensional) 的。這類概念的經驗意含是無疑問的,其指涉物也可斷定,但由於它們的多面性,我們用它們來陳述一樁事實與解釋現象時,應該謹慎。舉例來說,「氣候」即為一多面性概念,它包括「溫度」「濕度」……等層面。假如在七八月裡,有一個臺北人對他的朋友說:「今天的氣候很好」,他的朋友不同意,認為「天氣很壞」。這很可能指的是溫度較低而濕度頗高的一天。政治學者應盡可能使用單面性的概念,但這有時是辦不到的,當我們非要使用多面性概念時,必須明確地了解其不同層面,在附註中說明其使用此概念,所指為那些層面,並且一貫地使用。譬如自由、法治、民族主義……等皆是這樣的概念,欲用它們於解釋結構中,務必非常謹慎。(3)擬人化的概念可使讀者產生一種錯覺,誤把未曾解釋的現象視作已經解釋了。例如,幾十年前的國際關係學者解釋國際衝突,常常歸之於國家的「擴張慾」,殊不知國家是沒有擴張慾的,只有人才有它,實證的研究又常常發現許多國家的一般平民大多是沒有擴張慾的,除非受到煽動;具有擴張慾的往往限於一個國家內的一部分人。因此,用國家的擴張慾來解釋國際衝突,實際上等於沒有解釋。

　　政治學者在發展較佳的解釋上,若干方面是頗難有作為的,至少在現階段是如此;但在若干方面,是可以有些作為,在能力可及的範圍內,必須盡力以赴。

第五章 價值：政治研究應否價值中立？

　　政治研究中，價值應佔據何種地位，長久以來，是一個爭執性的問題❶。十八世紀時，休謨 (David Hume) 就已指出規範性的陳述不能來自純粹事實的陳述，他雖然並不主張嚴格地把價值與事實劃分，而認為二者是關聯的，但卻毫無保留地指出其關係決不是邏輯的。邏輯實證論者強調價值與事實截然的區分，以為這不僅是一個哲學的問題，也是一個方法論的問題——即這一分劃應延伸至驗證 (verification) 的領域。由於邏輯實證論對當代政治學——特別是行為政治學——的重大影響，「價值中立」或「價值免除」也就成為不少政治學者的基本信條之一。此種立場引起其他政治學者（尤其是較傳統的）之強烈反對。如此這一長久以來就存在著的爭執，在近三四十年來，演變成嚴重的觀念衝突❷，也就不足為奇了。

　　價值在政治學中的地位這個問題，可根據兩個層次來討論：一是政治研究應否價值中立？另一是政治研究能否價值中立？在本章中，我們擬探討第一個層次；在以下一章（第六章）中，再論政治研究中價值中立的可能性。

---

❶　參閱 Fred M. Frohock, *The Nature of Political Inquiry* (Homewood, Ill., 1967), pp. 145–148.

❷　關於傳統派政治學者與行為政治學者的觀念之差異與彼此對對方的看法，參閱 William C. Mitchell and Joyce M. Mitchell, "Behavioralists and Traditionalists: Stereotypes and Self-Images," in Stephen L. Wasby, *Political Science: The Discipline and Its Dimensione* (New York, 1970), pp. 231–242.

壹、邏輯實證論者對價值的觀點

邏輯實證論者把價值分為兩類：審美的（即美學 [aesthetics] 所探討的）與倫理的（即倫理學所探討的）。由於政治學與第一類價值關係不大，我們將僅討論他們對倫理的價值之觀點。

關於倫理的價值，他們又作另一種區別：規範的倫理 (normative ethics) 與形上倫理 (meta-ethics)。前者是有關價值判斷的；例如何者是善、惡、對的、錯的等。後者不是關於價值判斷的，大體說來，是探討價值的性質的。在本節中，我們注意的重心是後者。

早期的邏輯實證論者有一核心信條：即意義的可驗證性 (verifiability)，也就是說，任何陳述（不論是書面的抑或口頭的）必須能通過觀察的試驗，才有意義。換句話說，任何話語，其內容必須是關於可以直接或間接地觀察的事物，才不是胡說 ❸。卡奈普 (R. Carnap) 曾將此標準用來批判價值陳述，他說：

「價值或規範的客觀有效性不能藉實證法驗證，也無法從經驗陳述推知（甚至價值哲學家的看法也是如此的）；因此它絲毫不能在一句有意義的陳述中表達。換句話說，我們必須選擇兩者之一：其一，在使用『善』或『美』及規範科學採用的其餘的表語 (predicates) 中標示實證的標準；其二，不如此做。在第一種情形，關於如此的表語的陳述就轉變為事實的陳述；在第二種

---

❸ 此為早期的邏輯實證論者（或用 A. Brecht 的說法，新實證論者的過激派）像卡奈普、紐拉脫 (Otto Neurath) 等人的主張，不過後來，他們對此也有若干修正，如歇立克 (Moritz Schlick) 在其一篇較晚的（一九三六）論文中，指出「可驗證性」不一定是指「經驗的可驗證性」，也可指「邏輯的可驗證性」。在驗證過程中，唯一要件是它「可被描述」。見 M. Schlick, "Meaning and Verifiability," in H. Feigl and W. Sellars, eds., *Readings in Philosophica Analysis* (New York, 1949), pp. 146 ff.

情形，它變成偽陳述 (pseudo-statement)，欲作一表示價值判斷的陳述無異緣木求魚❹。」

在同一篇論文中，他斬釘截鐵地指出：

「在形上學（包括一切價值哲學與規範理論）的領域中，邏輯分析產生否定的結果；即此領域中，一切所謂陳述是完全無意義的❺。」

艾爾 (A. J. Ayer) 在其名著語言、真理與邏輯中也指出：「我們發現倫理哲學包含的倫理概念是偽概念 (pseudo-concepts)，因此根本無法分析❻。」

莫爾 (G. E. Moore)、史梯芬森 (C. L. Stevenson)、杜明 (Stephen Toulmin) 等英國學者，對倫理哲學的抨擊尤其嚴苛，其效力是可驚的❼。二十世紀中葉，倫理哲學在著名大學中，一度失勢，可說是他們造成的。

上述邏輯實證論者嚴格區分價值與事實；否定非實證性的價值內涵，並且，不承認人具有任何超凡的能力，諸如「道德本能」或「良知良能」等，以領悟價值（或獲取關於價值的知識）❽。這些見解，後期的邏輯實證論者也都同意。但是，他們激烈而極端的態度（如上列引語中表示的）與言論，幾乎否定了價值的存在，是後期的邏輯實證論者不能接受的。早期的邏輯實證論者，以「維也納集團」(Vienna Circle) 與牛津為中心的英國派 (English School) 為主，「維也納集團」大體上對倫理學不感興趣❾，但他們的立場與

---

❹ Rudolf Carnap, "The Elimination of Metaphsics through Logical Analysis of Language," in A. J. Ayer, ed., *Logical Positivism* (Glencoe, Ill., 1959), p. 77. 原文於一九三二年在奧國發表。

❺ Ibid., pp. 60–61.

❻ A. J. Ayer, *Language, Truth and Logic*, 2nd ed. (New York, 1946), p. 112.

❼ Moore 的名著 *Principia Ethica* 是用語言分析的方法揭露許多倫理規條 (ethical prescriptions) 的乖謬與無意義；杜明認為規範哲學的任務只是批評與評估社會與個人行為，對於人們贊同或反對某種行為方式，給予「良好的藉口」。

❽ 見 Ayer, op. cit., pp. 102–107.

❾ 見 Ayer, "Editor's Introduction," *Logical Positivism*, p. 22.

英國派似乎頗接近（在其他方面可能不一致，但對價值的立場，大體是一致的）。我們可稱這些早期人物（主要著作在一九三〇年代出版）為「正規」者 (Formalists)，他們的立場為「正規」論 (Formalism)，後期的為「重組」者 (Reconstructionists)，其立場為「重組」論 (Reconstructionism)❿。

重組論肯定價值的存在，認為這不是一個哲學的問題，而是一個常識的問題；換句話說，價值陳述的意義不是靠實證的驗證決定的，而是靠人的存在需要 (existential needs) 肯定的。

「價值的存在是常識的問題」一點，我們可舉一例以說明之。倘若我們見到一人，說「這人是個高瘦個子、身體健壯、粗眉大眼、氣宇軒昂，他是一個好人」，這幾句話包括幾類陳述：⑴若干事實陳述（如高瘦個子、身體健壯、粗眉大眼等），⑵價值陳述（如他是好人）。關於前者，我們可作如下的分析：在環境中有一物象（人）；我們看到它，形成一個知覺對象 (percept)；根據此「知覺對象」或它的若干部分，我們作若干事實陳述。何以事實陳述是可以成立的？因為它們是根據我們的知覺對象之若干部分的，而這些部分與外界某一物象及它的若干部分是節節相符的。後者與前者究竟有什麼區別呢？當我們說「他是個好人」時，我們也不是憑空亂說的，而必須按照知覺對象的某一部分（也許可稱之為倫理論據 [ethics datum]）而作此陳述。倫理論據與事實論據有其異，也有其同：其異在於它並不與「外界」的物節節相符；其同在於它也是「存在」的──也是「知覺對象」的一部分──當我們的興趣是事實與價值的分割時，我們強調其異；當我們注意的是價值的形上性質時，則強調其同。價值相對說 (Value relativism) 是肯定前者，價值絕對說 (Value absolutism) 則肯定後者。康德的努力於建立道德的十二範疇 (categorical imperatives) 是站在絕對論的立場，而其鼓吹社會生活與國際秩序中的容忍，則是出於相對論的觀點。

---

❿　參閱 Milton Hobbs, "Logical Positivism and the Methodology of Political Science," (Ph. D. dissertation, Northwestern Univ., 1961), chap. 6.

　　以上常識的價值觀 (Commonsensical view of values) 認定價值內涵之存在是現象的 (phenomenal)❶，我們知道（或領悟）它們是藉直接認識，即從直接經驗出發而獲致的。

　　價值——尤其是倫理的價值——為何為人所需呢？其功能何在？我們必須知道，邏輯實證論者雖然不承認價值陳述具有意義 (meaningfulness)，但卻無人否認價值是有其功能的。早期的實證論者有所謂「情緒表示」論 (Emotive Theory)。這一理論「主要是由英美哲學家的作品呈現的，與邏輯實證論密切相聯❷」。

　　「情緒表示論」認為價值陳述的功能不過是表達或偶爾激起情感或情緒而已。此種論調在艾爾的著作中被首次提出，此理論對維也納集團的立場無所增添，或者至多我們只能說其增補是屬於心理學的領域的❸。對此理論，許多批評者認為最可非議的是它過分貶低了人的價值判斷與道德經驗（例如一個極惡的人改邪歸正之經驗，他們以為絕不可視為情緒之表達而已）❹。他們對情緒表示論者，把價值概念視作「偽概念」，把有這些概念出現的陳述句當作「偽陳述」，並且把表示價值判斷的語句與表示事實判斷的語句截然劃分，稱前者為「無意義」的作風，甚表反對。

　　情緒表示論在後期邏輯實證論者看來，是不盡正確的。他們對價值的功能，認為不僅是個人的，也是社會的，但卻不承認若干價值哲學家的觀點：價值具有的某種超越個人與社會的功能。

----

❶　參閱 Hobbs, ibid.

❷　見 Ayer, "Editor's Introduction," *Logical Positivism*, p. 22.

❸　關於此理論，最重要的著作為 C. L. Stevenson, *Ethics and Language* (New Haven, 1944)。在此書中，此理論獲充分的發展。

❹　如 A. Brecht, D. Waldo 均作嚴屬的批評，見 D. Waldo, "Values in Political Science Curriculum," in R. Young, ed., *Approaches to the Study of Politics* (Evanston, Ill, 1958), pp. 96–111.

貳、事實與價值

　　倫理哲學強調的區分之一，是絕對論與相對論。絕對論者認為價值內涵，具有某種程度的客觀性，因此關於價值的陳述是可能有真偽之別的；相對論者否認這種看法❶。晚近的邏輯實證論者以為以上兩種立場可以調和：在直接經驗的層次，絕對論是對的。在對某一物象判斷的層次，相對論是對的：價值是主觀的，關於它的陳述無所謂真偽。

　　相對論的立場，可從事實內涵與價值內涵的差異，而獲得佐證❶：

　　⑴當我們觀察事實性的事物時，我們具有標準的條件，一切正常的人均能認識這些條件；當我們觀察「價值」時，則缺乏這些條件。羅素 (Bertrand Russell) 指出：

　　「我們不能對一個色盲的人證明草是青的，不是紅的。但我們擁有不同的方法，向他證明他缺少大多數人具有的某種分辨能力，然而，說到價值，我們就沒有這樣的方法，歧見也就比關於顏色的常見得多❶。」

　　⑵我們具有某種生理器官來認識或感覺事實性的事物,但卻缺乏任何「工具」來覺察價值❶。

　　⑶不論是價值抑或事實問題，我們的判斷都是基於經驗，然而形成價值判斷所賴的經驗，必須從較深較多，且較特殊的「學習」中獲得❶。而形成

---

❶　關於此名詞的使用，見 F. E. Oppenheim, "In Defense of Relativism," *Western Political Quarterly*, 8, 1955, pp. 411–417.

❶　以下的討論，主要是依據 Hobbs, op. cit., chapters 5, 6 及 W. Sellars and J. Hospers, eds., *Readings in Ethical Theory* (New York, 1952).

❶　見 B. Russell, "Science and Values," in P. Edwards and A. Pap, eds., *A Modern Introduction to Philosophy* (Glencoe, Ill., 1957), p. 397.

❶　H. Hochberg, "Phenomena, Value, and Objectivity," *Philosophical Quarterly*, 8, 1958, pp. 208–225, esp. pp. 222–223.

事實判斷所賴的經驗，僅須經一般性的「社會化」過程中取得。

⑷我們價值判斷的改變，與外界環境的改變不一定有關，而事實判斷的改變，則多半是由於外界環境的改變（當然，也可能是由於原先的判斷是錯誤，但在這種情形下，是改正，嚴格說不是改變判斷）。譬如：一個高中剛畢業的學生，主張大學應盡量招收新生，說：「縮減錄取名額是不對的」，一旦聯考上榜，又說：「大學教育是人才教育，招收學生太多是不好的。」外界環境並未改變，但他自己對大學教育的了解則改變了。

⑸關於價值判斷，歧見較多，而且較持久；關於事實判斷，雖然也可能存有歧見，但較少，並較易解決。

從上列五點，我們就可一窺「事實－價值區分」的基本核心，這五點形成學者們分辨價值與事實的基礎。我們擬把政治學者對價值－事實的分辨歸納為三項：

㈠事實陳述或命題可藉經驗證據（即可直接或間接觀察的）證實或反證，價值辭語缺少經驗指涉，故價值陳述或命題不能證實或反證。

㈡事實與價值之分即方法（手段）與目的之分：關於目的之陳述或命題是價值判斷，而關於達到已定目的之方法（手段）的是事實判斷。此一說法，甚為常見。其實，只有部分正確性。關於目的之陳述或命題也可能是事實判斷。

㈢事實與價值之分為實然 (what is) 與應然 (what ought to be) 之別，而關於後者的陳述或命題，不能從關於前者的推演獲得。此為一般常識的說法，但在方法論的立場，也有其重要性。

---

⑲ 如勃洛貝克 (May Brodbeck) 說：「道德訓練是使道德感敏銳的過程，道德感所覺察獨立存在的 『事物』，倘若不經訓練，我們常忽視其存在。」見 Brodbeck, "Toward A Naturalistic 'Non-naturalistic' Ethic," *Philosophical Studies*, 2, 1951, pp. 7–11, pp. 9–10.

參、邏輯實證論對政治學的影響

　　維也納集團對政治學的直接影響不大，但是，其間接的影響是可觀的。這種影響的造成，一方面是由於納粹黨在德國的崛起，迫使中歐（德、奧、捷、波等國）的邏輯實證論者流亡美國；另一方面是若干英美學者，接受了此種思想後，在其國內宣揚的結果❷。

　　受此種思想頗大影響的政治學研究，是所謂「行為政治學」❷。行為政治學崛起於美國，可說是美國學者對政治研究的主要貢獻，在世界其他地區，人文的政治學 (Humanistic political science) 始終保持強勢的地位，這現象的造成與四十年代後，邏輯實證論者大多數定居美國，多少有些關係❷。

　　邏輯實證論者對行為政治學的影響，可分述如後：

　　⑴對實證知識，尤其是易驗證 (Verifiable) 者的重視，而忽視由直覺、想像、悟力取得的認識，因此，行為政治學者往往不重視政治哲學與純屬規範性的政治事物。

　　⑵注重科學的方法與技術，因為唯有藉此，才可作正確而客觀的驗證。

　　⑶要求事實與價值的嚴格劃分。此點尤其重要，它是我們欲在下節中較詳細討論的。

---

❷　中歐邏輯實證論者流亡美國的，著名者計有卡奈普 (R. Carnap)、費格 (H. Feigl)、法蘭克 (Philipp Frank)、雷肯巴哈 (H. Reichenbach)、戈代爾 (Kurt Gödel)、孟格 (Karl Menger)、熊彼特 (J. Schumpeter)，與凱爾森 (H. Kelsen) 等。英美接受此種思想的名學者，重要的計有奈格爾 (E. Nagel)、莫里斯 (C. Morris)、布烈治曼 (P. W. Bridgman)、漢普爾 (Carl Hempel)、勃洛貝克 (May Brodbeck) 等。

❷　關於此名詞，有的學者認為不適當，如 H. Eulau 則用 behavioral persuasion of political science。

❷　人文政治學的名詞，見於 Frohock, op. cit., p. 120.

肆、行為政治學者的主張：政治研究應「價值中立」

　　行為政治學者，對邏輯實證論者的觀點，多半是有保留地接受❷。但是，其中關於事實與價值應加劃分一點，則一般都很同意。由於行為政治學者此一立場，他們常被「人文」政治學者（包括傳統的與所謂「後行為主義」的）❷所抨擊，也受部份社會人士的不諒。此種攻擊與不諒的理由，有些是由於立場的分歧，觀念的對立，也有些是出於對行為政治學者或行為政治學的誤解，曲解甚至無知。而這種種攻擊與批評，有的具有學術上的重要性，但也有些純是感情用事地謾罵，並不值得過分重視❷。

　　當我們討論行為政治學者對事實與價值的分割的立場時，首先要注意兩項事實：⑴行為政治學者主張「事實－價值」兩分，並不表示他們不要價值，輕視價值或自己沒有價值。⑵政治學中的「價值」之多重意義。

　　第一點原來不必多說，但由於若干批評行為主義的人士似乎認為他們是不重視價值的，故稍綴數語，也不算多餘。前面說過，行為政治學者接受邏輯實證論是有限度的，而對於價值的功能，行為政治學者是不接受「情緒表示」說的，事實上，著名的行為政治學者如拉斯威爾 (Harold D. Lasswell) 等對價值的社會功能是極重視的❷。他們不僅重視價值（作為研究的對象與獻

---

❷　例如邏輯實證論者把「意義」與「可驗證性」視為同義，行為政治學者並不接受。

❷　關於「後行為主義」的觀點，見 C. McCoy and J. Playford, eds., *Apolitical Politics* (New York, 1967)。

❷　感情用事的謾罵，大多出於非學術界的人士之口。此外，諸如「行為派」的研究者主張研究過程中避免價值判斷，就是提倡「不要價值」之類的話也是若干人士慣說的；學術界人士的批評，多半有其理論的基礎。

❷　拉斯威爾對維護民主的價值甚為注意，見其關於「政策科學」的論文，尤其是其

策的準則），而且自己都具有固定而堅實的價值觀：譬如，建立純正的政治科學的強烈動機，是植基於一種價值觀：即客觀地、理性地探討政治問題，是推展我們的學科所必要的，而政治問題的良好解決，不僅需要決策者的明智，也需要正確知識之引導。而在研究過程中，把事實與價值作嚴格地區分，是獲取正確知識的唯一途徑。

　　第二點比較重要，讀者應多加注意。行為政治學者主張價值與事實分割。那末，政治學中所謂事實與價值究竟何所指呢？政治學文獻中的「事實」，是指一種事物的狀態 (a state of affairs)。它可能包括：(1)具有某種特性的「物象」或「人物」(object)，如英國的巴力門；(2)一件發生的單獨事件 (event)，如美國革命；(3)一類經常跟隨另一類發生的事件，如戰爭。以上(1)(2)為單獨事實，(3)為一般事實 (general fact)。政治學文獻中的所謂「價值」，內容相當混雜，茲簡單加以分析：(1)事實—價值 (value-facts)：政治學書籍中，常可見到一些表面上看來似乎表示價值的陳述語，實際上並不表示價值，而為事實性的陳述語。譬如我們說：「尼克森是一個良好的競選者」，其意義很可能是他懂得贏取選票的技巧。一個人懂不懂得贏取選票是一個事實問題，不是一個價值問題。此外，若干概念，表面似乎表示價值，實際是表示事實的。例如：我們研究日本的政治文化對其政制運作的影響時，提到日本人的價值，諸如忠於派閥的觀念……等，只要這些都是適當界定，都可當「事實」來研究，不必視作「價值」，這類表面看似價值的，可稱為「價值—事實」(value-facts)；(2)表示「目的」者：「手段—目的」語在政治學著作中，經常出現，表示價值的字眼常常構成其主要部分。但這些「價值」字眼，很多並不真正表示價值，我們似乎沒有理由認為作者的價值判斷已浸入政治學的每一角落。經濟學者兼行政學者賽蒙 (Herbert A. Simon) 的評論也可適用於政治學的其他分門：

與 Daniel Lerner 合編的書的導論。見 D. Lerner and H. D. Lasswell, eds., *The Policy Sciences: Recent Developments and Method* (Stanford, Calif., 1951) Introduction.

　　「由於行政學者的著作中，常出現『良好』『不佳』等字眼，有人以為行政科學含有很重的倫理成分。倘若果真如此，行政科學就不可能存在，因為在實證的基礎上，就倫理的選項作選擇是辦不到的。幸而，事實並非如此。當『良好』『不佳』等字眼在行政著作中出現時，是很少用來表示純粹倫理的意義的。當程序加速固定目標的達到時，就可說它是『良好』的，而當它不能如此時，就說它『不佳』。它能否加速目標達成純然是事實問題，而此種事實性因素構成行政科學的真正實質❷。」

　　「手段－目的」語雖然不一定都是價值語，但也有些是「價值語」。而這所謂「價值」又可分為「工具性價值」(instrumental value) 與「內在的價值」(intrinsic value) ❷。「工具性價值」陳述具有事實成分與價值成分，並不純然為「價值成分」。譬如：醫生對病人說：「你應該每天散步。」此言具有兩層意義：⑴「每天散步能增進你的健康。」此為事實成分，散步能不能增進病人健康？他一試就可判明；⑵「你應該散步」，此為醫生的價值判斷之表示，此判斷為「散步是好的」。「手段－目的」語中，純粹的價值陳述只有當目的是內在價值時才可成立。

　　從上節中，我們可知政治學中表示「價值」的需要，並不如若干人士想像之大，所謂「政治學一脫離價值，就空無一物」的說法，其立論的基礎似乎不是從現有的政治學文獻與著作中找到的。

　　行為政治學者，主張從事研究應該「價值中立」，其涵義可分為兩層說明：⑴在研究報告或發布研究結果的任何文字中，價值的陳述（指表示內在價值者）應與事實的陳述分開，事實的陳述為研究 (research) 的結果，研究者

❷　Herbert Simon, *Administrative Behavior* (New York, 1955), p. 249.
❷　內在的價值又稱為終極的價值，是沒有「事實成份」(factual component) 的純價值。但這一區分只在概念層次上正確，在經驗層次上，一項價值之為工具性或內在，並不易確定。譬如說，一個公民努力工作，是為了「國家」，而國家又是為了人民的福祉而存在，而人民又是許多個人組合成的。

不可以任何方式摻以個人的價值，以免影響其信度與效度；價值的陳述為研究者作為一個公民、社會的一份子、人道主義者……等角色對研究發現的反應、建議、批評（指對發現之社會或政治現象的批評，非指對研究本身的批評）與感想，不是研究直接結果。(2)在研究的過程中，研究者應「暫停」其價值判斷 (suspension of his value judgment)，俾其研究成果不致受成見、偏見等的歪曲。

在行為政治學者看來，「價值中立」的主張，是基於若干學術與實際的考慮的，不能完全視之為邏輯實證論之影響使然：

㈠真正的知識，只有在沒有偏見與成見的心理狀態下，才能求得；而欲使政治學能對人類的福祉產生貢獻，必須使它成為一門由真正的知識組成的學科；

㈡多元的社會，是由具有不同的價值觀與利益的人組合的，一種不以「價值中立」為旨建立的政治學，勢必成為代表不同價值、不同利益的人的工具，由於政治的性質，這是在所難免的。這樣的政治學是不能建立其學術地位的；

㈢在單元的社會，不以「價值中立」為旨的政治學，可能變成兩類事物之一：(1)支持控制社會的勢力的主張，亦即為現狀提供合理化 (rationalization) 的基礎；(2)反對該一勢力的力量的意識型態之一部分。這些都不是真正的學術。

伍、人文政治學者的主張：政治研究不應價值中立

人文政治學者反對政治研究價值中立，有兩種議論：一種是價值中立不能做到。我們對於政治研究能否做到價值中立，將在第六章中討論；另一種是政治研究不應價值中立。雖然大多數人文政治學者同時具有這兩種看法，但也有一些，僅持有兩種主張之一❷。

人文政治學者反對政治研究價值中立的理由，形形色色，甚為紛紜。極

端者如奧國學者右翼的伏格林 (E. Voegelin) 等認為行為政治學者的主張無異忽視上帝的存在，而不承認上帝的學問，顯示人的「狂傲」(hubris)❸⓿；左翼的挪威學者貝 (Christian Bay) 則認為它是不顧社會的存在，而一種象牙塔中的政治學，顯示知識份子的不負責任與醉心於保持現狀下的既得利益❸❶。這種種極端的批評，具有知識社會學的興趣❸❷，但對於我們，並不特別重要。我們注意的是一般人文政治學者常常提出的反對理由。

㈠從政治學的目的與性質觀之，政治研究是不應「價值中立」的。根據人文政治學者的看法，政治學的主要目的是提供決策者治國的意見與建議以及改進政治制度與設施所需之知識。因此，它是一門價值與事實相配合的學科，堅持價值與事實的兩分等於使政治學失去了存在的主要理由。自其性質觀之，政治學是關於人的政治行動的，而人的政治行動是一種依據理性作成選擇後的行動，不是較低動物的本能行動，而選擇必定涉及價值，故研究政治倘若排除價值，就只能觸及其表象，無法深入底蘊。

㈡政治學是在民主的開放社會才能存在的學科，因為在這樣的社會，才有真正的政治過程，與自由探討的環境，既然如此，政治學者必須維護民主的價值，「價值中立」的研究無助於此一目標。

---

❷❾　行為政治學者中，也有許多人感到完全價值中立不易達到，但其與人文政治學者不同的是認為這是值得努力以赴的。

❸⓿　見其 *The New Science of Politics* (Chicago, 1952)。伏氏鼓吹「政治學的復興」，而欲達此目標，則必須「重新理論化」(retheorization)，這必須藉恢復希臘哲人與中古基督教學者的努力，以提供一個具有價值次序的本體論的描述 (ontological description)。

❸❶　見 Christian Bay, "Politics and Pseudopolitics: A Critical Evaluation of Some Behavioral Literature," *The American Political Science Review*, Lix, 1 (March, 1965), pp. 39–51.

❸❷　我們須知，這些批評的出現，都有其社會與政治的背景，因此不能純粹視為一個學術性問題。

　　(三)另有一些受杜威與考夫曼 (Felix Kaufmann) 影響的政治學者❸，不認為事實與價值可嚴格劃分，所謂價值，是隨情勢而決定的。因此政治學不必強調價值中立，假如堅持如此，只能使政治研究狹隘化，無法對政治現象作全面的探究。

陸、結　語

　　人文政治學者批評行為政治學者政治研究「價值中立」的主張，部分是出於誤解：行為政治學者所說的「價值中立」涉及者純粹是研究過程中若干階段中研究者持有的態度、技術上的若干控制與自我控制，對資料的審慎處理的作風，與發表研究成果的方式；並不指研究者揚棄自己的價值，以適當的方法與文字表達、甚至宣揚其價值，克盡其公民、民主或任何別的制度衛道者的職責與自我期許。

　　研究的過程與研究的目的是可以分開處理的。一位醫學研究者設法找出癌症的成因，是為了救人，但當他在實驗室中工作時，不必標榜這個崇高的目的，反而必須冷靜地按照一定的程序，蒐集資料與分析其發現。倘若政治學者欲以其研究貢獻國家或社會，把研究做好，尋求真正的知識，才是正途❸。

　　民主社會是多元的，這不僅指利益，也指價值的多重，而且民主的開放性肯定其制度與設施不是不容許變動的，以理性與和平的方式求取變革是民主主義者認為正當的，因此，維護民主價值的學術既不是指維護某一民主社

---

❸　關於此點，可參閱 Arnold Brecht, *Political Theory: The Foundations of Twentieth-Century Political Thought* (Princeton, 1967), pp. 266–271.

❸　當然，政治學者作為公民，也可用其他方式報效社會，如擔任公職⋯⋯等，但當其以政治學者的身份作貢獻時，我們期望他的貢獻是真實的、夠水準的學術成果。

會發展中某一階段「主流」的價值，也不是一味用來為現狀衛道的學術（當然也不是一味為任何求變的勢力服務的學術），而是指不囿於「教條」，不蔽於成見或偏見，在自由探討的原則下的心智產物。由於這種社會科學的成果，只能在民主開放的社會產生，它的存在，就足以證明民主的優越性，就對維護民主有了貢獻，就此點而論，已可不必再賦予它什麼特定任務了。

第六章　價值：政治研究能否價值中立？

在政治學者的集會中，偶爾可聽到這樣的話：「我們並不反對把事實與價值分開，但這是辦不到的。」「我們原則上贊成做研究應價值中立，但這樣做可能嗎❶？」這似乎表示對政治研究價值中立的可能性之疑竇是相當普遍地存在的。果真如此，這確實是值得我們探討的。

壹、政治研究不能價值中立

認為政治研究不能價值中立（以及價值與事實不能嚴格分開）的人，其觀點可大別分為兩類：一類是基於其獨特的哲學（或知識論）的立場的。例如杜威認為價值與事實不能嚴格劃分，社會科學（包括政治學）研究不應也不能價值中立❷；現象學家如歇勒 (Max Scheler)、哈特曼 (Nicolai Hartmann)

---

❶ 根據筆者的經驗，這是許多學者與學生常常表示的看法。中外政治學期刊中不少文章，也顯示這種疑竇是普遍存在的。

❷ 杜威認為物理科學、社會科學與道德學可以相同的原則探討。他拒絕「終極」價值的觀念。他認為至善或價值層級 (hierarchy of values) 的說法都是無稽的，因為我們既然沒有科學方法決定，這必然是個人喜好所定的，故勢必因人而異。他反對把價值作抽象化處理，主張著重吾人決定價值的具體情勢，此情勢是獨特的，具有「道德的終極性」。一切原則、標準，僅不過「程序的手段」(procedural means)。換句話說，他認為在價值判斷與事實判斷上，都是「情勢」決定「原則」，不是「原則」決定「情勢」的，因此，兩種判斷依據的定律應該相同。原文見 John Dewey, *Reconstruction in Philosophy* (Boston, 1948), ch. VII, 見 A.

等認為價值可「客觀化」❸，故也可如事實般地研究，我們對於這一類將不詳細討論，因其對政治學者的影響不大；另一類是在常識層面的。此一觀點的理由如下：

　　㈠政治研究的對象是人，不是無生命的物體或低等動物，既然是人，研究者對他（或他們）當然不能無動於衷，他絕不能對被研究的對象之行為不加褒貶，或對其禍福與命運不予關心，他的價值判斷必然混雜於其研究之中；

　　㈡人的世界是由不同的文化領域 (culture area)、國家、民族、語言集團……等組成的，每一個個人都必須分屬其一，並對之產生情感上的「認同」，對其榮辱存亡發生關切，並且透過「社會化」接受並內化了它的價值，由於此，每一個人在觀察與探討社會與政治問題時，都已有了「一副有色眼鏡」，研究者也不例外，果真如此，他又何能「價值中立」呢？

　　㈢由於政治研究的技術性限制（如不能作控制性的實驗），研究者對政治現象的觀察必然是片面的。其決定那一面向代表某現象為一主觀的決定，是價值判斷的結果。換句話說，政治事實具有價值成分 (value component)❹。

---------------------------------◆---------------------------------◆---------------------------------

Brecht, op. cit., pp. 266–267.

❸　參閱 A. Brecht, Ibid, pp. 284–285.

❹　這是韋伯 (Max Weber) 的看法。韋伯的方法論觀點顯示他所受影響的兩面性：德國的「歷史主義」(historicism) 與英國的「實證主義」(positivism)。他一方面主張只有發掘一般性定律來涵蓋個別事件，個別事件才有意義；可是，另方面，又強調社會現象（即他所說的文化現象）有其獨特性，必須採用與研究自然現象不同的方法，才能研究，他並且認為任何人研究社會現象，都只能看到一面，因此觀點是很重要的，「觀點」（似乎是指概念架構，並非國人所說的「立場」）妥當（不是「正確」），則對現象的「本體真實」(ontological reality) 多能洞察一點。見 Edward E. Shils and Henry A. Finch, eds. and trans., *Max Weber on the Methodology of the Social Sciences* (Glencoe, Ill., 1949).

貳、政治研究價值中立的可能性

　　論及政治研究中，價值中立的可能性之問題，有一些誤解，必須澄清，這些誤解，是從常識層面出發認為政治研究不能價值中立的人士共有的。第一個誤解是認為整個研究過程都需價值中立，其實，假如我們把整個研究過程劃分為三個主要階段 ❺，選擇研究題目，蒐集與處理資料暨達成結論與發布研究結果，一般主張「價值中立」的人只要求在第二階段（即資料與結論的達成）價值中立；對於第三階段，只要求將事實陳述與價值陳述加以區分；至於第一階段，則大部份方法論者認為是研究者（及其支助者）主觀決定的 ❻。第二個誤解是認為「價值中立」與「價值不中立」是對立的兩極，假如說你的研究已做到價值中立，就是表示它已達百分之百的價值中立。其實，並非如此。「價值中立」有其程度性，一項研究「價值中立」的程度太低，當然可說它價值不中立，然而，百分之百的價值中立也是很難達到的，但是，假如我們相信這原則是對的，就應努力達到（或至少接近）這個理想（即百分之百的價值中立）。不過，我們也不必因不能完全達到它，而放棄這個原則；第三個誤解是只要遵守幾條「戒律」，就可做到價值中立：老實說，儘管若干方法論者（如吉卜森）❼對於如何減少研究者「偏見」「成見」的「惡果」，曾經提出一些忠告，但達到「價值中立」的萬靈良方（不論是「戒律」抑或「規則」）是沒有的。

---

❺　關於研究過程之階段的劃分，是研究設計 (research design) 必須注意的事，各家有不同的劃分，將其分為這三階段是最粗略的。

❻　關於此點，將在本書第二篇第十章中較詳細討論。

❼　吉卜森 (Q. Gibson) 提出數點「建議」來獲致研究的「客觀性」(objectivity)。諸如讓人懂得如何覺察研究中「不客觀」的方法（諸如：一個智力高的研究者作「怪誕」的論，就要看看他的私人利害等）。學界培養責疑問難……等。見 Gibson, op. cit., pp. 80 ff.

　　「價值中立」一方面是研究者態度的問題。一個充滿偏見（不論是人種的、階級的、地區的、民族的……）、成見、性格固執、「理性」程度較差的人，比較不容易具有這樣的態度。研究學問的人，必須有一種認識：即世界上的科學「真理」，都是部分的、片面的，以人類現有的知識，還無法洞察宇宙與人生的奧秘。每個人主張或接受某一理論，都應採幾分保留的態度：「在沒有更完善的理論前，它的解釋力較強，故我主張或接受它。」而且，他必須有幾分謙虛，不自以為是；他又須能稍微超脫世俗，不受其生長的文化領域所孕育培養的偏見或成見（不論出之於如何堂皇的口號）之束縛，如此，他的態度可能比較客觀，比較能做到「價值中立」。

　　「價值中立」又是一個與研究方法有關的問題。一個對研究學問的適當方法有所認識的人，無論如何，不會接受一些太不夠水準的所謂「研究成果」（不論是自己的、抑或別人的）。許多毫不顧及「價值中立」的東西，從邏輯與實證證據的觀點，往往是很不夠格的。（當然，「宣傳品」中，也有看起來很夠學術水準的，但那是較稀少的。）故我們要做到「價值中立」，或辨認別人的成品是否「價值中立」，方法論與研究方法的訓練是必要的。

　　「價值中立」又與學術界的傳統與規範不可分離。假如學術界對於學術成品具有良好的裁判標準，重視客觀的研究，與社會上其他的利益領域（如工商界……）保持適當的距離，則學者就較易做到「價值中立」。而且由於同行獎懲褒貶的適當運用，較易培養講究「價值中立」的態度與習慣。

　　「價值中立」更是學術風氣的問題。一個學者在他的研究中，摻入過濃的偏見、成見，或對資料的選用與處理，過分不客觀，可能是由於不同的理由：⑴個人利害：例如一位貪財的生理學者自紙煙製造商處獲得重金，違心發表抽煙無害健康的論文；⑵個人信仰：例如一位篤信上帝創世說的古生物學者，歪曲其發現中有利於達爾文學說的證據；⑶個人無知：他並不知道偏見或成見的存在，或資料的選用與處理之不當。由於我們的知識（尤其對自己的了解）都是有限度的，這種無知相當可能。假如學術風氣是開放的，學者們互相「對事不對人」的批評、責疑、問難、褒貶成為理所當然，則這類

由無知所犯的「錯誤」改正的可能性也就較大。

參、結　語

　　以上關於政治研究能否價值中立問題的討論，是相當簡略的，許多有關的課題如理性 (rationality)、客觀的性質、韋伯方法論特別強調的 Verstehen ❽……等，都未包括進去。這些省略，是經過審慎考慮後的決定：由於本書的性質，必須把敘述與分析的焦點集中，以致不僅較瑣細的「事物」要刪去，甚至有時免不了略去相當重要的「事物」。讀者如欲把自己培養成一個懂得研究方法的人，不是一兩本書可以達成的，但一兩本書可提供培養過程的起點。

　　關於政治研究中價值的地位問題，我們擬再說幾句話：價值是需要的，政治研究倘若捨棄了價值，是殘缺不全的。但是，價值的正確地位如何？研究政治的人應如何探討價值呢？是很值得注意的。我們初步的看法是：純然探討政治價值的，應屬政治哲學的範圍，至少在目前與政治科學關係較小。（當然，有許多人，希望在政治哲學與科學間建一座橋樑。）❾ 在政治科學的領域中，事實與價值陳述的分離是決不可少的。這不等於一個人不應堅持其價值或不宜表示其價值，而是說在研究過程的某些階段，要盡可能達到「價值中立」，也就是盡量避免以自己主觀的價值判斷來選擇或詮釋資料及作成研究結論。唯有如此，政治科學才能發展成真正的科學，政治學的「學術尊嚴」才能維持。

---

❽　Verstehen 即設身處地的了解 (empathetic understanding)，若干德國學者，包括韋伯，認為要充份解釋人的行為，不能全靠定律與理論，研究者必須要具有對行動者設身處地的了解。此一看法，其含意是社會科學的研究方法不是純粹科學的，也是「本能的」。批評者認為 Verstehen 不是社會科學研究必不可少的。對 Verstehen 觀念的批評其理由，見 R. Rudner, op., cit. p. 73.

❾　作這種努力的代表性著作為 Arnold Brecht, op. cit.

第二篇
政治研究的基礎

第七章 關於政治研究的基本常識、準備工作與態度

　　「做研究」在今天已成為一個很好聽的名詞：一個不用功的學生在圖書館裡打盹，可對人說他在做研究；一位教授不願幫太太做家事，也可推說做研究太累了。世界各國花在研究上的經費，逐年都在增加，已開發國家至少已達國民生產毛額的千分之五；開發中國家也在急起直追。一個國家不鼓勵其受過良好教育的國民做研究，在今天，是很丟人、失面子的，「反智論」是一頂很不舒服的帽子。但是，一般人想到的研究，是物理科學、生物科學的研究——一群穿白衣的人，在實驗室裡穿梭來往或埋首工作，是常浮現腦際的一幅畫像。政治研究，對許多人來說，似乎是比較陌生，甚至不可思議的。（諸如：「政治還需要研究嗎?!」）

　　在以往，許多人想到政治「研究」，以為最好的成果是元老政治家或準政治家們坐在皮椅上，藉模糊的記憶，利用自己或別人的手，匆匆寫下的往事——當然假如這位老先生具有馬基維利般的見識，那就更好了。（馬基維利這位元老政治家，做官雖然失敗，其「研究」確實受到後人的注意。）

　　今天，仍然有不少人，甚至修習政治學的學生，認為最有價值的政治知識是從元老政治家的腦袋裡，或故紙堆中搜索來的；我們並不否認馬基維利或甚至不如他的那一類人與古代的檔案與報紙，能提供很好的資料與寶貴的知識，但堅決相信政治學的發展仰賴對當代政治現象與永恆性問題的實證研究，要超過以傳統方式從事的往事研究或「實務人物」的回憶，甚或推理所得的智慧。（如以馬基維利與司馬光等為模仿的典型的。）

　　在我國，政治研究還不甚發達。比較傳統方式從事的研究，確實有不少人在努力地做，雖然仍待加強，但至少已成氣候了。（我們不贊成部分人士的

看法，以為這樣的政治研究，已不需要鼓勵了❶。）較弱的一環是實證研究，有價值的的確不多見。欲促進實證的政治研究，必須從三方面著手：(1)增加經費；(2)獎掖研究人才；(3)使政治學的一般學生對政治研究有些基本常識與適當的態度，俾研究者能獲得助手與「接棒」者。

嚴格說來，這整本書都是政治研究的基本知識的討論（也偶爾涉及一點我們認為「適當」的態度），但是，為了特別記載一點更加基本（也許更妥當的說法是「起碼」）的「常識」與「態度」，我們分列了這一章。為了免於單調起見，又添上一點有關研究的「準備」工夫的敘說。

壹、政治研究的種類

政治研究，依照研究的實際目的（即研究成果作何用途）與研究是否旨在提供新知識，可以區分為四類❷：

表 7–1　政治研究的種類

	實用的	純粹的
非實證的	政治哲學	「形式」理論
實證的	實務研究	理論取向的研究

政治哲學討論的是政治應該如何？政府應當怎樣等規範與價值問題。我們讀到柏拉圖、韓非、洛克……的著作，覺得談得很高深，而且有幾分抽象。但是，我們須知，當哲學家們當初發表論著時，都是為處理實際問題而作（如洛克是為光榮革命作一個有力的辯護……等），政治哲學並不重視實證的探討事實，故列為實用而非實證的。

---

❶ 傳統方式的研究，也應注意方法論的若干基本原則，如概念的適當界定……等。論者或認為我國政治學界一部分傳統研究，其缺點為使用的概念過分籠統，推理不夠謹嚴。

❷ 此一區分：是根據 W. Phillips Shively 之分類加以修改而成的。見 Shively, *The Craft of Political Research: A Primer* (Englewood Cliffs, N. J., 1974), pp. 5–6.

　　實務研究 (engineering research) 是為解決實際「問題」的。行政院人事行政局的「政治風氣研究」與研考會的「行政效率改進研究」都是此類研究的例子。它是實證的，因為研究者必須蒐集與問題有關的事實，加以研判，然後找出解決之道。但這類研究並不講究抽象的理論 ❸。

　　純粹的研究 ❹ 中，「形式」理論是二次大戰後的產物。最初見之於經濟學，後來由若干經濟學者轉行為政治學者的人帶入政治學。此種理論家與政治哲學家相似的一點是先自己定下一些關於政治的基本「事實」或「定律」，然後把這些當作前提，推演出整個理論系統。他們期望能在少數大家同意的假設的前提上推演出複雜而涵蓋面廣的理論來。這類研究的實例是唐斯 (Anthony Downs) 的民主的經濟理論 (*An Economic Theory of Democracy*) 一書 ❺。唐斯利用若干前提如選民與政黨的行為都是理性的……等建立了一個「理論」。這類「理論」純粹是演繹的，並不強調實證的探討。

　　理論取向的實證研究是當今政治研究的重心，此類研究旨在擴大我們知識的範圍。它努力於發現事實，故為實證的；但其終極目標不是解決實際的個別的政治問題（這是附帶的目的）❻。而是發展關於政治的理論。

　　以上四種類型無疑是斬釘截鐵地劃分之結果。事實上，任何一項研究都不能說純然屬於那類，必然是「混合」數型的。譬如霍布斯 (Thomas Hobbes) 的巨靈 (*The Leviathan*) 是政治哲學，但也有些關於霍氏當時政治的事實，是他「觀察」得來，故也可算不太嚴謹的實證研究。不過，任何一項研究，其重點屬於那類，是很明顯的：例如我國政府委託臺灣大學政治系所

---

❸　實務研究也可具有理論的基礎，但它的基本目的不是證實或修正理論。

❹　「純粹」一詞，指的是不以實用為直接的目的。理論也可導致實用的技術或知識，但這是間接的。

❺　Anthony Downs, op. cit.

❻　理論的用途，除了幫助我們了解複雜的現象外，還有控制環境——即解決基本性的重大問題，但不是實際的、個別的較小的問題。

做的「規劃公務人員訓練體制」研究，不論其使用多少心理學、行政學等的理論，是不可能被當作理論取向的研究。

貳、關於政治實證研究的基本常識

不論是了解或評估別人的研究，或自己做研究，我們都須擁有一些政治研究的基本常識。關於這類常識，有的將在以後諸章中隨時機之需提供。本節中擬簡單地說明若干常見的觀念與名詞。

從事政治實證研究者，必須決定其分析之單位。分析的單位有兩類：即整個系統（諸如一個國家、中央政府某一較大組織……等），與個體（諸如個人與小集團），傳統的政治研究分析單位多半是整個系統，行為政治研究的分析單位往往是個體（例如，由從一群單獨的個人獲取的調查資料、研究投票行為）。以系統為分析單位的研究稱為總體分析研究 (macroanalytic studies)，以個體為分析單位者稱為個體分析研究 (microanalytical studies)，個體分析研究的優點是可利用較精確的研究技術，在一個較易控制的範圍內，對特定現象作較深刻地探討；但是，假如我們以為僅憑個體分析研究，就能發展政治科學，就大錯特錯了；因為有許多問題涉及整個系統，是個體分析無法探討的，而且，許多個體分析的研究如何「整合」，也是一個問題❼。

實證的政治研究又可區分為個案研究 (case study) 與比較研究 (comparative study)。個案研究是對某一制度、設施、政策，或政治人物作深度的研究，類似醫學上的臨床研究 (clinical study)，我們現有的大多數實證的政治研究都是個案研究❽。個案研究較易從事，但其對政治學理論的發展貢

----

❼　側重個體分析的結果是「見樹不見林」，側重總體分析的則為「見林不見樹」。

❽　參閱 Harry Eckstein, "Case Study and Theory in Political Science," in *Handbook of Political Science: Strategies of Inquiry*, eds. Fred Greenstein and Nelson Polsby (Reading, Mass., 1975), pp. 79–132, p. 79.

獻較小。比較研究是對一組對象或其抽樣所作的研究，一般說來，比個案研究難做，但對政治學的理論發展較有用處。

　　實證的比較研究又有兩種：一種是比較一類現象在同一區域但在不同時間（最近與過去）內呈現的情形，稱為縱形研究（longitudinal study，又譯作時間序列研究），譬如比較一九五〇年代與一九七〇年代臺北市民的投票行為，即為此種研究；另一種是比較一類現象在不同文化區域或地區同一時期的呈現，稱作交錯文化或交錯地區研究 (cross-cultural or cross-sectional study)。

參、研究前的準備

　　做研究的準備，一方面是學術上的，另方面是生活上的。由於這兩方面的準備工夫，對研究的成敗，影響不小，我們擬提出來簡單地敘說：

　　㈠學術上的準備：學術上的準備有兩類：⑴是研究設計的擬訂，此點在第九章中詳論；⑵是關於研究能力的，也是我們在此欲討論的。

　　作任何題目的政治研究，要具有三項才能：

　　㈲典籍文獻之才能 (bibliographical competence)：對於別人有關此題目的研究（至少較重要者），與此題目有直接相關性的重要典籍文獻，及關於政治學一般理論的重要典籍，須有某種程度的了解；假如在決定做研究時了解不夠，也應知道典籍文獻之名及如何獲取這些典籍，並設法在相當時間內達到一定程度的了解。歐美先進國家的大學，對研究生的訓練，非常重視其主修學的（如比較政府）之典籍文獻的才能，對之過分無知者，根本不准參加作論文前的學位資格考試 (preliminary examination)。

　　㈡語文之才能 (linguistic competence)：語文的才能指①研究者對本國語文，必須具有相當素養，否則其研究報告或論文，可能辭不達意；②研究工作需要的外國語文或方言，研究者最好自己具有運用的能力，否則也得借助於夠格的助手或譯員。

㈥研究方法與技術之才能 (methodological and research technique competence)：研究者必須有能力就其題目選擇最適當的研究途徑 (approach) 及技術，並且能運用此技術；此外，他對研究方法必須具有某種程度的認識（諸如概念的使用等）。

㈡生活上的準備：在把一項研究計劃付諸實施以前，研究者有時需要重新調整其生活方式：他必須周密地計劃時間的分配，有效地利用時間與精力，以免虛耗於日常瑣事上面，使研究工作受到妨礙。我們試舉一例：一個到陌生的大城市去做研究的人，滿懷希望利用其規模龐大的圖書館，但由於在距離館址遙遠的地區租屋居住，每日勢必花費可觀的時間與精力於舟車往返，用於閱讀資料的時間反而不多。此外，今日的政治研究常使研究者前往異國或他不熟悉的地區，對異鄉生活的適應，是研究成功的條件之一。這也需要相當程度的準備。

肆、研究的基本態度

學者的品格，可在研究中表現出來。品格高超的人，其研究的態度必然良好，否則，則卑下不堪問聞。

學者的品格，最重要的成分是知的誠實 (intellectual integrity) 與敬業精神 (professionalism)。研究者表現知的誠實的態度是尊重資料，決不捏造或竄改它，以證實自己的「理論」；不剽竊他人的研究成果，如有引用，必定註明出處；不曲解他人的意見及不隱藏他人的不利於己的觀點；表現敬業精神的態度是盡己所能地認真研究；對整個過程一絲不苟，務必求其完美。一個經驗不足的研究者，也許能力不足以完成第一流的研究，但倘若他的態度良好，能適當地表現他的學格，將來成大器的可能性還是存在的；相反地，一個研究態度過分不良的研究者，在學術界是遭人唾棄的。

第八章　研究題目的選擇

　　研究工作的第一步，也可能是最困難的一步，是研究題目 (topic) 的選擇。倘若題目選得良好，研究的結果圓滿的可能性就會提高，否則，往往是徒勞無功的。由於研究題目的選擇，與研究者個人的想像力與才智有關。並無固定的規則可循，是很難給予忠告或建議的。我們唯一能做的，是藉研究較有成就的學者們的經驗，來試著說明選擇題目的種種考慮。

　　選擇題目，一般都從三個角度去考慮：研究目的，實際成效的預估，與研究者個人的才能。

壹、研究目的

　　許多學者選擇題目，主要的考慮，是研究的目的。大體說來，研究的目的有四項：㈠知識的增進，㈡社會、經濟、政治價值的獲取，㈢研究者的自利，與㈣純粹好奇 ❶ 。

　　㈠知識的增進：研究工作擴充知識的領域，計有兩途：⑴嶄新問題的探討，以獲取新知。所謂探討嶄新問題，並不是一切重起爐灶，從頭來過，我們知道，人類知識的增進，必須以現有的知識為基線，無法憑空突破。然而，富有創造力的人，常能推陳出新，對原有的，大家似乎耳熟能詳的現象，提供原創性的解釋。而其所以能夠如此，是由於他能發掘新的與此現象有關的

---

❶　參閱 David C. Leege and Wayne L. Francis, *Political Research: Design, Measurement and Analysis* (New York, 1974), pp. 4–19.；及 W. Phillips Shively, *The Craft of Political Research: A Primer* (Prentice-Hall, N. J., 1974), pp. 2–11.

問題，並能設法尋覓新的資料（或舊資料的新意義）來推進知識；⑵藉重複驗證以證實 (verify) 或修正 (modify) 原有的知識：當一項重要的新發現發表後，常常有許多人來重複驗證它，以斷定該發現的信度與其普遍性達到的程度。所謂重複驗證，可按照原發現人的研究原封不動地再做一遍，也可利用新的指標重新量度他的概念，或採用不同的抽樣，或在不同的客觀條件下重做他的研究。重複驗證可以發現新的資料來加強原有的發現，或對其加以修正，它也是提升一項發現的抽象層次所需要的 ❷。

㈡社會、經濟、政治價值的獲取：實務研究的目的為社會、經濟、政治價值的獲取。當人們從事一項實務研究時，常是由於某個實際問題急待解決，而此問題如不解決，必然妨礙整個社會獲取某些重要的價值。實務研究旨在發掘有關該問題之事實與尋取實際可行的解決辦法。

政策研究，不論其為成本－效益分析 (cost-benefit analysis) 或政策效果研究 (policy impact study)，其目的為社會、經濟、政治價值的獲取。

㈢研究者的自利：在今天的學術界，研究是獲得名利的必要途徑。一位年青的學者，只要能完成一項公認「重要」的研究，就能「躍登龍門，身價百倍」。故不論是出於功成名就，抑或保住職位的念頭，學術界對研究都很熱衷。由於許多人從事研究，主要是基於自利，就難免呈現下列現象：不少人選擇所謂「熱門的題目」──也即可使用較新式、較「科學」的資料收集與分析技術，如統計技術者──；困難而不易快速獲得結果的研究題目往往遭到忽視。

㈣純粹好奇：任何研究，都是由於研究者的好奇，但是，大多數研究題目的選擇，主要還是基於以上三項目的之一，純粹出於好奇者比較少見。有時，一位學者對某項知的問題 (intellectual problem) 發生強烈的好奇，必須「打破沙鍋問到底」，求得答案而後快。一個例子是韋伯關於資本主義的研究，韋伯青年時，常去拜望其祖父──一位萊茵地區的紡織廠主，這位老先

❷　見 D. C. Leege and W. L. Francis, *Political Research*, pp. 11–12.

生家財千萬，但仍勤奮工作，自奉甚儉，韋伯發現他僅為一種類型的人之一例而已，他對這類人的行為型式與動機深感興趣，以後他的研究，將這類行為與心理動機以新教倫理作為解釋，並將此與資本主義的興起互相聯繫。

貳、實際成效的預估

　　不少人選擇題目時，常常預估研究能否產生實效，以作為取捨的標準之一。

　　關於實務研究，預估成效比較容易。普通都從兩方面著手：一是衡量待解決的問題是否足夠重要，而且其性質是否具有若干程度的明確性：一個無法具體表示的問題，研究的成效相當難以確定，研究者倘欲提出解決問題的簡易可行的辦法，幾乎是不可能的。另一是考察材料是否充分❸，假如關於一項問題的材料太不充分，研究者無從著手，難望有良好成效。學術界的研究者對研究國防或許多行政問題，常常裹足不前，就是因為材料太難獲得。此外，應避免別人已經做過的研究，除非研究者確信那些研究都是錯誤的，或自己確可作新的貢獻。

　　在理論取向的研究中，選擇題目比實務研究困難多了，預估研究成效十分不易。理論取向的實證研究是否重要，須視其對理論能否產生廣泛而普遍的影響。此種影響可能直接來自它解釋的現象，或間接來自它對許多別的理論產生的衝擊。「原創性的研究結果必須產生嶄新的理論，或導致較老的理論地位的若干改變❹。」因此，當研究者預估某一他可能選擇的題目的研究成效時，應注意其與政治學現有理論領域的關係。

---

❸　材料 (material) 與資料 (data) 的涵義相似，但不完全一樣。資料指研究中找到的與探討之問題密切有關的事實與數字；材料的範圍較廣，包括涉及該問題的意見、觀點，以及資料。

❹　W. P. Shively, op. cit., p. 23.

當然，欲作這樣的預估，是很困難的：研究者必須對政治學現有的理論，具有廣泛而深刻地認識，並且知道何處是較弱的一環，必須加強或修改❺。

參、研究者個人的才能

歸根結底，任何良好的研究題目，在一個才能不足的研究者手中，還是無法產生預期的成果。研究題目有難易之別（當然不是指難的一定是好的），研究者在選擇時，應量力而為，倘若自己的才能對於完成某種研究絕難勝任，就不宜一意孤行蠻幹到底；但對自己才能，也不應估計過低，不敢去做稍難的工作，因為這樣就永遠得不到真正地「磨練」，而始終停留在做三四流研究的地步，無法前進。

要準確地估量自己的才能，必須有自知之明，這是不容易的，但是，倘若我們常常試著去做，也多多少少會有些收穫。除了自我估量以外，若干與自己特別有關的人士（所謂 significant others）的估計，也有參考價值，對於一個研究生來說，他的指導教授的估量是很重要的❻。

研究的才能包括學術基礎（見第七章第參節）；想像力、判斷力、分析力、記憶力、綜合的能力、批判的才能、口才與若干性格上的優點（如善於與人交往、堅毅，與靈活等），這種種才能部分是天生的，但主要來自後天的訓練與磨練。因此，一般來說，研究經驗愈豐富的人，這些才能可能也愈高（當然，也有一開始從事研究，就有卓越表現者，但這是少數人）。基於此一

---

❺ 參閱 Shively, *The Craft of Political Research*; Martin Landau, *Political Theory and Political Science* (New York, 1972). Landau 對現有政治研究中的若干弱點，均作透澈而平衡的分析。

❻ 嚴格說來，一位研究生入學不久，就應決定研究計劃，其時就應組成指導委員會，由主門指導教授及副門指導教授為委員（主門指導教授通稱指導教授），他們不僅指導其論文，而且指導其整個研究過程，並負責定期評估其是否適合繼續研究及建議應如何加強其研究。

理由，經驗不足的人似乎不宜選擇太困難、太複雜的研究題目❼。

肆、選題之指導

　　一個生平第一次做較具規模的研究的人（例如：作學位論文的研究生），選題格外困難，沒有一些實際的指導，幾乎很難在合理的時間內找到適宜的題目。

　　實際的指導，可分作兩類：一類是向擬研究的領域內的專家請教，以選擇題目。許多研究生都以為只有在題目選定後，才有必要去找一位指導教授，很少有人在選題上請教老師。其實，假如研究生在決定論文題目前，也能去請教指導教授，有時也許能找到更值得研究的題目。不過，當研究生為選題事去請教老師時，他對欲研究的學科領域至少應擁有一些具體的觀念，不少嚴謹的學者最不喜歡的事之一是與自己不知道想做什麼的學生浪費時間❽。

　　另一類實際指導，研究者自己可藉廣泛閱讀以獲得：一位研究生預備研究某項問題時，就應涉獵與其有關的著作、期刊文章，尤其是別人的論文。這時的粗讀與題目選定後的精讀不同；精讀的目的在充分了解別人的觀點，粗讀則完全是為了作決定題目的參考。透過廣泛地粗讀，研究者可避免完全重複別人的研究（倘若他認為別人錯誤，當然可以重做以驗證）、找出較弱的理論、了解別人研究的普遍性層次，以及發現別人的論說在理論與資料的聯鎖上之弱點等。

　　找出現有理論中的弱者，設法加以增強、修正或推翻，是很值得做的研

---

❼　現在的研究，甚多是集體的工作 (team work)，往往由經驗較充分的人負責主持，經驗較少者也可參與。但就個人的研究而言，經驗不足者不宜選擇太困難的題目。

❽　關於此點筆者曾與不少中外學者交換意見，許多人都表示這是一件很不愉快的事，但在其職業生涯中，很難避免。

究，從這個角度去找題目，是比較容易從事而收穫較能預期的。

　　把別人的研究發現的普遍性或抽象性的層次提高，也是一種貢獻。現在許多政治學的理論或其他的發現都是西方學者在西方的環境中利用西方人的行為資料所做，假如東方學者能在其自己的文化條件下，創造性地做類似的研究，也許可提高這些理論與發現的普遍性層次。

　　理論與資料聯鎖上弱點的存在，是研究者不易克服的困難之一，許多有經驗的研究者有時也感到無法使其理論與資料「配合」(fit) 良好❾。倘若一位年青的研究者能在別人的重要研究中找到這樣一個弱點，設法把它消除，這不僅能強化此一原有的研究，而且其本身也是一項貢獻，選擇研究題目，也可從這方面著手。

---

❾　資料與理論的配合，不可能是百折不扣的，但是，配合度愈高，理論的價值也愈高，資料的適用性 (relevance) 也愈大。參閱 A. Kaplan, op. cit., ch. IX.

第九章　「研究問題」之釐清

題目初步選定後，就必須設法把它作一番周遍地考慮，仔細斟酌按這個題目做的研究有什麼真正的價值？它涉及的因素有那些？這些因素的性質究竟如何？……等一系列疑問。換句話說，研究者這時必須釐清研究的問題 (formulation of the research problem)，也即把問題安排得適合於做研究。

釐清「研究的問題」，是研究的奠基工作，假如沒有做好，以後的研究，不僅事倍功半，而且可能因為枝節的困擾，而遷延時日。

釐清問題應注意的重點，共有五項：㈠研究目標的具體確立；㈡研究範圍的決定；㈢正確而完整的描述現象或事件；㈣概念，概念間關係與關係在何種條件 (contingencies) 下成立等項的澄清；及㈤省察已經存在的及可能建立的「命題」(propositions)，以便選擇若干作為假設。

壹、研究目標的確立

確立研究目標有兩項好處：第一：研究者對自己要做的事，有了清晰而明確的觀念，就不會在不必要的枝節上浪費時間，反可集中心力於當做之事，把它做得盡善盡美；第二：可幫助他確定其問題的性質：它是為了(1)獲得關於現象的純粹描述性知識的呢？還是(2)就現象的各部分間作相關性分析的？還是(3)對現象及其前後條件作因果解釋呢❶？因問題的性質不同，研究設計也就不一樣。

---

❶　關於此三種研究問題的不同，參閱 D. Leege and W. Francis, *Political Research: Design, Measurement and Analysis* (New York, 1974), pp. 20–29.

　　研究目標雖然不外乎發掘新的事實，修正舊的理論或建構新的理論及提供政策建議等，但在個別的情形下，研究者要把它設想得愈明確、愈具體愈好，最好能把它筆錄下來，看看是不是完全清楚、絕不含糊了。（例如舊的理論是什麼舊理論？ 我對它真正了解嗎？ 其缺點究竟在那裡？ 預備如何修正？……等。）

貳、研究範圍的決定

　　與研究目標的確立同時應該完成的是研究範圍的決定：欲研究的資料領域 (data domain) 為何？其分析層次為何？假如研究者欲研究投票行為，他應自問：研究過去十年，甲國國會議員選舉中的投票行為呢？還是最近一次甲國國會議員選舉中的投票行為？還是……？是單獨個案的研究呢？還是比較研究呢？假如是比較研究，是那一類比較研究呢？他還應問：他的研究的重點是個別性 (particular) 的分析呢？還是企圖作「一般性」(generalizing) 的推論之嘗試？

　　若干不良的研究，分析層次 (level of analysis) 首尾不一貫，資料的性質缺少控制，其病因都是研究範圍沒有決定。

參、正確而完整的描述

　　我們作任何研究，都必須把欲研究的現象或事件（即吾人觀察到的），加以描述，譬如研究臺灣省議員選舉，就要把它作適當的描寫，描寫必須盡可能地正確，而且也應完整無缺（即對其重點不遺漏）。

　　政治學的文獻與著作中，充滿描述的文字，傳統的政治學者，特別重視描述，對他們當中不少人而言，作正確的描述就是研究的唯一目標了。

　　以描述為主的政治研究是否就可不要假設？有些人士以為既然是描述，研究者只要照著他觀察事件發生的情形，或現象存在的狀況據「實」記下就

可,假設可不必要。我們認為,這種想法並不正確,整個問題就出在據「實」的「實」字上。人的觀察總是有所偏的,一種沒有「準則」的描述,很可能不「實」,欲真正做到據「實」描述,假設是有用處的。

肆、概念間關係的澄清

任何「研究的問題」必須以命題的方式或一系列清晰的疑問 (questions) ❷ 表出,才能做實證研究。欲建構命題或形成適當的疑問,研究者就必須把他擬使用的概念、概念間的關係及這些關係之存在所依賴的條件加以澄清。舉例來說,倘若我們研究的問題是經濟發展對民主政治的影響,我們就必須澄清「民主」、「經濟發展」等概念,及其間可能存在的關係等。

在第一章中, 我們已討論了關於概念形成的要素(經驗意含與系統意含),希望讀者能記住;我們在應用一個概念或自己想引入一個概念時,千萬不能疏忽它們。

政治研究中,使用的概念,抽象的程度很高又很複雜,其指涉不能一眼直接觀察的。因此,我們必須從活動資料 (performance data),來「觀察」它,「活動資料」的分析,應依循固定的步驟:(1)選擇適當的指示項 (indicators)來代表概念,例如:「繁榮」的指示項之一是居民衣著講究……等;(2)對這些指示項作經驗的觀察,看其是否足夠重要,能代表概念……等及(3)把指示項合成指標 (indices)、量表 (scales) 或類型 (types)。這些指標……等必須和諧地代表概念。在此一階段,可把互相矛盾的指示項重估,以刪除並不完全妥適者。「倘若概念是有用的,它就能指涉一系列身心的行為,這系列可有意義地合成指標、量表或類型 ❸ 。」變項 (variable) 一辭是社會科學中常使用的,它

---

❷　純粹描述性的研究 , 可 以 不 以命題的方式設計 ; 此外 ,「試探性」 研究 (exploratory studies) , 由於現有的知識與資料不足以形成命題 , 也可不必以命題 方式設計 。

是用於⑴一個指示項；及⑵指標或量表上的。它的意義是「一組可觀察的行為，在不同條件下，它可能變異❹」。變項間的關係是學者欲探討的。

　　所謂命題或定律，乃是表示概念間的關係的。在我們研究工作的初期，當然不可能洞悉這一切關係，但至少應對其主要的關係（如自變項與依變項……等）有明確的觀念，否則很難產生研究的假設。

　　任何命題（或定律）中表示的關係，只有在一定的條件下，才可維持，在釐清研究問題時，這些條件也應明確釐定。

伍、省察「命題」

　　倘若我們的研究，在求取因果解釋，我們就應於釐定問題時，盡可能省察一切別人對該問題建立的命題，及自己能設想的命題。由於政治「事件」是由許多因素「導致」的，而每一因素又可能導致許多別的「事件」。我們必須首先弄清楚那些因素與那些事件是我們欲探討的，然後再決定那些因果「命題」比較值得進一步探討。

　　欲作這樣的決定，必須發展勃來洛克 (Hubert Blalock) 所說的因的清單 (inventories of causes)、果的清單 (inventories of effects) 與其複雜的過程、聯鎖與環節的模式 (models of complex processes, chains and loops)❺。

　　當研究者發展「因」的清單時，他藉別人的研究，普通常識與個人猜想找出導致某一特定結果的因素（例如：導致「民主政治之興起」的因：中產

---

❸　D. Leege and W. Francis, op. cit., p. 53.

❹　Ibid.

❺　Hubert M. Blalock, Jr., *Theory Construction: From Verbal to Mathematical Formulation* (Englewood Cliffs, N. J., 1969). 以下的討論，主要是根據 D. Leege and W. Francis, op. cit., pp. 23 ff. 及 W. P. Shively, *The Craft of Political Research: A Primer* (Englewood Cliffs. N. J., 1974), pp. 12–29.

階級興起、識字率提高、大眾傳播發達、政治溝通增多……)。一切「因」可暫定為自變項 (independent variables)，而把該項結果（例如：民主政治之興起）作為依變項 (dependent variable)。

有兩種策略可資採用以形成研究的問題：⑴省察自變項，從其彼此關係中覺察它們之中是否存有任何共同的因素、是否有些關係是假的？（若干所謂「自變項」其實乃是其他的自變項造成的）⑵作一番「清查」("accounting study")。把一切可能的因一一列舉，並且把自變項中之變異的量加以區分，將其一一劃歸每一個別的因（例如：識字率的提高一點在導致民主政治的興起上的重要性為百分之二十等，中產階級的興起為百分之三十，則前者的量為 0.2，後者為 0.3 等）。倘若前人的研究已經產生可用於斷定此區分的資料，研究者就可用種種統計模式來估計每一自變項的效力。圖 9–1 即為「清查」的簡圖。

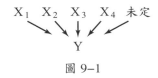

圖 9–1

利用「清查」的辦法，最有效的情形是：我們對某項問題已經擁有充分的知識或資料。此辦法有助於估計研究的收穫，是不是值得我們去從事：假如我們能發現單個自變項（或少數自變項）導致依變項大量的變異，則研究較值得做，否則就應把「因」重加審查或放棄該項研究。

「清查」的辦法似乎假定一切的因 (X_1、X_2、X_3、X_4) 都是彼此獨立的，其實，有時我們的資料可能推翻這個假定，這時我們就應設法查究這些因當中的關係：很可能 X_2 與 Y 的關係是假的：實質上係某一隱含因素造成的，而這個隱含因素可能就是 X_1 以 X_2 居間形成的。（例如政治溝通的增多，其實就是大眾傳播發達造成的。）

在作「果」的清單時，研究者提出一個自變項，並列出其一切可能的後果。他的主要策略是研究此自變項的一切可能的量與許多依變項間的關係。

見圖 9-2。

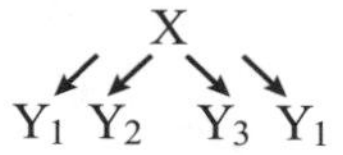

圖 9-2

　　研究者的次一步是發展因果間的模式。他可把自變項當作依變項,或依變項當作自變項,或居間變項,反覆省察其一切可能關係。透過這種種嘗試與操作,他才可把他的「命題」建立在堅固的基礎上。

陸、結　語

　　當我們「觀察」到某一「事件」或「現象」後,欲作研究,首先,我們應選定一個題目(這事件或現象的那一方面?或與它有關的那類關係?)與此同時,我們就要釐清與這題目牽涉的問題。這步手續包括明定問題的範圍、研究的目標、正確地描述該事件與現象(或其某一面,或涉及它的關係之可觀察面),然後要澄清概念間關係及省察種種「命題」(即對可能的因與果及其聯鎖加以細察)。如此,我們才決定了研究計劃的可靠度與其抽象層次,並且對即將著手從事的研究會產生如何的「收穫」,有一點粗淺的認識。

第十章　研究設計

　　研究問題選定與釐清其性質後，研究設計 (research design) 的建立，就成為研究者考慮的重點❶。所謂研究設計，乃是研究的藍圖，對於即將從事的研究工作的計劃，它告訴我們如何獲致所研究的問題之可信的答案❷。相較傳統的政治學者，對研究設計，不甚重視，常常把自己將要撰寫的書或論文的大綱，當作研究計劃，我們所說的研究設計與這樣的研究計劃，是完全不同的兩樣「東西」❸。現代不少研究者，都認為研究設計是有用處的，但對其有用的程度，則存有不盡相同的看法。

壹、研究設計的功用

　　研究設計的主要功用是給予研究工作一些定規、規範與自我限制，俾它能以經濟的原則（人力、物力、時間最佳的運用）向目標邁進，不致虛耗；而且，它能幫助研究者預估研究的收穫，尤其在排除「似是而非」的解釋上，它的功能更是重要；它又能幫助研究者澄清他的觀念，觀念不清楚就開始研究，結果一定不佳。

---

❶　在作研究設計以前，研究者可能還須細讀別人的著作 (review of literature)，閱讀的目的是：確定不會重複別人的研究；自別人的研究中找到有用的觀念、命題等。

❷　David C. Leege and Wayne L. Francis, op. cit., p. 66.

❸　這種研究計劃，實際上，僅是研究過程中最後階段——發表成果，所作的報告的大綱或目次 (table of contents) 而已。

　　研究設計的採用，往往是由於社會科學研究者恐懼「回溯論調」(ex post facto argument)❹，良好的研究設計，能幫助我們避免它。

　　研究設計雖有以上各種功用，但也有若干嚴重的缺點：首先，由於它要求研究者在研究過程一開始時，就確定其假設，常常迫使他選擇「老生常談」式的假設。一旦開始研究，他就不必重新思考其「理論」——由於這種呆板的方式之限，他簡直無法隨著對所研究的問題更深入的了解，去重塑其理論。結果他的工作往往是對舊有的理論與概念作反應，而不是去追求對嶄新問題的嶄新解釋❺；其次，研究設計可能給予研究者過嚴的限制與約束，對其想像力的行使，頗多不利；第三，花費太多時間於發展研究設計可能「得不償失」，尤其是作「試探性」研究 (exploratory studies)，也許研究者一開始就只能依循極簡單的研究計劃與對研究範圍粗淺的觀念從事廣搜資料，發展一個名符其實的研究設計是大可不必的。

　　我們知道，許多第一流的政治學者，在開始研究時，並沒有發展得很完整的「研究設計」，他們也不正正式式地立下一大堆「假設」，但都具有一些「應如何著手」的觀念❻。「他們都把玩資料、沉浸於別人的著作、議論與思維中，然後自己摸索有趣的理論，那些精緻而又有點新鮮眼光看事情的理

---

❹　當研究者根據某些證據形成一個「理論」，然後又使用同樣的證據去試驗該「理論」，其結果便是「回溯論調」。舉例來說，倘若一位政治學者根據他自己在行政院的豐富經驗形成一個關於行政組織的理論，然後，作一項行政院研究去試驗該理論，就成為「回溯論調」。其危險之處是任何個別情事（如行政院）都有其獨特的面向，這些必然會包括在根據它形成的理論中。假如我們使用同一情事來試驗理論，獨特的面向看來就好似具有普遍性了，而倘若我們利用另一情事來試驗理論，這些部分就會暴露其不夠周遍的缺憾了。

❺　事實上，過分嚴格地遵守方法論的「要求」，可能有此弊病，但是，根本不顧方法論，則弊害更大；如何活用方法論的知識，是值得注意的。

❻　關於卓越的政治學者的工作方式，參閱 Oliver Walter, ed., *Political Scientists at Work* (Belmont, Calif., 1971).

論❼」。

　　但是，對於研究生與還未「第一流」的政治學者，正式的研究程序與完整的研究設計仍然必要。即使有人說研究設計限制「個性」的發揮，它確能為研究者鋪一條比較安全的研究之路，而且有助於阻止過分鬆散的研究，使其不致失去重心。對於完成研究的期限規定得較嚴格的研究者而言，它又能幫助他預估何時大約可完成。非正規的研究方式，只有一位才華特高或研究經驗異常豐富的研究者，才可採用。

貳、研究設計的主要內容

　　不同的研究設計的複雜性與細節儘管出入甚大，但必定含有若干要件：⑴擬試驗的假設；⑵擬收集的資料的說明；⑶擬使用的研究技術的描述與⑷說明擬採用何種設計。

　　上列第⑷項特別重要，是所謂「設計的邏輯」(logic of design)，我們將在下（參）節中，單獨說明。關於資料與研究技術的問題，本篇中將有專章討論，此處不贅。我們在此，只擬就第⑴項——擬試驗的假設——略加敘說。

　　按照社會科學的研究程序，研究者先要塑造一個「理論」。把此「理論」以假設 (hypotheses) 的方式表示，以便試驗。這些試驗應基於別人以往的研究。研究者的工作是搜集新的資料來試驗其「理論」。並且，按這些資料，把「理論」揚棄或初步證實。在這整個過程中，假設實佔一極重要的地位。

　　假設在文字結構上應以命題 (proposition) 或定律的形式表出。除形式條件外，當研究者形成假設時，應注意兩點：⑴其數項假設必定為其「理論」的邏輯推演，或為其構成部分，否則，即使假設獲得「證實」與「理論」也是無關的；⑵假設是基於以往的研究。否則，研究工作是孤立的，不僅可能重複別人的工作，而且違背了學術累積性的要求❽。

------

❼　W. Phillips Shively, op. cit., p. 25.

參、設計的邏輯與種類

我們曾經指出，研究設計的功用之一，是排除似是而非的解釋，這點非常重要，涉及設計的邏輯。

社會科學研究的一項主要困難，是每一現象或事件，都可能是許多「因」導致的，故因果解釋相當不易成立。我們研究任何一件事，欲知其因，都可設想出若干不同的因果解釋，其中有的是正確的，有的是「似是而非」的。「似是而非」的解釋不能一眼就排除，乃是由於社會事件的因往往甚多。我們怎樣排除這些似是而非的解釋呢？一種方法是靠邏輯推理，另一種方法是靠試驗，但試驗能否達此目的，必須依賴其設計是否適當來決定。故研究設計對於排除不當的因果解釋具有極大的影響。

任何研究設計，讓研究者能操作若干變項，以便觀察其他的變項。更明確地說，這樣的操作 (manipulation)，使研究者能決定㈠依變項中的變異是否可歸之於自變項，及自變項造成此變異的程度為何；㈡這變異是否可歸之於其他的外在變項 (extrinsic variables)，及外在變項造成此變異的程度（即外在效果 extrinsic effect），及㈢此變異是否全部或部分由研究設計本身的因素所造成的，即所謂內在效果 (intrinsic effect)。內外效果都足以混淆假設的試驗，假如研究者不能在研究設計中將其排除或控制，則他所作的因果解釋就不可能正確（我們在討論設計的種類時，將舉例說明此點）。

研究設計的種類，各家的說法不盡相同 ❾。我們擬舉出四種設計，加以

❽ 所謂基於以往的研究，並不是完全跟隨前人的腳步，而是指不能對別人以往的研究，盲然無知；或視若並不存在。

❾ 譬如 David Leege 等，列出十三種研究設計，見 David Leege and W. Francis, op. cit., pp. 69–94. Donald Campbell 則列出四種，見 D. Campbell and J. C. Stanley, *Experimental and Quasi-Experimental Designs for Research* (Chicago, 1963).

說明，俾讀者能舉一反三，在自己作研究設計時，留意到其中的重點。

我們第一種擬說明的研究設計是「沒有受控群的觀察」(Observation with no control group) ❿。試舉一例：假設有人對某機關作一研究，規定每一員工記錄其每日的工作量，歷時一週；然後，該機關重組，使決策更能分層負責。此一改革以後，再作歷時一週的員工工作記錄，發現有顯著增加。研究結論：分層負責的決策使員工的工作量增加。將此例子用研究設計的形式表示：⑴測量依變項；⑵觀察自變項的發生；⑶重新測量依變項；⑷倘若依變項發生改變（變異），歸因於自變項的出現。（即⑴記錄員工工作量；⑵機關的決策實行分層負責；⑶重新記錄員工工作量；⑷達到結論。）此類設計不採用受控群。因此，我們可說很多別的「因果解釋」不能排除。例如，工作量的增加可能是由於第一次測量，因為此一規定使員工更留心自己的工作表現，結果工作量增加了。換句話說，不是分層負責，而是研究本身，造成工作量的增加。這就是內在效果混淆了假設的因果解釋（分層負責導致員工工作量的增加）的實例。

假如在這研究中，加上另一機關作為控制（受控群），這機關員工的工作量與「受試的」機關同時測量，但它不實施分層負責，則另一種因果解釋就可排除了。因為假如工作量的增加是由於測驗本身，不是由於分層負責，則兩所機關的員工的工作量都會增加。倘若研究者發現第二所機關員工工作量並未增加（或增加量遠遜於第一所機關），則就不能說其增加是由於測驗的舉動。如此，此一解釋就被排除了。當研究者不設控制作研究時，此項解釋他只能自認其不存在，這是不適當的。

假如研究設計不含受控群，另一類干擾假設的試驗的「因果解釋」也可能產生。試舉一例：臺灣社會在近二十年來趨於奢靡，近十年來少年犯罪增加。結論：奢靡的社會風氣產生問題少年。事實上，在我們兩次計算少年犯

---

❿　所謂受控群 (control group) 乃是指其行為或態度之某一方面在研究者的「觀察」之下，「控制」一辭並無別的含義。

罪率（一九六八年及一九七八年）之間，很多事情（如聯考的壓力，就業的困難……）發生了，它們都可能是少年犯罪率增加的成因，以社會風氣的奢靡來解釋少年犯罪，在此研究設計中，遂受到外在效果的干擾。假如我們能把一群完全不受奢靡的社會風氣影響的少年孤立起來觀察，也許可排除按外在變項所作的種種解釋。這群少年經歷的事情（聯考、就業……）與其他少年是一樣的。假如他們的犯罪率並不增加，則我們的結論就可成立。

　　第二個例子顯示研究設計的困難：我們很難找出一群不受社會風氣影響的少年，因此建立一個受控群有時幾乎比登天還難。

　　第二種研究設計是「天然試驗」(natural experiment)。舉例：為了組織某大學學生參加助選，我們作一調查：測量其對政治的興趣。在助選活動完畢後，我們再作一測量。我們發現那些參加助選活動的大學生的政治興趣比未參加助選者高。結論：助選活動提高大學生的政治興趣。此例是含有「受控群」的研究設計，這當然能處理一些第一種設計無法處理的問題。這是一個「天然試驗」：此設計中，有一個受控群（不受自變項影響的群）與一個受試群（test group──受自變項影響的群）。但是，美中不足的是我們對於那些人屬於受控群，那些人屬於受試群毫無決定權。在此例中，誰參加助選是由工作人員的甄選與學生的志願決定的。「天然試驗」的形式是：⑴在全體人口(population) 受自變項影響前測量依變項；⑵等待至他們當中若干人受自變項的影響；⑶重新測量依變項；⑷倘若在兩次測量當中，那些受自變項影響的人（叫做受試群）與另一些人相比有了改變（或較大的改變），將之歸因於自變項對依變項所生的效果。（⑴測量某大學學生的政治興趣；⑵助選活動；⑶重測該校學生的政治興趣；⑷比較參加助選者與未參加助選者。）

　　此一研究設計，雖然能排除上述不含受控群的研究的一些「干擾性」解釋，但是卻產生了另一些「干擾性」解釋。由於我們對於何人受自變項影響毫無決定權，受試群的份子很可能是那些本來就對政治興趣較濃的。因此，我們如果說不論參不參加助選，這些人的政治興趣就比另一些人高，也無不對。倘若在研究設計中，我們對何人屬於受試群與何人屬於受控群能加以控

制，這種可能解釋就可以排除或獲得控制。

第三種設計為「無事先測量的天然試驗」(natural experiment without premeasurement)：這是研究對象在受自變項影響前，並無測量的設計。其形式為：(1)對研究對象，就依變項加以測量，其中有的已受自變項的影響（受試群），有的尚未受影響（受控群）；(2)假如兩群間依變項有差異，把變異歸之於自變項的效力。我們試舉一例：省議會公報宣示每一位議員收到的贊成增加教育經費的信件的比例。我們把這些數字與省議員在教育預算案上的投票作一比較，發現收到贊成增加教育經費的信件愈多的省議員往往會投票主張增加經費，而那些收到不贊成的信件愈多的議員也往往會投反對增加經費的票。我們的結論：省議員收到的信件的性質影響他投贊成或反對票。將此例以研究設計的形式表出如後：(1)統計省議員們在教育預算上的投票；(2)比較收到贊成增加經費的信件較多的議員的票與那些受到反對增加經費的信件較多的議員的票。第二種設計中的干擾性問題也存在於此一設計中，因那些收到贊成教育經費增加的信件較多的省議員可能自己本來就已漸漸在同情這一立場：這類議員的態度可能引起廣泛的注意，並且已被人民知悉，他們自然就收到較多的信件，其中表示該項立場的信件也比較多。

此外，這種設計無法排除另一種解釋。在上述例子中，那些贊成增加教育經費的人很可能寫信給那些他們認為立場相同的省議員。這種心理是很自然的。換句話說，省議員的投票與他收到的信件之間的關係可能不是信件影響他的投票，而是贊成增加經費的議員收到許多支持他立場的信件，反對增加經費的議員也收到許多支持他的反對立場的信件。

這種設計引起的干擾性「解釋」計有兩類：一類是與天然試驗引起的相同的干擾；另一類是由於研究者在做研究前對受試群與受控群毫無所知所造成的，這在天然試驗的設計中，是可避免的。

第四種設計是真實試驗 (true experiment)：倘若研究者能控制何人屬於受試群，何人屬於受控群，他就可作一個真實試驗。在真實試驗中，(1)若干研究的對象被分配為受試群的份子，若干被分配為受控群的份子；(2)兩群都作

依變項的測量；(3)讓受試群受自變項的影響；(4)兩群都再作依變項的測量；(5)倘若在兩次測量之間，受試群的改變，顯然與受控群不同，將此一差異歸因於自變項的存在。

既然研究者對何人屬於何群有控制權，他可使兩群相等（最好的辦法是隨機地選派）。使兩群相等的安排最大的好處是他可以排除許多在天然試驗中無法真正排除的干擾性解釋（許多研究者按照自己的常識假定其不存在或不嚴重，不是很妥當的策略）。假如兩群相等，兩群的改變之差異就不能歸因於受試群的份子本來就有易變的性向。這樣，「大學生的政治興趣」一例中的麻煩問題就可消弭於無形。

我們試舉一例，以說明社會科學中的真正試驗：省主席欲測量他在省議會中的影響力。他隨機選出議員的半數。他請議員們就一重要法案作假投票。然後，他對隨機選出的半數議員作大規模地遊說。該法案的投票後，他發現自己遊說過的議員改變立場支持他的人大增（與假投票的結果相比），而那些他不曾遊說的，其投票的情形與根據假投票所作的預測大體相符。結論，他的遊說有助於法案按行政當局的意向通過。我們把此例的研究設計簡略勾劃如下：(1)省主席隨機選出省議員的半數作為受試群，另半為受控群；(2)他作一假投票以測量依變項（兩群都測）；(3)他對受試群遊說；(4)議案表決；(5)他比較兩群，以了解他的遊說是否造成不同。以此設計，省主席可以斷定受試群的重大改變是由於他的遊說。倘若他不能事先決定向何人遊說，這個結論就站不住了，別的解釋就無法排除了。

肆、政治研究中的設計

政治研究中，最常用的設計是「無事先測量的天然試驗」，例如大多數選舉研究都屬這類❶。

----

❶ 一般的選舉研究，顯示某一類人（受過教育的、都市居民、白領階級或……）的

　　任何研究具有以下兩項特徵的，都是「無事先測量的天然試驗」：㈠把研究對象分成兩類或兩類以上，就一項依變項，比較其在不同類間的差異；㈡把依變項的差異，歸之於使他們分屬不同類別的因素（教育程度、居住地區、階級……）。政治研究幾乎大多是這類。

　　這類設計，不甚理想，它不能排除干擾性的「解釋」，但是，政治學者幾乎很難獲得其他的選擇。倘若他不使用受控群，則他的麻煩更多，他勢必憑藉豐富的常識與經驗，排除更多的干擾性解釋，但這種主觀的作法總不是萬無一失的，而且也不符合「科學」的精神。倘若他欲作百折不扣的天然試驗，研究者必須能預知受試因素的出現，再說，測量兩次所花費的時間與金錢也比較多。假如他的運氣不好，受試因素可能對大多數對象不起作用，這樣，他就可能只有受控群，而無受試群。

　　研究政治現象，還有一項困難，使人不敢輕易使用「天然試驗」的設計：許多變項根本無法以此設計來作研究。有些是埋在歷史中的，如人們在抗戰時期的經驗、新興國家的殖民統治、議員的教育背景……等；有的是難以預測的，如暗殺、暴動、石油漲價……等。只有那些較易預測，按時發生的事件，如議員選舉、高考……等較易藉天然試驗的設計來處理。

　　研究者作真正的試驗，對研究對象所需的控制，比作天然試驗更大。欲作天然試驗，他只須預知事件的發生；而作真正試驗，他必須操縱這些事件。在政治的領域中，這等於說他能「控制」別人的生活。對於普通的研究者，這是不可能的。就是省主席（我們的例子），他的「控制」也很有限，因為在真實生活中，議員們恐不會聽他的話去作「假投票」。

　　然而，我們也不必過分悲觀。在有些場合，真正試驗仍是可能的：譬如在一個小組織內，就說在一所小型大學裡，學生們可以對其選擇的一群人（教職員工、同學等）作一項政治運動，經過若干時日後，把這些人與一群隨機選出的受控群作一比較，並不是不可能的❷。

投票行為與不屬此類的不同。（前者為受試群，後者為受控群。）

　　政治研究的設計，能獲致百折不扣的可靠性的成果是很少的，但是，甚至較弱的設計也有價值：它使我們留意到變項的測量，意識到各種因果解釋的存在，並且促使我們去認真地估量每種解釋的真正作用，這比不用設計徒憑本能作研究當然強些。

　　事實上，在可能範圍內，政治學者不妨同時試用數種不同的設計，各取其長，而去其短。這樣，他也許能為其研究完成一項最適宜的設計❸。

---

❷　政治研究中的真正試驗，做得較多的是模擬，通常這是人為情勢下的小集團研　究，其對政治學的貢獻，在今日仍限於啟發性 (heuristic) 的，將來的發展，則似　乎是無可限量的，尤其對決策的了解。

❸　參閱 D. Campbell and J. C. Stanley, op. cit.

第十一章　蒐集資料的技術

　　在作研究設計時，研究者就應說明他將蒐集與應用的資料之性質及蒐集與分析資料的技術。決定自己將使用的研究技術，表面看來，似乎是容易不過的事。其實，這是很不簡單的，絕對不應以輕率的態度去看待它。決定使用何種研究技術，要考慮及許多因素：(1)自己研究的問題，以何種技術去處理，才能達到最佳效果？(2)資料的性質如何？(3)研究者本人對一種技術嫻熟的程度如何？及(4)研究環境對研究所加的限制為何？在本章及以後的章節中，我們將對這些考慮，分別加以剖析。

　　與資料有關的研究技術，大別可分為蒐集資料與分析資料的技術，在本章中，我們將介紹蒐集資料的技術。

壹、資料的種類

　　我們常用的資料，可分為兩類：集合資料 (aggregate data) 與個人資料 (individual data)。集合資料的顯例是人口調查資料 (census data) 與官方的統計資料 (official statistics)。集合資料能告訴我們在某一區域——城市、縣……——內，多少人是男人，多少人是女人；每戶的平均收入是多少；百分之幾的人擁有電視機……之類的事，但不能給我們關於個人的資訊。

　　把集合資料巧妙運用，可以增進我們關於政治行為的知識。基氏 (V. O. Key, Jr.) 的「美國南部政治研究」是一個有名的例子❶。他把南部若干州的

---

❶　參閱 V. O. Key, Jr., *Southern Politics in State and Nation* (New York, 1950), pp. 317–344.

一些郡的選民（其時幾乎全是白人）投給共和與民主兩黨的票（以全部選票之百分比核算）與郡內黑人在總人口中的比例二者相比照，探索其間的關係。他發現在一九二八年，叛離民主黨改投胡佛者，以黑人人口在全人口比例最低的地區為最高，他的結論是人種問題是南部白人政治團結的基礎。

　　不少政治學者都嘗試把人口資料與投票統計相聯結以探討人們的投票行為。這在表面看來，似乎不難。但是，事實並不簡單。假如有一選區其中百分之七十的人口為年青人，候選人張三以高票當選；而在另一選區中，百分之八十的人口為中年人，候選人李四以高票當選。我們也許會說「青年人選張三，中年人選李四」，這也許可作為一個假設。但是，假如我們不作進一步研究，這假設是站不住的：因為在「年青人」選區內，張三的獲勝，可能是由於區內中年人一致選他，而年青人的票則一半歸他，一半歸別人；而在「中年人」選區內，李四的當選可能是由於贏得青年人的一致擁護，加上部分中年人的支持。

　　在美國，總統大選中的「仗勢登龍」(coattail effect) ❷ 常常引起新聞記者與政治學者的興趣。新聞記者在探討總統候選人把同黨「拉上」去的力量時，常常把他獲得的票數與他同時競選的同黨黨員所獲的票相比（以獲得之票與該職位所有選票相較的百分比核計）。倘若總統佔先，則「仗勢」「登龍」發生了效果；倘若總統落後，則他的「勢」不發生作用。這套說法被一位研究選舉的名學者否定：他認為總統佔先愈多，則表示他愈無法把選票引吸至投給他的本黨同志，也即他的「勢」愈不能產生「登龍」之效 ❸。根據他與另一位學者的看法：「倘若我們僅能利用集合的選情資料，顯然很難正確地估量一位總統候選人使選民投他的同黨其他公職候選人的影響力之程度 ❹。」

----

❷　在美國，一位聲望崇高的總統候選人，有時能把同黨的議員候選人「提拔」當選。總統候選人「提拔」的效果，稱為 "coattail effect"。

❸　Warren E. Miller, "Presidential Coattails: A Study in Political Myth and Methodology," *Public Opinion Quarterly*, XIX (1955–1956), pp. 353–368.

　　以上的例子，顯示集合資料在研究選舉行為上的一些缺點。但是，這不是說集合資料不寶貴。蘭尼 (Austin Ranney) 曾經對集合資料的價值，作下列評估：

　　「……與調查資料相對比，它們存在於許多選區之中，而且，獲得它們並作分析，是比較省事又省錢的。大多數民主國家多年以來就按照選區公布選舉結果。同時，大多數地區都定期舉辦人口普查，在其公布的報告中提供了大量關於居民的社會與經濟背景的消息。其結果是龐大的資料，質量均甚豐富，世界上任何學者都可輕易的獲得它們……

　　……集合資料的易於獲得與廉價鼓勵人們作大規模的重驗與比較研究。

　　……就發掘有關選舉行為的許多問題之答案來說，它們是我們能獲得的『最踏實』的資料，因為在不同地區、時間與研究間，它們在意義與對比性上，較調查資料性質固定❺。」

　　另一位學者則指出調查研究在許多國家是新近才有，因此，特別昂貴、困難，而且其資料的可靠性也很成問題❻。倘若我們的研究，需要利用七八十年以前的資料，恐怕非用集合資料不可。

　　個人資料又稱為調查資料 (survey data)，因為這是由問卷與訪談等調查法獲得的。由於從回答問卷與訪談者提出的問題中獲得的資料，都是「自我報導」的，故又稱「自我報導資料」(self-reporting data)。個人資料在作很多種政治研究中，很是必要，但是其素質甚難控制，因此優劣相差甚遠。質劣的個人資料毫無價值。關於個人資料在政治研究中的具體功用及如何鑑別不同

❹　Angus Campbell and Warren E. Miller, "The Motivational Basis of Straight and Split-Ticket Voting," *American Political Science Review*, LI (1957), p. 309.

❺　Austin Ranney, "The Utility and Limitations of Aggregate Data in the Study of Electoral Behavior," *Essays on the Behavioral Study of Politics*, ed. A. Ranney (Urbana, Ill, 1952), pp. 95−96.

❻　Ralph H. Retzlaff, "The Use of Aggregate Data in Comparative Political Analysis," *Journal of Politics*, XXVII (1965), pp. 797−817.

素質的個人資料及獲得較有價值的個人資料應注意之事項等課題，我們將在討論調查技術等章節中敘說。

貳、關於資料的若干一般性問題

在蒐集資料以前，我們應考慮到若干實際問題，這些問題，很可能限制或甚至阻止資料的獲取與使用。第一個問題是資料的獲取徑路問題 (problem of access)；第二個問題是科學與倫理的考慮的問題 (problem of scientific v. ethical considerations)；第三個問題是政府的介入的問題 (problem of governmental involvement)。

㈠獲取徑路問題：這雖然不是一個新問題，但是，由於調查技術的廣泛應用，這問題變得格外嚴重。當政治研究只是文件分析的時代，這問題比較簡單，至少在民主國家，研究者不難取得官方的出版品與檔案❼。為國家安全計，若干文件可能一時被列為「機密」，但在相當時日後，大多公布於世。就是在不民主的國家，研究者也能取得相當多的文件資料，譬如印尼反蘇卡諾政變的有關文件中，已公布者已經足以使世人知悉事件的經過。使用調查技術的研究，取得資料就要困難得多，任何社會都有許多人認為政治觀點是私人的事，拒絕向外人透露，儘管研究者保證決不讓第三者知悉，也難使這些人改變態度；在不民主或較傳統的國家，更多的人不願與陌生人談論「政治」，唯恐對自己不利，調查研究的進行相當困難；就是取得的個人資料，其準確性也大成問題。

㈡科學與倫理的考慮：研究者在作調查時，也許不能把作研究的理由統

---

❼　當然，即使在民主國家，對於有些文件資料的蒐集，仍舊受到政府法規的阻撓，例如英國與加拿大的「政府機密法」(Official Secrets Act)。倘嚴格執行，可把「公務員辦公時間喝多少杯咖啡？」列為機密。見 "Storm Over Secrecy Acts," *Time*, August 14, 1978, p. 44.

統告訴被調查者，因為這樣做可能會影響調查的結果，損及資料的可靠性。但是，從倫理的觀點，我們可以說任何人都沒有對別人施計的權利，而一個人以不充分的理由勸服另一人接受他的「調查」，是不是施計呢？這是難答的問題。另一類倫理的問題是研究者為獲得必要的資料，向被調查者說一個小謊。政治學者用這種手段作研究的，還找不到有名的例子。但是，心理學者有時確實使用它：譬如有的心理學者，欲研究人在憂急的情況下的反應，對被研究者說他已傷害了別人，以便觀察其對此的情緒改變。這類研究，有許多人認為不符合倫理的要求，但是，也有許多人以為由於此種知識的重要性，及很難用別的方式獲得精確的資料，則它也是可以使用的，更何況研究完畢，被研究者會被告以實況。

政治學者雖然不必像心理學者般提供「實驗的刺激」，但卻需提出問題。有些問題對被調查者是很難堪的，那末，研究者應不應問呢？美國總統府的科學技術處的報告書，表示以下的看法：

「任何擔保研究者不去詢問令人難堪或討厭的問題之企圖，都會阻撓創造性的研究，以致對行為科學的投資大多浪費，或者，甚至更糟，我們社會期望獲得並有需要的知識將無法取得❽。」

當然，政治學者有義務不透露被調查者的身分，但這種義務有其限度：他自己不得向任何別人透露他保證守秘的事項，而且在其研究報告中，採取保密的必要措施，但是，假如由於其研究的性質，以致讀者猜出了被調查者是誰（尤其由訪談取得的資料，有時更難避免），他並沒有承擔洩密的責任的必要。

㈢政府介入的問題：由於兩個理由，政府介入研究，在今天是幾乎難以避免的：⑴許多研究，必須依賴政府直接或間接提供的經費，才能從事；以

---

❽ Office of Science and Technology, Executive Office of the President, *Report on Privacy and Behavioral Research* (Washington, D. C., 1967), p. 55. 此報告書為該處邀集若干著名的行為科學家會議的結論之一。

我國來說，行政院科技部（未來將調整為國家科學及技術委員會）幾乎已成為社會科學研究經費的唯一固定來源❾。在其他國家，政府也是主要的經費提供者；(2)在今天的世界局勢下，國與國間的競爭非常激烈，而學術與軍備一樣，也是大家互爭的領域，因此，各國政府對其本國學術的總體發展，非常注意：設立了種種機構來監督或鼓勵其活動，通過了不少立法來統一規劃其進程。

政府的介入，對於研究，大體說來，自然是有利的；但就資料的獲取來說，也會產生一些問題❿。

在有些國家，立法機關或行政官署常常通過或發布一些社會科學研究者在蒐集資料時必須遵守的「指導原則」，凡是使用公款作研究者都得接受。譬如在美國，一九五〇年代保守的國會不贊成學者作若干類研究（諸如某種性行為的研究），在其為國家科學基金會 (National Science Foundation) 的預算審查中，常常「勸導」學者們「識大體」，美國學者們對此類控制常常在原則上表示反對⓫。

參、蒐集資料的技術：文件分析

多數政治學者的全部精力（及少數政治學者的部份精力）都是用於分析公私文件的。文件的種類繁多，自往聖先賢關於「治國、平天下」的言論以至現代總統的國情咨文、節日文告；自古代君主的誥命以至今日法院的公法判決，都曾受過政治學者的注意。分析的理由很多：辨別真偽（共黨問題的研究者頗多致力於此）、推敲其歷史淵源及對後世的影響、剖析其隱含的意

---

❾　除該會外，另有若干外國或涉及外國的基金會如亞洲協會、哈佛燕京社與中美人文社會科學基金會等也提供協助，但規模小得多。

❿　政府介入在原則上不僅必要，而且應該。但「以何種方式介入，介入的程度應如何」都值得研究。

⓫　在註❽之報告書中，曾強烈地表示此種態度。

義……。

　　傳統的文件分析技術，在我國以文字學者與歷史學者最為嫻熟：他們已擁有精密而可靠的標準，從事此類工作，由此獲得的資料，對研究古代中國的政治思想與制度，極有貢獻。有志於作此類研究的政治學者似應向他們學習正確地使用此項技術。

　　在過去三四十年以來，英美學者對語言分析日增的興趣使其注意到發展一套更有系統地研究政治文件與言論的方法。這種興趣，最早是由對納粹宣傳的分析之需引發的。後來，興趣又轉往研究政治行動的符號及其象徵的意義❷。人們意識到語言不僅賦予每個字眼其表面的意義，而且往往給予它深奧的含義❸。此一認識導致「內容分析」(content analysis) 技術的發展❹。內容分析的目的是把文件中的文字歸類，以便從符號的運用來探索運用者的行動。所謂內容分析，是指「任何把符號─媒介物 (sign-vehicle) 分類的技術。這種分類雖然完全依據一位或一群分析者的判斷，但其判斷的基礎必須是明確建立的規則……」❺。內容分析可幫助我們更清楚地界定一個政治系統的主要 「政治神話」 或意識型態。利用它來研究 「封閉社會」，是很有價值的❻。拉斯威爾等曾評論它在研究史達林時代的蘇俄之功用：

　　「內容分析不能告訴我們某一作品是否文彩優美；它卻能告訴我們其體裁的變化。它不能告訴我們一篇文章是否具顛覆性：它卻能告訴我們其內容

❷　參閱 Murray Edelman, *The Symbolic Uses of Politics* (Urbana, Ill., 1964).

❸　Ibid., p. 131. 此種含義往往由字在句中的地位……等決定。

❹　關於 「內容分析」，簡短而良好的介紹，可參閱 O. Holsti, "Content Analysis," in *The Handbook of Social Psychology*, Vol. 2 (Reading, Mass., 1968).

❺　Irving Janis, "The Problem of Validating Content Analysis," *Language of Politics: Studies in Quantitative Semantics*, eds. Harold Lasswell, Nathan Leites and Associates (New York, 1949), p. 55.

❻　因為在封閉社會，別的研究技術無法應用，或即使能使用，也不能獲得正確度高的資料。

是否隨黨的路線而改變。它不能告訴我們如何去說服俄國人；卻能告訴我們蘇俄宣傳最常見的主題是什麼⓱。」

　　內容分析的準備步驟為建立一組類目（以便把一紙文件中的文句分配入不同的類目中），及一套決定分配的規則。這一步驟極為重要；倘若類目不當或程序規則不妥，則以後的分析是徒勞無功的。倘若類目的性質不明確或者不能窮盡必須分析的資料，則數種性質不同的文句可能被分配於同一類目中；倘若類目與研究者探討的問題不能契合，則內容分析將成為無甚價值的遊戲。類目的建立，並無一成不變的規則，這要看研究者的興趣是「指示分析」(designations analysis)、「言辭分析」(assertions analysis)、抑或「歸屬分析」(attribution analysis)⓲。

　　內容分析的實行步驟也應慎重從事。文句的歸類必須謹慎，以達到最高度的可靠性。為達此效果，不妨把同一文件交給不同的分析者去分類，看看結果是否雷同。同一個分析者也可在不同時間內分析同一文件，試驗其決定是否前後一貫，不過此試驗不甚理想，因為一個人首次的分析會影響他以後的決定。假如不同的分析者分類的結果迥異，就應重新調整類目或分析的分配規則，甚至加強訓練分析人員。

　　內容分析技術在政治研究中曾被用於共黨研究，國際關係的研究⓳與決

⓱　H. D. Lasswell, Daniel, Lerner, and Ithiel de Sola Pool, *The Comparative Study of Symbols: An Introduction* (Stanford, 1952), p. 45.

⓲　所謂「指示分析」，是計算某些題材出現的頻率。（例如某段時間內，在真理報上，把沙達特描述為「反面角色」的次數與「正面角色」的次數，並將兩者對比。）所謂「言辭分析」是分析其把某些事物界定與描繪的情形或方式。（例如：在某段時期內，如何描繪以色列。）所謂「歸屬分析」是指言辭分析的描繪方式出現的頻率（如把比金作種種描繪。根據此，可歸納為「好戰者」，此種歸納為言辭分析，此種描繪好戰者出現的次數的核算，則為「歸屬分析」）。

⓳　見 O. Holsti, et. al., *Theory and Measurement of Interstate Behavior: A Research Application of Automated Content Analysis* (Stanford, 1964).

策的探討等。

肆、蒐集資料的技術：參與觀察

　　一種應用不如訪談或問卷法頻繁，然而有時把它們包括在內的研究技術是參與觀察 (participant observation)。此種技術政治學者是從人類學者處借用的，一般都用於組織與社區的研究。運用此一技術，可把一個單位或地區作深度研究，這與訪談法適合作廣度研究正好相反，因此兩種技術是可以相輔相成的。欲成功地使用這一技術，研究者必須具有高度的技巧與對人情的練達，因為他在研究某一單位或社區時，必須同時參與其活動，成為其成員。他可能隱藏他的研究者身分。

　　有時研究者樂於在正常工作時間作一百折不扣的組織或社區的成員，盡其參與者的一切職責，只在公餘記錄其觀察所得，這樣他就可不必暴露其研究身分。但一般來說，他的興趣不僅限於此。他希望與熟悉內情的人打聽一些事情，或了解他們的觀點。這樣，他就必須在獲得「接納」後，暴露他的身分，明言其研究目的，否則就無法進一步獲得資料。在這種情形下，他只能希望那些他接觸過的人會把他當作一個「好人」，繼續給他協助。他也可以在其研究的地區或組織內選用「消息提供者」(informants)，這些了解內情而又願吐露的人可以告訴他一些表面看來簡單其實複雜的事，或糾正他一些錯誤的觀察。但是，利用「消息提供者」有兩項缺點：其一是研究者可能會從他們的立場去認識他所研究的社區或組織；其二是有些「消息提供者」為了取悅研究者，可能只告訴他一些他們認為他想聽的事。倘若參與觀察者的研究角色已被他所研究的社區或組織普遍接受，他也可以安排一些訪談，來補充其他材料的不足。

　　參與觀察法具有若干明顯的缺點：⑴由於若干社區或組織抱有「家醜不可外揚」的觀念，基本上反對別人參加進去作研究。研究者身分一旦暴露，就可使資料的來源中斷。他在必須時時警惕自己掩藏身分的心情下，研究大

受侷限 ❷ 。⑵一位研究者也可能從他的參與者的角度去觀察他研究的組織或社區；倘若他的本意是從這種立場去作研究，這不能視為一種缺點；倘若他期望獲得一種更廣的看法，則這個缺點確實不容忽視；由於這個理由，有些研究者認為在作某些研究時，研究者應以一個單純的觀察者身分進入其研究的社區或組織，不必同時作參與者，此即所謂「純粹觀察」(non-participant observation)。然而，在很多情勢下，這是不可能的，參與觀察就成為唯一的手段。⑶有時研究者必須花很多時間與精力去盡他「參與者」的職責，無法有充分餘裕去蒐集資料；⑷他在社區與組織中的地位（參與者角色）可能對其研究產生某些影響：譬如其他成員對他的問題的回答，部分是受他的地位決定的。（一般人對高位者常常不敢講不中聽的「實話」）；⑸倘若他過分熱心於盡其參與者的職責，他可能「土化」(go native) ❷ ，「土化」的結果，不僅可能使若干「土人」（他研究的社區或組織的成員）對他憎恨，而且足以使研究的客觀性大受損害。

然而，這一技術的優點為能從組織或社區的內層深刻地研究它及成員的行為，並且減少研究者以自己的「理論架構」強加於資料的危險。除了這些重大的利益外，參與觀察技術的價值還基於兩個理由：⑴許多重要的資料，無法以別的技術獲得；⑵參與觀察法的缺點雖多，但有些缺點只要研究者能自行留意，可減少其弊害，即使不能將其消除。

研究者除了扮演「參與者—觀察者」角色外，也可選擇其他的角色：其一是做一完全的「參與者」，只在閒暇時記錄其觀察的印象；另一是做一純粹的觀察者，專門收集資料，並不參與他研究的單位之活動；但是，這樣一位人士的出現，勢必影響他所觀察的人之行為，參與觀察者角色居於以上兩種角色的當中。柏邱克 (N. Babchuk) 曾提議另一角色，叫「消極參與觀察者」

---

❷　但也有不少研究者，在這種侷限下，完成有價值的研究。

❷　所謂「土化」，原本是指若干文化人類學者，深入其研究的「原始」民族的生活，內化了該民族的價值，接受了其觀念與習慣，如此，其研究的客觀性將受影響。

(Participant-as-observer)❷，他認為這一角色有不少明顯的優點。所謂「消極參與觀察者」，是指研究者參加組織或社區，與其成員保持正常關係，但不積極涉及其活動，由於他的角色主要是一位觀察者，較易獲得組織或社區成員的信任，可獲得參與觀察者不易得到的資料。

伍、蒐集資料的技術：實驗

　　政治研究使用的技術，大多數是用於非實驗的情勢的。所考察的情勢或所研究的態度都是已定的。母體也是已經固定的。研究者盡可能地探討整個情勢，用種種手段處理資料。以非實驗的研究技術所作研究的程序曾被人描述如後：「研究者首先觀察一個或一組依變項。然後，他回溯研究自變項，以發現其與依變項的可能關係或對依變項的影響❷」。而所謂實驗 (experimentation)，其程序為研究者控制一項研究中的自變項（至少其中一項）；由於政治研究者往往不能在實驗室中操縱自變項，論者或以為政治研究不能使用實驗法。其實，假如我們把「實驗」一辭作較廣義的界定，政治學與實驗並非完全絕緣的。

---

❷　參閱 Nicholas Babchuk, "The Role of Researcher as Participant-Observer and Participant-as-Observer in Field Sitaction," *Human Organization*, XXI (1962), pp. 225–228.

❷　Fred N. Kerlinger, *Foundations of Behavioral Research* (New York, 1964), p. 360. 所謂「變項」(variable)，指探討情勢 (test situation) 中的因素，或特徵 (characteristic)。譬如我們研究投票，則「政黨偏好的強度」就是變項。嚴格說來，假如一種特徵，只能存在或不存在的，謂之 attribute（如他是黑人）；倘其存在可以程度區分，則為變項。變項可分成四類：①自變項 (independent variable) 是影響別的變項的；②依變項 (dependant variable) 是被影響的；③居間變項 (intervening variable) 是影響自變項與依變項的關係的；④無關的變項 (extraneous variables) 是表面上看來影響我們所探討的關係，而實際上並非如此的。

對於政治研究中，使用「實驗技術」，頗具心得的史耐德 (Richard C. Snyder) 曾說：

「假如我們對『實驗』一詞作嚴格地界定：控制地觀察，反覆地試探與對主要變項系統地操縱，則這一基本的科學程序——至少在目前——在研究人類行為方面，除了心理學，幾乎用途很小……假如我們不過分苛求嚴謹的程度，並把準試驗的試探也算在內，則政治與社會生活中的試誤與人為情事中半控制的演練都可視為試驗❷。」

政治研究中的實驗，應用最廣泛的，通稱模擬 (simulation)。模擬是一種間接試驗。所謂模擬，乃是指把政治或社會情勢，以縮小或簡化的方式重製，並且維持若干時日，「真實生活」的變項由個人或符號來代表。倘若一個系統能很正確地重複另一系統的性質，我們就可說模擬是有效的。模擬完全由人所作的，又叫模演 (gaming)。此外，也有人與機器合作，或全由機器（電腦）所作。

市鎮會議與法庭的模擬曾被學者作過，不過，最廣泛使用它的是國際關係的領域。模擬雖然是「間接」的，但確係實驗，變項是在事先控制與操縱的，而不是事後才如此。利用模擬，一些阻撓政治研究直接實驗的問題諸如缺乏可令變項受控制的情事、阻止研究者操縱別人的社會規範，與缺乏一種同樣事件可重複出現以便觀察與比較其變項的狀況之類，均可避免。

模擬在其早期的發展，只能使用於「科學建設的發現階段，而不能用於驗證階段❷」，但現在，它也可用於驗證。模擬也可用於教學與政治學的理論建構。

---

❷　Richard C. Snyder, "Some Perspectives on the Use of Experimental Techniques in the Study of International Relations," *Simulation in International Relations: Developments for Research and Training*, eds. Harold Guetzkow and others (Englewood Cliffs, N. J., 1963), p. 6.

❷　Ibid., p. 7.

陸、蒐集資料的技術：調查訪談

調查訪談 (survey interviewing) 無疑是現代政治研究中主要的研究技術，它被廣泛地使用，而且提供當代政治學者大量資料。雖然所謂「調查訪談」，一般是指訪員直接向被詢者 (respondents) 提出問題的方法，但是，我們把這名詞的意義略為擴大，把電話訪談或郵寄問卷等也包括在內。由於此法被人使用過多，有時也有不盡妥當的濫用情形發生，當研究者想到該技術時，首先應問自己：「在我的研究中，究竟需不需要使用該法？」「是不是使用別的技術，也能達到我的目的？」

「調查訪談」是很昂貴的，為了價值不甚高（不是沒有價值）的「研究」，花費大量金錢（不論是研究者自己的錢，還是「申請」來的）與時間，畢竟是「得不償失」的事，尤其在一個並不富有的社會，這是相當值得考慮的；而且，調查訪談也是「擾人的」(obtrusive)，不少「被詢者」實在不喜歡在非自己選擇的時間內接受「請教」，但在「學術」的大帽子下，又不能不勉為其難❷⑥。在我國，社會科學實證研究正在萌芽，還未獲得廣泛支持，學者與準學者們在使用此種技術前，最好費心考慮是不是非用不可，免得因使用過濫（國人做事有「一窩風」的傾向），引起社會反感，將來真正需要「調查訪談」時，正常的研究活動反難展開。

問卷法 (questionnaire) 與當面訪談的準備階段頗為相似。研究者必須考慮三點：⑴「向誰提出問題？」（抽樣的建立），⑵「提出什麼問題？」（問卷的建構），及⑶「如何問？」（訪問技巧）。

關於抽樣的建立與問卷的建構，涉及的技術性細節甚多，而且頗為重要；我們將分列專章（第十二章與第十四章）加以敘說。

---

❷⑥ 此在使用「電話訪談」的技術時，尤其值得注意。根據筆者的經驗，這確是相當「擾人」的。

在使用調查訪談法時，研究者必須注意答覆率 (response rates) 的問題。我們知道，建立抽樣與問卷並不等於獲得答覆，而答覆率是隨不同的調查訪談方式而異的。根據美國學者的經驗，郵寄問卷，如能獲得百分之三十五答覆率，就不算低。倘若研究者寄信追問 (follow-up)，也許可提高一兩成，但很少超過此數的。專人訪談，如果準備充分，在城市郊區中產階級地帶進行，有時可達百分之八十的答覆率，但如欲達此成就，研究者必須聘用認真的訪員，並訓令他們「鍥而不捨」。

答覆率的高低（與研究的成功度）與訪問技巧很有關係。關於訪問技巧，須留意三點：(1)專人訪談與書面問卷的性質略為不同，技術性考慮也就不一樣；(2)若干缺點是調查訪談法先天具有的，若干則為此法運用不當的產物；(3)欲減少技術性缺點的危害，或使其不致產生，有「為」與「不為」兩途，「為」是採取若干措施，「不為」是避免若干措施、作風與態度。

專人訪談涉及人際關係，被詢者如對訪員的身分、儀態、服飾與談吐存有芥蒂或偏見，則訪談難期產生良好的效果；書面問卷雖無此困難，但如問題設計不良，答題指示不佳、文字艱澀、用語曖昧，則答題者可能誤解（以為對其另有所圖）或敷衍了事，甚至拒絕作答。

調查訪談法取得的資料，都是被詢者「自行報告」的，「自行報告」的資料，其素質的優劣，部份固然與研究技術的使用有關，但一部分與被詢者也有關（這是研究者頗難控制的），假如被詢者的智能與教育水準比研究者的估計低得太多，則資料素質必劣。假如被詢者過分世故，曾經多次被「調查訪談」過，則很可能把它「不當一回事」。只求快點「交差」，輕率地作答；又假如被詢者中，頗多循規蹈矩的學生，習慣於考試時「提出唯一的正確答案」，則研究效果都會打折扣。

要減少這些缺點的嚴重性，研究者應避免幾類事：(1)抽樣的嚴重不當（第十二章將論及此點），問卷或訪談題目之不妥（第十四章論及此點）；(2)助理人員選擇不當：以調查訪談法做的研究依賴助理人員甚大（尤其訪談，研究者不可能親自去見每一被詢者），助理人員必須富有責任感。工作認真，對其

任務熟悉，為人誠懇而友善，有應變能力，否則不易把研究做得圓滿。研究人員應做數事：⑴有一套查核錯誤的辦法，譬如訪談時，欲測驗被詢者的「可靠程度」，可故意問一些「套」他的問題等❷❼。⑵任何研究蒐集的資料，都有某種限度的誤差，研究者對自己的研究應作估量。在分析資料時，對之加以注意。⑶一項研究，常採用一種以上的研究技術：一般的情形，不同技術在不同的階段使用，譬如研究一國的政治精英，先從文件分析，取得關於這些人的背景的集合資料，然後使用調查訪談法取得個人資料；但是，在有些情形下，也可在同一階段，使用數種技術，以一種為主，別的用來查核主要技術蒐集的資料之真偽與可靠度。

---

❷❼　一位美國研究中共問題的學者，曾經告訴筆者，他曾在香港訪問一位中國難民，此難民表示出他對中共領導官員的身世很清楚；這位學者遂捏造數名字，問他是否為某「要員」的親戚，該人立刻表示確實是，並提供一些關於這些「親戚」的「資料」。

第十二章　問卷與訪談單

　　社會科學家的資料，得自三項來源：⑴自己直接的觀察；⑵官方文件，與「行外人」(layman) 所蒐集者如新聞記者之報導；及⑶自己間接的觀察。

　　近年來，研究者自己間接觀察取得的資料佔據日益重要的地位。間接觀察蒐集資料，採用的技術有結構形式不定的訪談 (unstructured interview)、結構形式固定的訪談 (structured interview) 與問卷法 (questionnaire method)❶。結構形式不定的訪談法，對政治學研究來說，比較次要❷。結構形式固定的訪談法與問卷法比較重要。此二種技術成功的關鍵之一在於問卷 (questionnaire) 與訪談單 (interview schedule) 之設計。因此，我們遂增列本章，以補第十一章的不足。

壹、結構形式固定的訪談法與問卷法的利弊

　　結構形式固定的訪談法與問卷法之主要功能是使訪談的過程標準化。由於標準化，可使研究較為嚴謹。因此，社會科學家，尤其是行為主義取向的，很贊成使用固定的方法。在資料蒐集的階段，標準化與系統化確實是很大的優點。

---

❶ 有些學者把問卷法列入結構形式固定的訪談之次類。

❷ 結構形式不定的訪談法計有自由聯想法 (free-association method)、焦點集中訪談 (focused interview)、集團訪談 (group interview)，此種方法在心理學、心理分析、社會學、人類學的研究中，比較重要；在現階段政治研究中，則未曾被廣泛使用。

　　此兩種技術主要是用來證實或否定現存的理論與假設,用它們來發現新的知識不甚理想。標準化可增加研究的可信度,不論一群訪員訪問一位人士,或一位訪員訪問一群人,倘若我們要使所有的回答具有相等的價值,訪談過程的標準化似乎是不可缺少的。

　　結構形式固定的訪談,與問卷法另有一大好處:可增進效率,也就是說,能節省研究的時間、精力與經費。理論上,標準化的研究方法可排除不必要的問題,而且,在問卷或訪談單的設計中,就可顧及分析。由於問題在結構上具有固定性,資料的處理過程(如登錄、核計、列表、詮釋等步驟)均可簡化。

　　就整個社會的研究活動而言,結構形式固定的訪談法與問卷法的採用,有助於大規模的研究機構的發展。現代社會,出現不少大規模的社會與行為科學的研究機構❸。它們的工作不僅是蒐集資料,而且是處理、分析與儲存資料,倘若研究技術的標準化程度過低,這些機構的功能必然大打折扣,甚至根本無法進行,因為標準化是一組研究人員有效合作的基礎❹。

　　結構形式固定的訪談法與問卷法也有若干缺點,倘若研究者與訪員留意,可減低其危害。一項缺點是研究者以他主觀的認知或思維方式設定的問題,強加於被訪者或答卷者,並假設他們的認知或思維方式與他自己相同或類似。此點在研究者與被訪者(或答卷者)之文化背景、教育程度等差距不大時,不甚嚴重,否則,就可能損及研究的價值。另一項缺點是以此等方法,研究者恐無法領悟社會行動與人類動機的複雜性。兩位社會學者曾如此說:

　　「研究者的偏見是隱含在問卷或訪談單的架構與細節中的。問卷的答案不是所問之問題的答案,而是答卷者以為他被期望提供的反應,使用此技術

---

❸　關於英美兩國的這類機構,可參閱 G. David Garson, *Handbook of Political Science Methods* (Boston, 1976), pp. 265–279.

❹　參閱 Peter H. Rossi, "Researchers, Scholars and Policy Makers: The Politics of Large Scale Research," *Daedalus*, 93 (Fall, 1964), pp. 1150–1151.

的實地工作者幾乎沒有機會發現此中的差別。同一或同組問題能引發一貫的誤解，這些誤解呈現出虛假的規律性或差異❺。」

除了上述原則性的缺點外，使用此種技術也可能遭遇若干技術性的困難。有時，被訪者或答卷者對某些問題的詢問方式有異議，研究者或訪員就不得不取消這些問題或匆促地重訂其精心計劃的問卷或訪談單。由於此種技術的缺少彈性，研究者或訪員倘無豐富的經驗，就只能作較簡單的研究，否則遇到事先不易想到的情事時（如大批被訪者拒絕作答等），就無法適當處理。

貳、問卷或訪談單設計的基本考慮

問卷或訪談單的設計，是結構形式固定的技術成功的關鍵，故必須細心完成。在著手設計以前，若干基本考慮極為重要，尤其不可疏忽。

首先，我們應考慮若干倫理與政治的因素：對人們私生活過分的探索，按照現代的文化規範，是不道德的，故問卷或訪談單必須力加避免，但何者係過份的侵犯隱私，何者是研究者必須獲得的個人資料，往往不易區別。關於此，唯一的可採的原則是：設法獲得為研究目的絕對必要的個人資料，但決不多索一絲一毫。許多被訪者或答卷者不願回答敏感性的政治問題，而且對於何者具敏感性，常有較寬的界定，關於此點，研究者或訪員必須尊重他們的裁定與立場，不宜強求其合作。因此，為避免日後不必要的麻煩，研究者在設計問卷或訪談單時，就應設法盡可能了解未來的答卷者與被訪者的大致的政治傾向。

其次，研究者自己的方法論與理論的取向，必然會影響其設計。例如一位重視嚴格地試驗假設，而較不著重發現新知的人，在設計時，可能採用較

---

❺ 原載 W. Lloyd Ward and Paul S. Lunt, *The Social Life of a Modern Community* (New Haven, 1941), p. 56. 引自 Gideon Sjoberg and Roger Nutt, *A Methodology for Social Research* (New York, 1968), p. 194.

刻板的問題類別，較多的封閉式問題……等。而且，量度的工具與問題的設計有密切的關係。研究者準備使用何種分析不僅會影響問題的實質，也會影響其形式。

　　研究者的邏輯與理論建構也能限制其提出的問題之性質。因為當他建立適當的問題時，他務必以自己的理論建構提供之角度來衡度客觀的真實。譬如一位相信社會的現實只能從行動者的主觀方向去認識的研究者（人文主義者或現象論者）與一位接受社會現象是純客觀性的存在之研究者（唯物論者或邏輯實證論者）在研究社會階層化時，其問題就可能不同：前者會要求答卷者或被訪人把自己列入某一階級，後者則設法探詢答卷者或被訪人的收入、教育程度、傢俱的類別，以便推斷其階級地位。研究者在設計問卷或訪單時，與其隱藏自己的理論與方法論立場，倒不如自覺地去了解。具自知之明的人，其研究也比較好。

　　第三，若干技術性的考慮，也甚重要❻。首項是方式 (format)。直接訪談可能嗎？假如經費、時間不足，能用較不可靠的信件或電話問卷的方式嗎？訪談或問卷應深刻些，但觸及的層面較小，抑或觸及的層面較廣，但深刻度較差？問卷或訪單的長度應如何？長度與研究的題目，助理的素質（如訪員如為生手，則訪談單不能太長）與問卷（訪談單）的性質（郵寄的問卷應短些，電話訪談不能深入）有關。次項是反應結構 (response structure)。應該用開放性的反應 (open-ended responses)，讓答卷者或被訪者以自己的語言回答呢？還是採封閉的反應，由他在已定的選項中作選擇？或者兩者混合，如此研究者也許可在效率（封閉的反應有利於提高研究效率）與深度（開放的反應有利於增進研究的深度）兩者間求得適當的平衡。第三項技術性考慮是問卷或訪談單上的事物的次序 (sequence)。問卷（或訪員）首先應說明研究由何機構或個人主持，其基本目的為何，並保證答卷者或被訪者的身分不為第三者知悉。開端的問題應中立，而且絕無威脅性，並能引起興趣的。一些「使

---

❻　本節主要依據 G. David Garson, op. cit., pp. 149–150.

人上當」或「濾過性」問題 (entrapment or filter questions) 可以列入，以便清除不適當的答卷者（諸如選舉研究中的外籍人士或無投票權者）。然後可問關於研究主題的一般性問題，漸漸地可問較特殊性或爭執性較強的問題。最後一項技術性考慮是檢定 (checks)。 檢定可分內外二種 (internal checks and external checks)。 幫助研究者核定回答是否一貫的項目必須分散在問卷或訪談單之中。內在的檢定可查核數項回答是否一致。譬如直接問人年齡，然後再與他中學畢業的日期去比較，就是內在的檢定。封閉的反應可與緊隨其後的開放性的反應相比。同一答卷者或被訪人可以再訪，以比較其兩次的答案是否一致。外在的檢定藉比較答卷者（或被訪人）的答案與研究者（或訪員）的觀察，文件資料……等以完成。檢定的目的不僅在發現答卷者（或被訪人）的一系列答案前後的連貫性，而且在發現問卷或訪談題目本身的缺點（如用語之曖昧），及因之而產生的誤解。

參、訪談單或問卷設計的一般原則與規範

　　訪談單或問卷設計，根本上是一種藝術❼。不過，若干一般性的原則與規範，設計者若能遵守，則比較能產生令人滿意的成果。

　　首先，研究者必須盡量熟悉他擬研究的題材及關於它的以往之研究，包括這些研究的訪談單或問卷的成敗優劣。倘若一項題材以往缺乏研究，他就應先從事結構形式不定的較深刻的訪談，以了解他可能遭遇的困難；或者作一些個案研究，以肯定他欲探究的資料之限度。

　　其次， 他對被訪者或答卷人應有若干 「設身處地」 的了解 (empathetic understanding)：了解他的社會角色、地位、大體上的政治立場；了解他的「符號的環境」 (symbolic environment)❽。唯有如此，研究者才能避免過多答卷

---

❼　Stanley L. Payne, *The Art of Asking Questions* (Princeton, 1951).

❽　所謂「符號環境」，是指一個人在他生存的社會或文化中，僅熟悉某些符號與概

人或被訪者拒絕回答的問題，或者他們無法真正懂得的問題。

　　第三，若干實際工作的規範 (norms)，也不可忽略；這些規範倘能遵守，在選題與題目的文字表達方面，就較能達到研究效果。茲把主要的規範，略加說明如後：⑴研究者不要假定答卷人或被訪人的知識甚豐富；民意測驗發現就是在所謂已開發國家，一般人民對國事與世事的知識也相當貧乏，更遑論開發中國家中識字率低的民眾。既然如此，設計訪談單與問卷的人不僅要避免艱澀的文字、「難解」的問題，而且應在問題的文字中，免於傷及他們的自尊。⑵問題應以簡潔直截的文詞與體裁表示，文字愈艱深，答案愈不可靠。因為這樣不僅答題者可能誤解問題，不同的訪員也可能對之作不同的詮釋。⑶避免感情成分過濃的名詞：在政治領域，若干名詞，學者們可能認為是中性的，但在不少非學術界人士心目中，不見得如此，例如「保守份子」「社會主義者」等，都可能激起強烈的感情。⑷在訪談單的設計中，敏感度高的問題應置於訪談過程的中間或後段，因為只有在訪員與被訪者的互信及親善之情 (rapport) 有點把握時，才可提出它們。

　　念（即符號之指涉物），這些符號與概念構成他的「符號環境」。一個漁民的符號環境與一個牧民不同，除非他在學校中受教育時，讀過關於牧民生活的記載而有所心得，他不可能對牧民產生任何了解。

第十三章　抽樣的理論與實際

　　個案研究僅對某一例案作深刻地分析，是不必抽樣的；比較研究與以建構一般性定律或理論為目的之研究，都必須顧及抽樣：因為在這類研究中，我們必須找出少數單位間的關係是否代表全體。在多數情形下，我們不可能考察全體中的每一單位，只能考察有限的一些，然後假定這少數間的關係，也就等於全體的每一單位間的關係。這一「假定」能夠站得住的程度，與抽樣的正確與否，是成正比的。

壹、何謂抽樣與樣本

　　「全體」(universe) 或「母體」(population) 包括具有某種特性之一切單位，此特性乃是研究者用來建立通則的 ❶。例如：研究者作一假設：一個城市警力的強弱度決定其治安的優良。在此例中，「城市」是我們希望「通則化」的分析單位，但是嚴格說來，我們真正想建立的通則是關於城市的若干特性的，不是關於「城市」本身的。抽樣的一般程序是：我們抽出若干單位，依據它們建立通則。然而，我們真正重視者僅為所有單位都具有的某一特性。故所謂「全體」是指所有單位，也指該項特性。

　　所謂單位 (unit) 是具有該項特性的最小的個別因素。倘若我們建立通則的對象是個人收入，則個人是抽樣的單位，倘若國民生產毛額 (Gross National Product) 為建立通則的對象，則國家就成為抽樣的單位。

---

❶　所謂母體，可指一切單位，也可指此一特性。單位可能指個人（此為最普通的看法），也可指國家、組織……，也可指某一文件、某一司法判決……等。

　　樣本 (sample) 是「全體」的一部分，此部分的選擇，使我們能藉考察若干單位而對全體建立通則。

　　利用抽樣 (sampling) 來做研究，是很有效率的，但也是冒險的。效度 (efficiency) 與險率 (risk) 這兩個概念在抽樣理論中是常在的。由於依據樣本的發現充其量不過是按部分所作的對整體的估計，我們對這種估計應具有何種程度的信任，這是抽樣理論探討的鵠的。

　　一位研究者，假如不在乎效度，他可不必冒任何險，把全體中的每一單位一一清點，從其獲取資料。假如「全體」很小，例如北大西洋公約國家或臺灣省各縣市，這並不難，以此辦法〔即所謂清查 (census)〕來獲取資料，花費也不太大。但是，按很小的「母體」所作的通則，從社會科學理論建構的觀點，是沒有太多價值的。

　　事實上，就是以整個「全體」來獲取資料，也不能說毫無冒險，因為研究的誤差不僅來自抽樣，也可能來自測量 (measurement)。只要測量工具有偏，則從含五萬單位的全體中抽出的含一千單位的樣本與從含二十單位的全體所作的二十單位的清查，其價值是沒有什麼區別的。

貳、抽樣的種類

　　大體說來，抽樣可分為非機率的抽樣型式 (nonprobability sampling designs)，機率的抽樣型式 (probability sampling designs) 與混合的抽樣型式 (mixed sampling designs)。

　　㈠非機率型式的抽樣其特徵是我們無法對它的代表性作精確的估計。這些抽樣的選擇過程，不是按照任何單位或任何單位群中選的機率的。它們完全依賴某些單位是否能方便地獲得或研究者（或資料蒐集者）的個人判斷，甚至偏見來決定其選擇。然而，我們不能信口就說這類抽樣是沒有價值的。當某一問題的研究還在試探性階段、研究經費不足或訓練良好的資料蒐集助手不夠或研究者對母體具頗豐富的知識時，經過事先設計的非機率抽樣也許

會勝過機率的抽樣。非機率抽樣又可分為數種次類：

⑴偶然的抽樣 (Haphazard Sampling) 是非機率抽樣型式中最無用的一種。所謂偶然的抽樣，是指研究者抽取任何他在資料蒐集地點碰巧遇上的案例：譬如我們要想知道「選舉」的結果，於八月廿五日下午三時至五時，站在火車站正門，詢問每個路過的人。以這種抽樣蒐集的資料，所作的研究沒有什麼科學價值。拿我們的例子來說，即使我們猜中了「選舉」的結果，也是「瞎貓碰上死老鼠」，我們無法解釋為何這種抽樣能使我們達到「結果」。

⑵事先設計的可獲性抽樣 (Predesigned Availability Sampling)：與偶然的抽樣一般，此種抽樣依賴單位的可獲得的情形，但它與偶然的抽樣之不同在於研究者必須事先規定單位的性質，然後選擇任何可獲得，而又符合這些規定的單位。因此，這種抽樣的選擇是謹慎的。此種抽樣又有三種分類：⒜志願者樣本 (volunteer samples)，⒝自然場合樣本 (natural setting samples)，與⒞配額樣本 (quota samples)。

⒜志願者樣本是研究敏感性問題，或一般人都反對的，或對他們非常不方便的問題時使用的。由於這些因素，建立機率的抽樣幾乎不可能，研究者只得規定若干特徵，然後徵求具有這些特徵的志願者。例如金賽 (Alfred Kinsey) 的研究，就是依賴志願者提供的他們自己的性行為資料完成的。

⒝自然場合樣本是利用非志願的特定民眾所提供的研究機會所作的。研究者先決定某類人適合他的研究目的，然後前往公家機關、學校、工廠等人多之處去找這類人。大學教授做研究，常常把普通必修課的教室當作抽樣的自然場合。

以上兩種樣本，比較適合目的在尋求新知及啟發新見解的研究，對定律與理論的建構，則不甚有用，因為根據它們所獲的資料，不能作為通則化的充分基礎。但是，這兩種抽樣有很多優點，諸如費用低、不必仰賴訓練良好的助理人員、可提供對現象的不同角度的認識。科學的發現必須能經得起重複試驗，由此種樣本所做的研究，最好能用其他的抽樣重做，視其結果如何。

⒞利用配額樣本的目的是求取新知與通則化兩者。建立配額抽樣的步驟

如下：①依照若干特徵（諸如年齡、職業、居住地區、宗教……等）將研究者欲通則化的母體分類；②決定母體中具有每一項特徵者之比例（此可藉考查最近的人口普查資料得知）；③決定樣本中具有每項特徵者的比例；④每一位訪員被分派固定的配額（即他將訪問的各類人）。例如，某訪員的配額為三位月薪在八千元至一萬五千元之間的閩南裔男子，兩位外省籍家庭主婦，五位二十歲至四十五歲之間的客家男子……等。有些研究者按少數特徵把母體分類，有些則按很多特徵這麼做，但無論如何，原則上，樣本是根據其所選擇的特徵呈現的母體的翻版。

　　配額抽樣的缺點是它過分依賴研究者與訪員兩者的個人判斷。因此，偏見幾乎無法避免且難以控制。研究者選擇的特徵可能與其研究的問題無關：譬如閩南與客家之分在十年前的選舉中可能是造成差異的因素之一，在今天，可能已不重要，把它當作一項特徵，來做選舉或政治態度的研究，可能不甚適當❷。訪員的判斷造成的問題更加嚴重；一位偷懶的訪員可能以最不費力的方式完成他的配額：要找天主教徒，他可能在彌撒完畢後等在教堂門口；找佛教徒，可能去和尚寺。如此找到的人，是否為具有這項特徵的整批人中最具代表性者，殊成疑問；倘若具有該項特徵的人，在其他的態度與行為方面，都很相似，這種選擇也許不致構成問題；倘若不是如此，則配額抽樣的險率就很可觀了，而且更糟的是研究者也無法估量其險率。

　　配額抽樣，假如其選用的特徵確實能預測態度與行為，是很有用的；它是很經濟而且能產生正確結果的；倘若聘用的訪員適當，也可減少其個人判斷造成的弊害❸。

---

❷　這純粹是一個舉例。此一區分在今日的臺灣地方政治上是否重要，是一實質問題；必須經過「研究」，才能作斷言。

❸　若干研究機構也發展出一些控制配額抽樣的方法，使其更接近機率的抽樣。有人稱此為「配額的機率抽樣」（probability sampling with quotas），見 David C. Leege and Wayne L. Francis, op. cit., p. 119.

　　⑶另一種非機率抽樣是判斷的抽樣 (Judgmental Sampling)。又稱為立意抽樣 (Purposive Sampling)。在探測團體或社區的人際往來過程的研究中，這種抽樣常被採用。當研究者想獲得關於人際關係的資料或團體內友誼與影響力的情形之知識時，他必須依賴消息提供者；當他想獲得進一步的資料時，又會按照消息提供者供給的情報，去找尋新的消息提供者……。由於消息提供者以此種方式逐漸增多，故判斷的抽樣的一型可稱為雪球抽樣 (snowball sampling)。

　　它的另一型是所謂典型──即研究者選擇一個最具代表性的單位來作個案研究時，所作的抽樣。

　　㈡機率的抽樣可分為：⑴簡單的隨機抽樣 (Simple Random Sampling)；⑵間隔抽樣 (Interval Sampling)；⑶分層隨機抽樣 (Stratified Random Sampling)；⑷叢集抽樣 (Cluster Sampling) 及⑸多階抽樣 (Multistage Sampling)。

　　⑴簡單的隨機抽樣：在此種抽樣中，「母體」中的每一單位被抽中的機率是相等的。此種抽樣的條件為：⑴當所有單位均可一一識別，加以核算，具有統計上的獨立性 (statistical independence)；⑵當每一個別單位具有與任何別的單位中選的相等機率；及⑶當每個「單位組合」與任何其他「單位組合」具有相等的被選中的機率。假如我們從人口普查的名單上抽出 n^{th} 人士，或從統計簿隨機數值表上抽出定額數字，都是簡單的隨機抽樣。簡單的隨機抽樣與非機率的偶然抽樣不同在於前者是事先有計劃的，後者則不然。

　　⑵間隔抽樣又稱系統抽樣 (Systematic Sampling)，研究者藉隨機數值表之助作簡單的隨機抽樣，有時是很麻煩而不經濟的。在這種情形下，他們寧可作間隔抽樣，間隔抽樣的性質大體上與簡單的隨機抽樣是很相似的。在作這種抽樣時，研究者必須先知道母體的大小，然後他決定欲獲得的樣本的大小。選擇間隔值 (selection interval)，k 為母體 N 被樣本 n 所除所得的。接著研究者可從隨機數值表上選擇一個隨機起點 (random starting point)──為 k 或小於 k 之數。每一抽樣單位為隨機起點或前面之數值加 k。例如：設母體含三千單位，欲抽的樣本為三百單位，k = 10。假如隨機起點為 5，則研究者選擇

的單位之編號為 5, 15, 25, 35……2995。

　　當母體甚大，樣本也大時，此種抽樣是頗經濟的。但間隔抽樣有一個頗大的缺點，就是不能排除週期性 (periodicity) 產生的危害。所謂週期性是指選擇的單位一再呈現某些特徵，而這些特徵正好是間隔值所具有的。在一項關於美國社會階層的早期研究中，兩位學者選擇一九三二年至一九四二年間六月份的紐約時報星期日的結婚啟事作成抽樣。他們發現只有基督新教徒的結婚，結論說：「紐約市的上層階級極大多數是基督新教徒。」此一結論立刻引起別的假設，諸如紐約時報拒絕刊載別種信仰的人之結婚啟事……等。後來，一位學者指出：「猶太教徒由於宗教儀式的理由，六月份是不舉行婚禮的」，查閱其他時期的結婚啟事發現猶太婚禮也甚多 ❹。這是週期性的危害之一個顯例。

　　為了避免由於「週期性」產生的危害，研究者不妨使用不同的隨機起點。譬如在前述母體為三千單位之例中，前面自 1 號至一千號，可以 5 作為起點；自一千零一至二千，則起點可定為 3……等。

　　⑶分層隨機抽樣：當我們清楚知道每一單位就某一重要變項之數值時，利用分層隨機抽樣是很理想的。把整個樣本分割入不同的層級，並在每一層級內隨機抽選個案，可減少抽樣的誤差，甚至可減少需要應用的個案之數目。分層隨機抽樣可區分為比例相稱的分層隨機抽樣 (proportionate stratified random sampling)、比例不稱的分層隨機抽樣 (disproportionate stratified random sampling) 與至宜分配比例不稱的分層隨機抽樣 (optimum allocation disproportionate stratified random sampling)。

　　⑷比例相稱的分層隨機抽樣：研究者必須事先知道決定分層所憑藉的變項，每一個案應屬何層級，因而他可決定每一層級係由母體的百分之幾組成。（例如：教育程度為決定分層之變項，茲有一百人組成的母體，二十人為大

---

❹　原例見 John H. Mueller and Karl F. Schuessler, *Statistical Reasoning in Sociology* (Boston, 1961), p. 355. 引自 David C. Leege and Wayne L. Francis, Ibid, p. 123.

學程度，五十人為中學程度，三十人為小學程度，研究者在建立分層抽樣前知道此點，則他可決定層級甲為母體的百分之二十；層級乙為母體的百分之五十；層級丙為母體的百分之三十等。）當他在每一層級中就母體的部分隨機抽樣時，也須顧及該層級在整個母體中的比例（倘若樣本為十人，則層級甲為二人，層級乙為五人，層級丙為三人）。此種抽樣的優點為它是極富代表性的，而且由於可輕易地核算每層的變異性與平均值，故適宜於精細地分析每一層級。其缺點為倘若某一層級的個案數目太小，則變異性可能依舊太高，不適於精細分析；倘若一個層級具有高度的同質性（即個案在各種變項上相似程度甚大），則可能不必抽取比例相稱的單位，較少也就可以。

　　(b)比例不稱的分層隨機抽樣：研究者建立樣本的步驟如(a)，但每一層級的樣本抽取的方式不按比例。例如在一較小的層級中抽取編號為 10, 20, 30……者，而在一個較大的層級中抽取編號為 50, 100, 150……者。這樣，就不至於產生一個太小而無法精細分析的層級。但是使用此抽樣時，欲正確估量整個樣本的性質，研究者必須把每一個案的數值重定，然後才可相加。譬如說小層級中每一單位核算為 1，而大層級則需算作 5 等等。

　　(c)至宜分配比例不稱的分層隨機抽樣：與(b)大致相似，但每一層級中樣本的大小是由層級內的變異性決定的。倘若層級的同質性高，則它與母體比例是大或小並無影響，抽出一個較小的樣本即可；倘若層級的異質性高，則必須抽出相當大的樣本（如層級很大，則需抽頗大的樣本，就是一個小的層級，也得抽出一個按比例並不太小的樣本），才可達到與同質性高的層級相等的變異。此種抽樣的效度甚高，也很節省；但研究者必須對劃定層級的變項具有充分的知識，才可開始抽樣，此種知識必須來自戶政資料，不是輕易可取得的。

　　在作上述(b)(c)兩種抽樣時，一項惱人的事是決定使用什麼變項作為劃分層級的標準。理論上，選擇「理論」作用最大的變項（即似乎能解釋最多的關係的）。譬如，我們的目的是研究政治信仰，教育程度似乎比居住地區更能解釋有關的種種關係，則選擇教育程度。然而，實際上，有兩個困難：(甲)有

時我們無法事先清楚知道每一單位就此主要變項而論所處的地位；㈡選擇此主要變項多多少少靠主觀判斷，有時在研究過程中，發現其他的變項可能更重要，更適合作為劃分層級的準則。

⑷叢集抽樣：叢集抽樣比分層抽樣更易產生誤差，它只是在研究者對母體缺少資訊，而且經費與助理人員都不足時使用的；當單位分散各處時，它也常被使用。若干單位合成一個叢集，但不是由於它們之間具有分析上的共同性，完全是因為地理上接近或在同一張排列表上。研究者為每一叢集編號，並隨機抽出若干叢集。然後他又從每一被抽中的叢集中隨機抽出固定數目的個案。例如：我們欲從十萬單位的母體中抽出五百個個案的樣本，可先把母體分成二百個叢集，每一叢集含有大約五百個個案；然後抽出五十個叢集，最後，在每一叢集內，隨機抽出十個個案。從上例中，我們可知每個單位獲選的機率並不相等；在第二階段中，未被抽中的叢集中的單位被抽中的機率為零。

叢集抽樣在減低變異上，並不理想，但它有兩種好處：一是減低費用；另一是對於選舉行為的研究，可補分層抽樣的不足：選舉行為的決定因素，不僅是選民的社經地位，而且是其鄰居地區 (neighborhood) 的影響力量，分層抽樣側重前者，叢集抽樣強調後者，它能加強研究者描述與分析鄰居地區的能力。

⑸多階抽樣：由於社會或政治現象可從不同的層次去探討，抽樣的程序也可設計成多階的方式，以配合研究的需要。倘若我們研究世界上的傳統社會，我們可先隨機抽出一個包括若干國家的樣本，然後隨機抽出一個包括若干區域的樣本，接著隨機抽出一個包括若干村落的樣本……最後隨機抽出包括若干個人的樣本。倘若某一層次的樣本必然是從較高層次的已抽出的單位中選出的，便是多階抽樣；倘若這些樣本是獨立抽出的，譬如抽出的區域不一定為已抽出的國家之轄區，則不是多階抽樣，僅是不同層次的一些抽樣而已。

多階抽樣有幾項優點：⒜較低層次的單位隸屬於較高層次的單位，可避

免過分分散，這樣蒐集資料的費用可以節省，並且增加估計的效度。(b)社會分析的基本觀念是不同層次乃是互聯的，多階抽樣符合此種觀念，有利於假設的試驗。但是，多階抽樣中，每一個人的抽中機率很不相等，並且抽樣誤差率相當高❺。另一項嚴重缺陷是研究者必須具有特別卓越的技能與訓練。甚至需要一位良好的統計專家之協助，才能有把握地使用此類抽樣，否則很難避免單位選擇與資料分析上重大的錯誤❻。

㈢混合的抽樣型式：選擇抽樣的型式，是由研究目的、抽樣理論，與經費人力等複雜因素決定的，因此，有時我們無法逕自使用原則上最適當的抽樣，而必須達到某種妥協：一種混合機率與非機率抽樣的特質的型式常被採用；尤其當研究者在其分析中，需要考慮結構的與關係的性質 (structural and relational properties) 時，混合的抽樣是頗有用的。

參、抽樣的選用與判別

在眾多的抽樣型式中，研究者如何選用適當的一種？當我們去判斷別人研究的抽樣時，如何決定其優劣？這些問題的回答必須從裁定抽樣的準則中去尋求。

兩位美國學者曾經把最高的準則，臚列如下❼：「㈠抽樣必須使研究者能作概括整個理論上有關的母體的論斷；㈡抽樣必須給予包容在內的任何單位（諸如個人、互動、國家、文件等）或任何單位組明確的機率。㈢樣本不能

---

❺　見 Johan Galtung, *Theory and Methods of Social Research*, rev. ed. (New York, 1969), pp. 57–58.

❻　見 David C. Leege and Wayne L. Francis, op. cit., pp. 130–131.

❼　本節的討論，主要是依據 David C. Leege and Wayne L. Francis, Ibid, pp. 99–115.；並參考 Johan Galtung, op. cit., pp. 40–66. Leon Festinger and Daniel Katz, (eds.) *Research Methods in the Social Sciences*. (New York, 1953).

太小，至少應能：(a)作關於母體的特徵（諸如各類的總數、平均值、分配等）之估量，並能達高度的精確與信度。(b)當研究者將樣本分解俾作比較分析時，能作母體的次級之特徵（諸如黑人的平均值、白人的平均值、共和黨員的年齡分配等）的估量。㈣抽樣不能太大，至少應能：(a)達到效度——即能充分利用抽樣理論及對母體原有的知識，但仍能產生理論上有關的資料。(b)保證經濟——即不超支經費，但仍不致粗製濫造。(c)保證資料蒐集的速度——即妥為運用可獲得的資料，蒐集者得以排除因歲月與新陳代謝而產生的外在的變異之因❽。」

我們擬就此數項準則，加以申說如後：

㈠理論的考慮：抽樣的目的，是為建立涵蓋母體的概括性通則，研究者必須注意四事：(1)樣本包含的單位其分析層次是否適當？(2)抽樣的場合是否有收獲？即該場合能否抽出數量足夠的適當的個案？(3)抽樣的場合是否適宜？即該場合能否讓研究者試驗對抗的可能假設？(4)抽樣的場合是否適宜？即該場合能否讓研究者控制因果假設中所定的時間序列？

分析層次：由於在社會科學中，我們探討的興趣是單位的性質，不是單位本身；而且，整體常常藉部分的性質來呈現；分析層次遂成為一個必須注意的課題。當我們研究一個國家、一個政黨、一個組織時，我們常藉居民或成員的性格特徵來描述（這是一個好戰的國家、富有朝氣的政黨、效率不佳的組織等）；同樣地，當我們描述個人時，也常涉及其所歸屬的集體（諸如民主國家的領袖、中產階級的子弟……等）。甚至無生命的物也以類似手法處理。把較大的單位化約為較小的，或從部分合成整體，在社會科學中頗為常見。但在抽樣時，這可能產生嚴重的困難：即資料與理論所定的分析層次不能配合。

大體說來，「單位」可用五種方法來描述❾。描述一個較高單位（higher

---

❽　David C. Leege and Wayne L. Francis, op. cit., pp. 99–100.

❾　關於描述「單位」之法，有人認為有四種 (Leege and Francis)，有人認為六種

level unit 或 super unit），只指涉其本身，不必涉及較低單位，則單位的特徵叫絕對或全體的屬性 (absolute or global properties)。絕對屬性描述單位是自足的，不需要關於次級單位的知識。例如：「這機關存立已十二年了」，「國會通過都市計劃法」。在此二例中，指涉的特徵或行動是整個單位的屬性。當研究者只想獲得較高單位的知識，全體的屬性是足夠的，其隱含之意是不關心其所屬的次級單位；此限制了研究者探討的問題的種類。然而，在社會科學中，全體的屬性是不夠用來分析的。研究者總想知道都市計劃法是如何通過的？那些人反對？那些人贊成？是不是達成一些妥協？……等。

　　當較大單位中的較小單位是用所有單位都具有的特徵描述，而這些特徵是從任何一個中都可獲取的，這種屬性叫做分析的屬性 (analytical properties)。舉例來說，我們可說一里的年齡分配，因為人人都有年齡。年齡這個屬性是高級單位（里）以內的次級單位（居民）統統具有的。分析屬性是按較小單位擁有之屬性的分配表示的。但這種分配是用來形容較大的單位的。（如甲國是一個年老的國家，乙國是一個年青的國家。）

　　當試驗的理論指出分析屬性是需要的，高級與低級單位都應抽樣。低級單位的資料可用來確定每一高級單位的分配的特徵。譬如我們把鄉（鎮）作為高級單位，調查每個家庭的收入了解分配的型式，然後把不同的鄉（鎮）以富裕、小康與貧困等特徵來描述。

　　當描述的是較大單位中的較小單位間人際的互動，這互動就叫關係的與結構的屬性 (relational and structural properties)❿。例如「開放的」社會、議員間的「互惠」、某甲對某團體行使「領導」等。就此種屬性而言，兩層抽樣

(Lazarsfeld and Menzel)。我們採取 Johan Galtung 的分法。見 Galtung, op. cit., pp. 40–41.

❿　若干學者把此二者加以區分：指涉同級單位的組（若干同類單位結合為組）之結構時，謂之關係的屬性；指涉次級單位組的結構，謂之結構的屬性。我們並不加以區分。

的問題不易解決：從官方公布的出版品或調查研究中獲得的個人與集合資料，足夠構成全體的與分析的屬性，但關係的屬性是基於人際「互動」，這是抽象的觀念，並非附著於單位本身的。研究「互動」必須作更複雜的推斷：研究者必須賦予人際接觸以意義或洞察行動者心目中的意義。普通都藉向行動者提出問題或利用消息提供者來探究。在此情形下，抽樣單位已不再是個人，而為若干人的「關係」（至少二人），抽樣的困難與可靠性的難以肯定是顯而易見的。

倘若描述是藉指涉同類的其他單位為之，則稱為比較的屬性 (comparative properties)。例如「序列」(ranking)，雖然測量是對單位本身所作，但是必須涉及同類中的其他單位，才可決定。把絕對分數改變成百分比的分數為另一例。

系絡的屬性 (contextual properties) 是藉較高單位的環境來描述較低單位。例如「貴族學校的學生」、「違章建築區的居民」……這些都是用大環境中的某一特徵來描繪個人。系絡的屬性可指較大單位的任何全體的、分析的，或結構的屬性。但我們要特別注意的是並非每一個以系絡的資訊「描繪」的較低單位都具有此特徵及其相關特徵：不是每一個違章建築區的居民都住在違章建築內；也不是每個該區的居民都是窮困的。不是每個貴族學校的學生都出身富家，或者具有富家子弟的習慣等。換句話說，系絡的屬性來預測較低單位的屬性，並不百分之百地正確。

系絡的屬性也需要兩個層次的抽樣。用較低層次抽樣獲致的資料可「描述」較高單位，但是，如用較高單位抽樣所獲材料來試驗關於較低單位的假設，就可能導致「層次不當之誤」(fallacy of the wrong level)。蓋爾敦 (Johan Galtung) 曾指出從美國都市黑人區的犯罪統計，確可認定其犯罪率是高於白人區的。因此欲建立一個社區與犯罪關係的理論，不妨利用系絡資料；但是，絕不能使用此種資料來試驗關於個人的犯罪行為的假設（諸如黑人比白人更具有犯罪的性格）。

抽樣場合：抽樣場合的選擇是抽樣的第二項理論性重點。我們在選擇場

合時，必須注意欲探究的行為是否適量產生，不是太少，也不是太多。譬如研究者欲探究家庭教養與學生的激進思想間的關係（即所謂「史普克醫生論點」❶），他就不應該在一個激進學生在全校學生中不超過百分之二或三的學校中從事研究，因為在這種情形下，他恐怕只能抽出屈指可數的少數激進學生，個案不足以作深度地分析；他也不宜在一個百分之八十或九十的學生都是激進份子的學校中從事抽樣，因為如此他可能無法獲得一個夠大的非激進學生的樣本以資比較。

試驗對抗性假設：我們選擇的抽樣型式，應能有助於試驗對抗性假設（即與我們研究設計中所定的假設不同，但邏輯上可以存立的假設）。例如學生的激進思想，除家庭教育外，也可能是由於教授的影響（右翼份子的說法：「激進的教授造成激進的學生」），學校行政當局的官僚作風（自由派的觀點：「學生的激進是對學校行政當局的官僚作風的反應」）。總之，我們的抽樣，假如只能把兩個變項（家庭教養與學生激進）表現出來，仍是不足，應能把其他的變項（如學校行政當局的作風，教授的「思想」……）均作適當的呈現，才算適當。為了試驗對抗性假設，有時還需蒐集時間序列的縱形資料，譬如對一個在某段時期行政當局作風「開明」，而在另段時期作風「官僚化」的學校的不同時期學生作抽樣等。

時間序列：因果解釋往往涉及時間的序列，效果的發生必定在後，而造成它的因必定在前。我們的研究，如目的在獲致因果解釋，在研究設計中應留意對時間序列的控制，抽樣中也應顧及。試以麥克里蘭 (David C. McClelland) 的著名研究為例，加以說明，他假設國家現代化是由於人民的「成就動機」(need for achievement) 引起；假如他使用同一時期的資料來研究就絲毫不能「證明」，在他的伊朗與土耳其的比較研究中，關於「現代化」與

---

❶　一九六〇年代，美國許多大學生，思想激進，有人認為是其家庭教養方式（父母管教過鬆）所導致。史普克 (Dr. Benjamin Spock) 為主張父母應讓兒童自由發展的著名小兒科醫師。

「成就動機」的資料相距二十年，因為有了動機後，需二十年努力，才具現代化的後果，這樣他的假設就較能站住了❶❷。

(二)機率 (probability)：機率的抽樣使研究者能預估其樣本的代表性（即它的特徵符合母體的程度）；當然，若干經驗豐富的專家，對其關心的母體極為熟稔時，也能憑本能判斷樣本的值，但這種方法，別人無法照做，是不合科學的要求的。

(三)樣本大小 (sample size)：樣本大小的決定與我們期望的研究精確度有關。倘若母體中的每一單位都相同，我們只要一個單位的樣本就可建立通則：細胞學者只要研究某一大類細胞中的一個即可。然而，社會科學家感興趣的母體是異質性的，因此必須抽出較多的單位，才能對母體的一些「性質」——諸如平均值、比例、分配等——獲得較多的了解。

以抽樣理論的術語說，樣本大小是變異度 (variability)、精確度 (precision)，與可信度 (confidence)❶❸等的交互關係決定的❶❹。

(四)效度：樣本的大小，不僅應由抽樣理論決定，而且也須顧及實際的考慮——諸如財力、人力與時間。

抽樣理論並不規定研究者非要使用大的樣本不可。樣本的大小須看我們欲求取的精確度與信度，也須看母體的變異程度。倘若母體的同質性高，就不必抽取太多單位。

抽樣也應顧及研究的經費。許多社會科學研究者對公私機構都不肯提供足夠費用給社會科學研究（經濟學也許是唯一例外），都感到不甚滿意，但這

---

❶❷　見 David C. McClelland, *The Achieving Society* (Princeton, 1961).

❶❸　倘若我們發現抽樣的選民中百分之六十願意某甲當選，我們希望知道這是否代表全體選民。抽樣理論無法顯示此點。但它能定出一個範圍，在百分之六十左右，別的樣本所值會落在此範圍內（此即精確度），它也能告訴我，我對自己的發現不致落在範圍外可具有的信心之程度（此即可信度）。

❶❹　此交互關係可用公式表示：$\sqrt{樣本大小} = (變異度)(可信度)(1/精確度)$。

是世界各國普遍的現象，也很難改變，我們只得接受，社會科學者與其發牢騷，倒不如設法把有限的金錢作最妥當的運用。在抽樣方面，我們尤應注意經費的節約；樣本大小的控制是關鍵所在。樣本大小的決定，也應從研究目的去衡量：假如研究是為了獲取新知，則樣本不宜太小，因為個案太少，就無法作深度的比較分析；假如是為了通則的建立，則必須視母體的異質性的程度，減少不必要的樣本個案之數目。

　　抽樣也應顧及訓練有素的資料蒐集人員是否充分。假如缺乏足夠的人員，在較短的時間內，完成資料的蒐集，則樣本不妨小些。樣本大，即使能減少些抽樣的誤差，但由於測量的誤差增加，可能使整個誤差反而增加；此外，由於變異的若干因素是與時間有關的——如樣本中個案的隨歲月而消逝等，故蒐集資料應盡可能迅速完成，此點也足以限止樣本的大小。

第十四章　量度、測量與量表

　　理論與定律都是概念聯結而成的，我們研究的目的既為理論或定律的驗證，實際的研究運作乃是藉探討概念間的關係而完成的。概念存在於人的想像中，必須指涉可觀察與量度的實在事物，才能產生研究的果實。因此，倘若我們說某次研究已驗證了某一理論，其含義之一是研究中量度的實在事物符合研究者想像中的概念。

　　然而，要肯定此二者相符，即量度的事物確可代表概念，不是很簡單的。這涉及一個重要而棘手的問題，即所謂正確量度的問題 (problem of accurate measurement)。

　　另一個量度的問題，在社會科學，尤其政治研究中，常常不易解決，是嚴謹量度的問題 (problem of precise measurement)。

　　本章主要是討論這兩個問題及其應該如何處理的。第一節是關於政治研究中量度的基本常識；第二節討論正確量度的問題；第三節討論嚴謹量度的問題；第四節討論量化的問題；第五節討論量表的建構與選擇。

壹、政治研究與量度

　　政治研究，需要運用的概念，有些甚為抽象，有些界定不易，而大多數都是多層面 (multidimensional) 的，量度它們頗不容易❶。如何在實際研究

---

❶　此外，若干概念的界定，可能涉及客觀與主觀的兩面，例如「社會地位」，可指客觀的，以職業、教育與收入為指標決定的，也可指問卷答題人或訪談的被訪者自己主觀決定的。

中，解決量度的困難？

這有兩個相聯的步驟：首先概念必須以指標 (indicators) 表示❷，其次再作量度。

欲把概念化為指標，學者們往往採取兩種策略。第一種策略可稱為「經驗的策略」(empirical strategy)。運用這種策略的研究者，並不花費太多工夫於詮釋概念的含義，他只以最粗略的觀念為出發點，然後選擇一大堆指標，這些指標有些能界定它，也有些可能只在表面上界定它。他依據這些指標蒐集資料，概念的內涵是藉資料決定的。研究者可能對指標運用因素分析 (factor analysis) 等統計模式以減少其數目，剩下來的他才給予名稱，並構成概念。此策略的缺點是無法斷定他所抽樣的指標是否足以窮盡概念的涵義。

另一種策略叫做理性的策略 (rational strategy)❸。首先，研究者審慎地詮釋概念的含義，他自別人的理論性著作中找出他們賦予該概念的一切意義；其次，把概念與相關概念的關係抽繹出來，以期達到：可藉對相關概念的量度來證實某一概念量度的實效。然後他設法發展一種工具能提供概念與相關概念適當的量度，並用實證的技術來改進這些量度。例如，一位學者在運用「業餘政客」(amateur politician) 這概念時，他自文獻中抽繹出二十四項關於該概念的事物。這些事物是被認為係業餘政客對黨性的觀點與職業政客的觀點的差異。然後，他對一批黨員的樣本加以分析，捨棄其中十項。接著，他試驗以他所創「業餘性」十四點量度所作的結果是否符合根據理論所作的預測。

❷ indicators 與 index 二字，本書中都叫作指標。我們可說若干相關的 indicators 構成一個 index。嚴格說來，indicators 可叫做指示項，但由於習慣上不用。本書中使用 index 時，必註上英文 index。

❸ 此為 Fiske 與 Pearson 所創用的名詞。原文見 Donald W. Fiske and Pamela H. Pearson, "Theory and Techniques of Pearsonality Measurement," *Annual Review of Psychology*, 21 (1970), pp. 49–86. 引自 David C. Leege and Wayne L. Francis, op. cit., p. 136.

有人又把理性的策略分為全面的理性策略 (global-rational strategy) 與分立的理性策略 (separated-rational strategy) ❹，上例為前者。使用此策略的學者假定他使用的指標已可窮盡探討的概念的全面。利用後一策略者認為抽象的概念大多是多層面的，因此，他把它分立成若干面向，為每一面向發展量度，把不同的方面之相關性確立，發展出總分，並找出每一面向在總分中所佔的值。他可能使用不同的技術產生不同面向的資料。卡塔杜等人的布法羅研究可作為此策略之例：他們對傳統的「政治參與」概念忽略了許多抗議性活動（尤其是黑人的）感到不滿，遂發展出一套研究策略，把「政治參與」劃分為「傳統的參與」與「抗議活動」兩面向，加以探討 ❺ 。

大多數方法論者認為政治學中的概念，極少可藉單一指標表示的，因此，對於目前仍有研究者以單一的指標 (indicator) 代表概念所作的研究，不免不以為然。方法論者的看法是㈠政治學上理論性重的概念必然抽象，不可能用單一指標表示；㈡由於我們的量度不可能免於誤差，依賴單一指標是不智的。

然而，是否複數指標中每一個都具有相等的免於量度誤差的能力？心理學家在量度態度與人格時，往往使用同類的複式指標：被調查的對象需對同樣的刺激——諸如一句問卷上的言語，隨後限定記載「同意」或「不同意」等——產生反應。每個反應可視為一個指標，自一組反應中，研究者設法測驗他的某一人格特質或性向。一切反應混合成一項量表積分。這種同類的複式指標似乎頗能減少量度的誤差，尤其當測驗的結果顯示相當程度的諧和與一貫性時，更能給人這樣的想法，然而，它卻不能免除由測驗方法本身造成

---

❹ Ibid.

❺ 參閱 Baffalo Survey (1968), conducted by Everett Cataldo, Richard M. Johnson, Lyman Kellstedt, Lester Milbrath, Albert Somit, Sponsored by the Office of Economic Opportunity, 1966–1968. 關於該項調查的主要發現，也可參閱 L. Milbrath and M. L. Goel, *Political Participation: How and Why Do People Get Involved in Politics?* 2nd ed. (Chicago, 1976), pp. 11–20, 49–78, 116–121.

的得分。為期控制量度方法的效果，我們應使用至少兩種量度方法，譬如量度人格特質，除問卷外，也應對樣本作臨床觀察或設計某種模擬的「遊戲」來量度同一特質。

總之，「當我們使用複數指標──有些是同類的，但別的是基於別的運作方法的──時，確實的量度比較有希望獲致❻。」

貳、正確量度的問題

如前所述，由於社會科學中，較有理論重要性的概念，都是不能直接量度的，而且多半是多層面的，這使得正確量度──就是使量度與概念達到高度的符合──成為無法輕易獲致的事 。 我們必須探討如何去接近「正確量度」，才能避免太嚴重的誤差。然後，隨著研究經驗的增加，量度的正確性也可改進。

正確量度的問題，可從兩方面去探討：量度之信度 (measure reliability) 的問題與量度之效度 (measure validity) 的問題：

㈠信度 (reliability)：倘若我們重複測量，結果每次一樣，則測量所用的量度是具有信度的。例如，一連數天，我們詢問一人他是否已婚，他的回答天天不同，則關於他的婚姻狀況的量度是不可靠的，也即缺乏信度的。

在社會科學的資料中，信度成問題的來源很多。官方的統計資料之缺乏信度，可能是由於文書員不慎抄錯、因顧及宣傳效果而有意犯錯，或分類的界定在不同時期的變異（譬如國防經費，有時可指軍事費用加軍事學校的經費，有時又可能把軍事學校的經費劃為教育經費；一次選舉中的總票數有時可能指「廢票包括在內的所有選票」，另外的時期可指「全部有效票」）。問卷中的態度量度也可能缺少信度，因為有些問題答卷者不能充分理解，他可能在不同時期，對之作不同的解釋；答卷者或訪談中的被訪者也可能不認真，

---

❻　David C. Leege and Wayne L. Francis, op. cit., p. 140.

隨便回答；不誠實的訪員可能假造訪談內容，矇騙研究者；把回答登錄時（不論是訪員的筆記，或打卡員的打卡）都可能發生手民之誤。

以上的信度問題涉及者都是概念與量度間的關係，概念本身的真正的值之不定也可能使量度成為不可靠。就以婚姻狀況的量度來說，有些人某段時期結婚，另一段時期離婚，此就成為信度問題的另一來源。

信度的欠缺是研究的障礙，應設法消除。研究者除了謹慎（小心校對以發現手民之誤，問卷應作預試以修正欠妥的問題……等）外，可使用數種核對一個量度是否可信的方法：(1)試驗——重試信度核對法 (test-retest check for reliability)：此即把同一測量，在經過適當時間後，重做一次。倘若第二次的量度與第一次極相符合——即經過某段時間後，量度仍是穩定不變——就是具有信度的。此法的缺點是無法區別不穩是因被測量的概念本身不可靠所造成的，抑或測量過程所造成的。另一種核對是對分信度核對法 (splithalf check for reliability)：當一個量度是由一組項目組成——即這些項目混合以形成量度——（例如「社會地位」的量度，是由個人收入、職業、教育、住宅的類型與面積，與居住地區……等合成單一的量度）時，此法核對特別有用，並可避免前法的缺陷。作此核對時，研究者把這些項目對分為兩組，就每組作成一個混合「量度」。由於所有的項目都被認為是同一事物的量度，這兩個混合量度應該大致相符。自兩者相合的程度，我們可核對所有項目的混合量度的信度。

以上兩種核對法各有利弊，第一種有助於發現多種來源（尤其是測驗過程）的不可靠性，第二種則能幫助研究者核對由概念本身引起的變動。

(二)效度 (validity)：效度指量度反映概念的確實程度。倘若一個量度真正反映概念，它是有效的。一個量度可能有效，但卻缺少信度；它也可能有信度，但卻無效。倘若它在多次測驗中，產生同樣結果，它是具有信度的；然而它可能在每次測驗中，都以同一方式歪曲了概念，因此無法忠實地反映概念。

我們試舉一例：倘若我們使用「公布的軍費之增加」（量度）來測量「軍

備之增加」（概念）。我們發現下列事實：若干蓄意侵略的國家，如一九三〇
年代的納粹德國，軍備增加，但卻不公布軍費的等量增加（必定以少報多），
而另一些害怕被侵的國家，則公布其軍費之等量增加。基於此事實，我們可
說該量度是具有信度的（因為蓄意侵略之國家與害怕被侵的國家數年內行為
都是一貫的──以少報多與正確公布），但卻無效（因它不能忠實反映概念）。

　　量度無效可在數種情形下造成：樣本缺乏代表性：例如以報紙的讀者投
書作為民意的指標，因為投書者不見得是民眾的正確代表，其意見不是「民
意」的有效量度；學者專家的座談會中表示的意見也不應視作「民意」的正
確反映，故這種「意見」也不能視為民意的有效量度❼。

　　在美國蓋洛普以前的早年民意測驗史上，曾發生一件令人發噱的妙事，
即文學文摘 (*Literary Digest*) 雜誌社的私辦測驗❽。自一九二四年開始，這家
當時財源鼎盛的雜誌社，必定在總統大選年舉行民意測驗；它寄給每個電話
簿上列名的人與監理所登記有車的人一張「選票」，儘管只有百分之二十的樣
本寄回件，但該雜誌每次均可收到兩百萬封以上的回信。在多次選舉中，其
「預測」（其實不是真正的預測，姑且名之）相當準確，但一九三六年鬧了大
笑話，它「預測」羅斯福將大敗，結果是羅氏的蟬聯與該雜誌的倒閉。

　　該雜誌社的樣本不能代表美國人民，由於⑴主要是上層與中產階級份子
組成的，在當時，美國人擁有電話與汽車還沒有今天那麼普遍，以這些物品
的擁有為抽樣的標準，顯然不能產生具代表性的樣本；⑵寄回郵者都是對此
事特別感興趣的。答覆率既然只有百分之二十，樣本的代表性就更成問題了。

　　顯然地，自一九二四年至一九三二年，美國社會處於「承平時期」，中產
階級的積極份子投票行為與國人並無太大不同，其想法為全國人民投票的真
實量度，但是，一九三二年至一九三六年，羅斯福實施新政，使較窮的人對

❼　但可視作構成有效量度的一項成分 (component)。
❽　參閱 Claude E. Robinson, *Straw Votes: A Study in Political Prediction* (New York, 1932).

他的支持增強，並形成較富有者與羅氏支持者間的分明的壁壘。因此，自那時起，中產階級的想法已不再是一個具有效度的衡量了。

　　另一種導致無效量度的情形是研究者詢問某一問題，其意義在被問者心目中與他自己的想法不同。泰羅 (Sidney Tarrow) 對法國農民政治參與的著名研究，提供了一個例子❾。許多人一向認為法國農民是不關心政治的。魏里 (Laurence Wylie) 的伐克留斯 (Vacluse) 研究助長此一觀點。當被詢及「你對政治感興趣嗎？」，他們一般會回答：「一點也不」。然而，他們的投票率往往高過都市中其他的集團。既然對政治不感興趣，為何投票率又那麼高？這是泰羅欲解答的謎團。結果發現這是問卷上的問題「你對政治感興趣嗎？」造成的困擾：法國農民把「對政治的興趣」(Interét en la politique) 詮釋為「忠於某個政黨」。因此，許多對政治關心但討厭政黨的農民回答「一點也不」，這個問題遂成為「政治興趣」的無效量度。

　　我們如何才能估計一個量度的效度呢？似乎沒有定規可循。「政治研究的部分技巧就是發展看起來有效的量度的機智與細心❿」。但有兩種策略，可供參考：其一是建構量度時小心翼翼，謹防其無效，欲做到此點，研究者必須審慎地推敲整個測量過程，尤其注意概念與量度間關係會發生偏差的種種可能性。譬如對抽樣時，設計問卷時……應設法避免的錯誤之警覺。另一種策略是作一間接的試探：倘若我們欲決定 a 是否概念 A 的有效量度。若我們深信量度 b 是與 A 強烈相關聯的，我們就可查核 b 是否與 a 相關。假如二者無關，則 a 不是 A 的有效量度。此一策略，雖然主觀，但也不失為可行的查核之法。

　　研究者注意信度與效度的問題，也許可減少造成測量兩種主要誤差：⑴

---

❾　見 Sidney Tarrow, "The Urban-Rural Cleavage in Political Involvement: The Case of France," *American Political Science Review*, LXV (June 1971), pp. 341–57.

❿　W. Phillips Shively, *The Craft of Political Research: A Primer* (Englewood Cliffs, N. J., 1974), p. 56.

穩定或系統的誤差 (stable or systematic errors)（效度的問題）；與⑵不穩定或隨機的誤差 (unstable or random errors)（信度的問題）❶。這對研究的結果，具有莫大的重要性。

參、嚴謹的量度與測量的問題

　　近年來，我國社會科學界，也頗注意資料量化的問題，就是研究政治學的人，也偶爾在私人談話中，討論到「量化」❷，固不論我們的學術界在實際上是否已著手做足夠「量化」的研究❸，這至少表明許多人已留意到「嚴

---

❶　Leege 認為社會科學研究者測量的誤差，共有四類：除系統的誤差與隨機的誤差外，還有個人的誤差 (personal errors) 與詮釋的誤差 (interpretative errors)。所謂系統的誤差，是指由於測量是間接的，是從一組指標推知的，引起的誤差。量度可能只測得概念的一部分，而非全貌，教育心理學家由智力測驗的分數測知一個自不同的文化領域來的兒童的「智力」，可視為一例。隨機的誤差來自答題者或受訪者對測量刺激或情勢作難預測、「怪誕」、「言不由衷」的反應。例如受訪者發現其妻在場，改變了他在「態度測驗」中的回答方式，或者利用文件資料時，因工作過久的疲倦而犯的錯誤等。個人的誤差是因從事測驗者的個人偏見或認知立場造成的。譬如有些人喜歡著重中庸之道，往往忽視兩極的記分，也有些人則重視對比。詮釋的誤差是研究者分析資料時，最易發生。這是由於在比較被研究的對象之行為……等時，「標準」難定造成的。譬如，在釐定「社會地位」的量度時，收入應如何核算？（不同地區，由於生活費用與物價不同，相同「社會地位」的人，表面上收入也許很不同，但如以購買力來估計，收入也許相當接近，但如把收入作為「地位」的指標之一，這種差異如何處理呢？）在很多研究領域，由於標準化 (standardization) 的困難，這類誤差頗難避免。見 Leege and Francis, op. cit., pp. 140–143.

❷　雖然我國政治學界利用量化資料完成的研究，仍舊不多。但是，許多學者對量化的研究，日益重視，大學政治學系都開了統計課程則為事實。

❸　就是在美國，社會科學利用統計分析的研究，大多仍限於兩項變項，多重變項的

謹」(precision) 實在是做學問的要件之一❶❹。

　　測量 (measurement) 的大原則是：「按照你研究的題目之性質，使用盡可能嚴謹的測量；切勿因不嚴謹的測量而浪費了寶貴的資料❶❺。」根據這條原則，我們擬討論兩點：首先，如何做到嚴謹，此為本節的中心。其次，此一原則的違反者不僅包括一切堅拒量化的人，而且，也可能包括那些主張量化一切的人，此為下節（第四節）的重點。

　　嚴謹可分為量度的嚴謹 (precision in measures)（通稱嚴謹）與測量的嚴謹 (precision in measurement)。

　　㈠量度的嚴謹：就是把測量的單位訂得精細。譬如說國稅局在通知公民應納的所得稅時，理論上可採三種方式：⑴某甲的稅金應為三萬五千二百十五元；⑵某甲的稅金應為三萬五千餘元；⑶某甲的稅金應為三萬餘元；此代表三種嚴謹度不同的量度。從稅務的立場看，最後一種可說毫無用處；第二種也不甚佳，但在稅務工作人手不足時，也可使用，因為這樣做，國家損失的稅金（二百十四元左右），也許可從節省的人員薪俸中補回；第一種的優點是很明顯的。

　　原則上，我們不妨說，量度的嚴謹是好的。然而，究竟應達何種程度的嚴謹，是不能一概而論，需視我們想把資料做什麼用途決定：教育局分發兒童進入國民小學，只要把他們分成兩類（某年九月一日以前出生與以後出生）即可，不必按不同的出生時間把他們分成十幾類或幾十類，假如這樣做，教

　　分析，仍舊不多。參閱 Johan Galtung, *Theory and Methods of Social Research* (New York, 1969), Appendix D, "Styles of Social Science in United States, Europe and Latin America," pp. 500–504. 根據此附錄，社會學與心理學為使用統計較多的學科，人類學次之，政治學使用統計較少。不過，此文發表已近十年，此十年中，政治研究利用統計資料增加甚快，尤其可見之於美國政治學評論 (*American Political Science Review*)。

❶❹　我們並不是說以往的學者不夠嚴謹，只是說現在許多人對此具有更高的自覺。

❶❺　W. Phillips Shively, op. cit., p. 62.

育局反而無法作業；安排兒童慶生會的人，必須把一群兒童分成較多的類目
（有時甚至類別之數目與兒童的數目相等），否則家長生氣就要挨罵；做選舉
研究的人，只要把樣本分為基督教徒、天主教徒，及佛教徒……即可，不必
細分為浸信會信徒、長老會信徒……等等；而研究宗教社會學的人，有時就
有細分的必要。

　　就是在理論性的研究中，量度的嚴謹，如果過分，也是不必要，甚至可
能有害的。例如：假定我們研究政治參與與年齡的關係。由於投票者的樣本
只有兩三千人，如果以每一年齡細分，則每類都只有數人，如此各類的投票
百分比一定波動得很厲害如圖 14–1 所示；從這張圖中，我們實難了解年齡

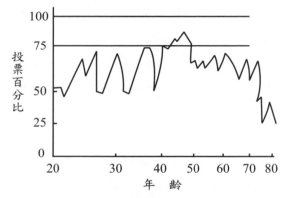

圖 14–1　假想的年齡與投票參與：年齡以年分量度

與政治參與（以投票為指標）的真正關係何在；倘若我們減少量度的嚴謹度，
減少類別，而增加每類的個案（年齡的量度為二十五年而非每年），則波動程
度減少（如圖 14–2），年齡與政治參與的關係也就清楚顯現了❶。如何決定
量度的嚴謹程度？當然，在研究開始時，研究者應該判斷他必須獲得怎樣的
嚴謹度，研究才有結果。此外，資料蒐集的情形也有關；研究者在每一類中
應包括分析必需的個案數目，以擔保他可毋需再減低嚴謹的程度。總之，我
們應盡可能地嚴謹，以免浪費資料；但由於研究的題材所限，我們也只能嚴

❶　即投票參與率隨年齡遞增，至一頂點後，逐漸下降。

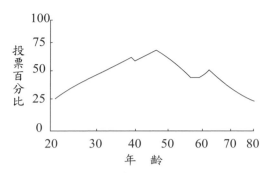

圖 14-2 假想的年齡與投票參與：年齡以二十五年為單元量度

謹到某一特定程度；政治學探討的問題，有許多是很難達到物理科學中的嚴謹度的，學者切忌「削足適履」的作風，為求研究結果的嚴謹，而去曲解問題；或採取避重就輕的態度，為了達到「嚴謹」，規避重要而不易正確量度的問題或資料。

㈡測量的嚴謹：量度的嚴謹，是為了盡可能地保存資料的用途，有時這種嚴謹，可能過分；測量的嚴謹是指測量過程中的嚴謹，也是為了保存資料的價值，這類嚴謹不可能過分，是愈嚴謹愈好的。社會科學家具有不同的測量方法，最好的乃是能把資料保存得最充分的。

測量變項普通有三種方式：最起碼的是把它分類，然後把所研究的對象歸類，此即所謂名分的測量 (nominal measurement)──即把一個名稱歸於所研究的對象。例如，去測量宗教，我們就把一些名稱如「基督徒」「回教徒」「道教徒」等歸之於具有某些行為的人（如星期日上教堂……等）；測量國籍，賦予「日本人」「中國人」「韓國人」……等。名分的測量是把每一個案置於一個變項的清楚明白的類別，但絲毫不能告訴我們這些類別彼此如何相聯。

第二種測量是順序的測量 (ordinal measurement)。這不僅是就某一變項，把個案歸入不同類別；而且是把類別按其所包含的該變項之多少而順序排列。這種測量隱含之意為使用者已大體有一量表的觀念，不過這所謂「量表」只是雛形而已。順序的測量可用下述例子說明：社會學者測量人的社會地位

(social status) 用 「低級／勞工／中等／高等」 (lower / working / middle / upper)；研究美國政治的人測量美國選民的政黨認同，用「強民主黨／弱民主黨／獨立派／弱共和黨／強共和黨」 (strong Democrat / weak Democrat / independent / weak Republican / strong Republican)。

　　第三種測量是最嚴謹的，除了把若干類別按其所含的某一共同變項的多少而順序排列，而且決定不同類別間的距離。為了達到此點，我們必須具有一項共同單位，以便用來量度量表上的距離。在以上兩例中，我們無法找到此共同單位：我們不能說中等階級與高等階級間社會地位之差別是大於中等階級與勞工間社會地位之差別，抑或小於；或是弱共和黨與強共和黨間的差別是否大於弱民主黨與獨立派間的差別。假如我們能發現一個單位來衡量類別間的差距，我們就有了間隔的測量 (interval measurement)。政治學中常見的間隔測量的例為國民生產毛額（GNP，單位為「元」）、選區投票率（單位以百分數表示，如 70%）、戰爭傷亡（單位為人數）……等。

　　以上三種層次的嚴謹度並不互相排斥，而是步步前進；即一切間隔的測量同時也是順序的測量與名分的測量；而一切順序的測量也同時是名分的測量。

　　有的研究者常常為了處理資料的方便，或撰寫報告的權宜之計，把以較高嚴謹度收集的資料降級使用：「年齡」常列為「青年」「壯年」「中年」「老年」等類別，「收入」則列入「低」「中」「高」等類。

　　在上節中，我們曾指出量度的嚴謹，有時可以為了實際的理由，略為降低。然而，關於測量的嚴謹，我們的立場是：應盡可能地達到較高層次。因為我們測量是為了研究兩個或兩個以上的變項間的關係，而利用嚴謹度不同的資料所做的事是大為不同的：利用嚴謹層次較高的資料所能完成的成果不僅較多，而且較有用。從發展理論的觀點看，測量嚴謹度較高的資料是比較有價值的，我們試舉一例以說明此點：倘若我們再沿用上節中的例，研究年齡與投票參與的關係。我們可用三種方式：⑴把年齡當作一個名分的量度單位，這樣我們就可不理排列的順序與類別間的距離；⑵把年齡當作一個順序

的量度單位，就可不理類別間的距離；⑶把年齡當作一個間隔的測量單位，用第一種方式，我們可發現年齡與投票參與間確有某種關係存在：這可由不同年齡類別者的投票率不同看出，倘若此二變項無關，則各類別的投票率應相等才對。因此，我們可以說：名分測量能使我們發現變項是有關的，抑或無關的。這點知識對發展理論的確有用，但用處是相當有限的。用第二種方式，我們就可知道得更多。把年齡的不同類別者排列起來，A 是最年輕的，B 是較年長的，CDEF 依次類推，我們不僅可發現變項是有關的，也可知道關係的型式。此型式如圖 14–3 （此為根據許多國家的投票研究所作的假想圖）。這代表選舉研究的一項相當重要的發現：投票率隨年齡正比遞增，至某一頂點（普通在五十至六十五歲之間），然後逐漸下降。用第三種方式，我們

圖 14–3　年齡與投票參與（假想圖）：年齡作順序量度單位計算

不僅可知變項間的關係及其型式，而且可明白一項變項隨另項變項之改變所作的改變的速率（即投票率隨年齡之變所作的變易之程度）；譬如我們可發現二十歲至三十歲間投票率增加甚速，以後較慢，至五十歲達高峰，以後逐漸下降。從這類資料，我們可發展（證實、修訂，或孕育）許多有趣的理論與觀念，諸如社會化與政治參與之關係（人參加投票漸漸學習投票的責任感與習慣，就較樂意去投票）；政治效能感與參與的關係（中年人有錢有勢、政治效能感高、投票率也高）；自己的利益與參與的關係（對現有政治秩序認同感大的，也即自己的諸多利益靠它維持的人士，較喜參與）；社會與家庭責任感與參與的關係……等[17]。這些趣味都不是使用以上兩種方式處理資料所能獲得的。基於以上的討論，我們欲指出：若測量可以嚴謹而不去這麼做，而浪費資料，罪莫大焉。

---

[17]　這些都是筆者所舉的例，並不代表真正的「理論性命題」，讀者切勿誤會。

肆、量化的問題：量化者與反量化者的「無聊爭執」

　　數年以前，政治學者普羅斯魯 (James W. Prothro) 發表一篇文章，題目是「關於科學方法的無聊爭執」❶。他在該文中所說的科學方法不是指廣義的，而是指若干反量化者及若干泛量化者（以為一切資料都必須量化，才算嚴謹的人）的偏狹觀點：科學方法即量化的方法。普羅斯魯認為堅持成見的反量化（「量化完全不適合政治研究」）與泛量化主義都是誤解了量化資料的用意，他們的爭執是意氣之爭，是無聊的。

　　上節的討論，似乎能使人產生誤解：以為我們只重視量化者的研究❶。其實，我們的真正用意是想指出「嚴謹」不僅是量化者工作應具備的，就是那些不使用量化資料的研究者也應力求嚴謹。不僅此也，我們想強調非量化的資料也可分為嚴謹的與不嚴謹的。

　　許多學者所作的研究，使用的不是量化的資料，但他們也想衡量變項與變項間的關係（譬如什麼因素導致赫魯雪夫的貶抑史達林？這些因素中，何者較重要？貶抑史達林是依變項，那些因素是自變項。自變項要衡度其重要性），可是他們的題材侷限了其使用數字的量度或客觀的量度的可能性，他們只好使用主觀的衡度與含糊的描寫（為打擊馬林可夫，貶抑史達林；為鞏固權力，貶抑史達林之類）。主觀的判斷在其研究中，遂取代了較客觀的指標。然而，這類研究成果是否也可拿上節中所述的嚴謹去裁定其高下？我們關於

---

❶　James W. Prothro, "The Nonsense Fight over Scientific Method: A Plea for Peace," *Journal of Politics*, XVIII (1956), pp. 565–70.

❶　其實，所謂量化者與非量化者不能嚴格劃分，優秀的政治學者作研究時，資料能量化，就量化，不能量化，也就不去量化，但追求嚴謹的態度，則是一貫不移的。

追求嚴謹的忠告是否對其也應適用？我們認為答案是肯定的。利用非量化資料的研究，嚴謹度也可以改進，當他們衡量事物時，也可以設法趨近嚴謹度較高層次的測量方式。譬如：一位研究中共問題的人說「一位中共幹部職位愈高，他被整肅的可能性也愈大」。這句話有些近乎以順序層次量度的兩個變項之關係（「職位高低」與「被整肅的可能性」）。倘若這位專家的想像力較佳，理論興趣較強，他就能設法使這話說得較接近間隔測量，即：「一位中共幹部的職位愈高，他被整肅的可能性也愈大；而自縣委書記至省委書記階級，此項可能性之速率增加較快；自省委書記至中央委員，被整肅可能性的速率增加較慢；而自中央委員至政治局委員，則增加最快。故政治局委員更換最為頻繁。」……等等。這一說法，如用資料佐證，雖然未曾使用量化的量度單位，其理論興趣也是相當大的[20]。

伍、量表的建構與選擇

在社會科學的研究中，常常使用的測量工具，是所謂量表 (scale)。量表可分為四類：即名分的、順序的、間隔的與比率的 (ratio scale)。前面三類，我們在前面數節討論測量時，已介紹過了。所謂比率的與間隔的測量是相似的，但前者以絕對零度 (absolute zero) 作為起點，後者無之。比率的測量對物理科學家而言，最為有用；可惜社會科學中，還用不上。名分的量表無甚用處。故今日社會科學研究使用的量表，多半是順序的與間隔的量表。

量表可隨研究需要而自行建構。但在決定這樣做以前，必須慎重考慮：是否原有的量表均不適合，或者無法改動若干以應需要？假如並非如此，就不必自製，以免花費太多時間。事實上，社會科學已擁有很多量表，其中有

---

[20]　此「說法」純粹為一舉例，並不代表筆者對中共問題的「認識」或「見解」。事實上，讀者如認為這「假設」應該是「中共幹部職位愈低，其遭整肅的可能性愈大」，也未嘗不可。

些也被認為標準量表，不少有價值的研究，是利用它們完成對變項的測量的，從事研究的人都未曾自己建構量表。因此，我們更應注意的是量表的選擇。

㈠量表的建構

在前述諸節中，我們已討論量表建構過程中重要的步驟：其一是概念的詮釋 (explication of concept)，其二是選擇一項把概念運作化，並使指標適合概念的策略。概念的詮釋為自理論文字與日常用語中把某一概念的多種意義統統拿來檢視；然後採用一個研究者認為最有用的定義；把此定義改變為具有經驗內含（即代表可觀察的屬性）之指標；接著再從資料來分析這些指標是否能代表該概念。關於第二項步驟，我們主張先選擇一個策略（見第壹節），多項指標應合併為一個量表；倘若概念是單層面的，量表應具高度的同質性；倘若概念是多層面的，則個別層面的指標間應有高度同質性；但整個量表中各層面間的同質性即使稍低些，也不妨。

選擇適當的指標為量表建構中，與概念的詮釋同樣重要的工作。量表的目的是在「區別」受測對象擁有某項屬性的程度（例如某甲贊成鐵路民營，某乙贊成鐵路部分民營，某丙反對鐵路民營，則此三人擁有一項「屬性」〔對鐵路民營的贊成〕的程度有一：二：三之差別），故最好在選擇其所包括之指標時，使這些指標具有不同的難度 (difficulty)。在政治態度研究中，此稱為單項難度 (item difficulty)。每一單項，可預期的贊成或反對的人之比例各不相同。譬如：我們可期望 80% 的大學生贊成改進學校的設備，20% 的大學生反對。但假如改進設備必須以提高學費為條件，則贊成者僅為 40%，反對者達 60%。這些單項具有不同的難度——較少的人贊成第二項，較多的人贊成第一項。單項難度也出現於政治參與量表上，涉及自我報導的行為與別人行為的觀察，例如「參加競選」的難度超過「投票」——較少的人從事前者。我們須知凡是同質性高的單項——即相當大的比率的人表示贊成或不贊成的極端項 (extreme items) 所能作的區別甚小，因此，一個量表，倘若包括太多極端項，就不甚有用了。一個量表最好包括少數單項，其難度是在 90–10 與

10–90 之間，而大多數單項的比例則發生在 75% 與 25% 之間的。當然，這是事先很難確定的，但研究者對研究的問題的常識與省視別人對類似問題的研究，應有助於作一決定；試測 (pretest) 也是有幫助的。

在建構量表時，研究者常可使用許多指標，他不可能全部用上，必須抽樣，如何決定他所抽的樣本，是最足以代表他的概念的？解決此難題（此問題通常叫做內容效度 [content validity]）的方法之一是所謂「表面檢定」(face validation)，即研究者檢查每一單項之指標看它們是否足以代表概念。此法缺乏邏輯的標準，只有當研究者是一位經驗豐富，學識淵博的人士時，才較可靠。

較複雜的方法是單項分析 (item analysis)，包括把概念分成若干層面，每一層面作指標抽樣分析；應用單項與單項間的分配頻率分析等。

此外，量表的信度 (reliability) 也需檢核。信度通常指一致性 (consistency)；即重複使用相同指標與使用同一概念的不同指標測量相同的對象（個人、集團、組織），其積分具有一致性。檢定信度的普通辦法為已經介紹過的對分核對法。

㈡量表的選擇

米勒 (Delbert C. Miller) 曾經介紹了多種社會研究中常用的量表，可用來測量社會地位 (social status)，集團結構與動力 (group structure and dynamics)、士氣與工作滿足感 (morale and job satisfaction)、社區 (community)、社會參與 (social participation)、工作組織中的領導 (leadership in the work organization)、態度、價值與規範之量表 (scales of attitudes, values, and norms)、家庭與婚姻 (family and marriage)、人格測量 (personality measurement) 等 ❷ 可供讀者參考。但選用這些量表，要注意兩點：㈠由於作者是一位教育及組織社會學者（他

---

❷　參閱 Delbert C. Miller, *Handbook of Research Design and Social Measurement*, 2nd ed. (New York, 1970), pp. 191 ff.

曾任美國印地安納大學教育學院的社會學教授及企業管理學院的社會學教授），故他介紹的量表對社會學研究特別有用。雖然由於目前政治研究使用的量表，許多都是社會學與心理學者發展的，但政治學者使用時，需作某種程度的修改，以配合其研究重點；㈡這些量表都是美國發展成功的，雖然我們可以使用，但不能原封不動地使用，譬如社會地位的測量，由於美國人的價值觀多少與我們不同，其所發表的測度有些地方可能是不適合我國國情的。不過，當我們作修改時，不能憑空亂改，必須根據實證研究的資料及自己研究的經驗，並按照量表建構應注意的原則，謹慎從事。

第十五章　政治研究與統計

　　我們都知道，政治研究必需探討自變項與依變項的關係，譬如選民的教育程度與投票行為的關係，一國的經濟發展與政治穩定的關係之類。在實證的研究中，我們欲了解的也就是某一試驗因素的存在與否如何影響依變項。

　　這工作說來容易，做起來可並不簡單。因為試驗因素不僅是存與不存而已，它能以不同的數值（變量）存在（如選民的教育程度不能僅分為「受過教育」與「未受教育」二類，他們是具有「不同的教育程度」的），故研究者不僅僅要發現自變項的存在或不存在是否影響依變項，而且應洞悉自變項的數值（變量），是否影響依變項之數值（變量）。

　　再說，「關係」不純然是對分 (dichotomy) 的。兩個變項的關係不只是相聯或不相聯，而且是以何種方式相聯。此所謂方式，可從兩方面去看：⑴自變項影響依變項的強度：例如，教育程度對投票行為的影響可能甚小，大學畢業生的投票率可能是 80%，小學畢業生的投票率是 70%，也可能很大，大學畢業生的投票率也許是 80%，而小學畢業生為 40%……。⑵自變項決定依變項的程度：也即依變項的數值是否完全是自變項決定的，抑或自變項不過是諸因素之一而已。舉例來說，即使大學畢業生平均投票率遠高過小學畢業生，小學畢業生中，也有人對投票非常踴躍，大學畢業生也有人從不投票，因此，我們有理由相信影響人的投票行為的，除教育程度外，一定還有別的因素，教育程度不是「投票行為」的充分解釋，但教育程度的決定性程度如何呢？

　　政治研究欲探測變項間關係的強度與程度，統計學提供的工具是很有價值的。

　　政治研究使用之統計學可分為兩類：一是描述統計 (descriptive statistics)，

另一是推理統計 (statistical inference)。前者根據已有資料作整理、分析與測量，包括測量變項間關係；後者係根據部分資料推論全體，可用來估計研究的結果是偶然的，還是必然的，因而有助於檢定研究結果的可靠性❶。

我們在本章中，擬介紹數種政治研究中常使用的統計技術，目的在引起讀者的興趣。我們的目的不是提供統計學的知識，故本章的敘述是相當簡略的。讀者如期望從事涉及大量資料處理的政治研究，應藉選課或自修的方式❷，熟悉基本的社會科學統計技術。

壹、間矩的資料之處理

政治研究的資料，有名分的 (nominal)、順序的 (ordinal) 與間矩的 (interval)。間矩的資料比較有用，其原因是對它適用的統計技術未必都能對另二種量度的資料適用。就以我們曾提過的兩種測量變項間關係的強度的方式而論❸，只有一種方式可應用於任何資料，另一種方式只能應用於間矩的資料。

處理間矩的資料，我們常使用回歸分析 (regresion analysis) 與相關分析

---

❶ 關於此兩種統計之區別，可參閱任何基本的統計學教科書。一本易懂而堪用的為芮寶公著統計學（臺北，民國六十五年初版，六十六年再版）。

❷ 適合政治學研究者與學生的統計學書籍為：Hubert M. Blalock, *Social Statistics* (New York, 1960); Allen L. Edwards, *Statistical Methods* (New York, 1967); Ralph H. Kolstoe, *Introduction to Statistics for the Behavioral Sciences* (Homewood, Ill., 1969); Sidney Siegel, *Nonparametric Statistics for the Behavioral Sciences* (New York, 1956).

❸ 測量兩個變項間之關係的「強度」有兩種方式：(a)測量自變項造成依變項多大的變動；即自變項的變量不同時，依變項的變量之差異有多大；(b)測量依變項受自變項決定的程度或範圍。第一種測量方式只能應用於間矩的資料，後一種方式則可應用於量度層次較低的資料。

(correlation analysis)❹。

㈠回歸分析：一種把兩個「間矩變項」的資料扼要表示，俾讀者能一目瞭然它們的關係之方法是將其置於「散布圖」(scattergram) 上（如圖 15-1），圖上的每一小點代表研究者觀察的一個對象（個人、國家、組織⋯⋯），此點所處之地位由其在此兩變項的得分決定。例如圖中的 A 點代表一個觀察的對象，其得分為自變項為 2，依變項為 4（即它代表此二分數之混合）。

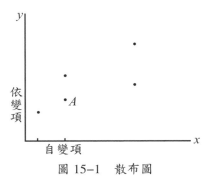

圖 15-1　散布圖

我們藉省視圖上小點之分配型式，就可增進對兩項變項間關係的知識。例如：在圖 15-2 中，我們發現自變項的分數與依變項的分數是正面相對應的——即自變項獲高分的「對象」，其依變項亦獲高分；反之亦然。則我們就

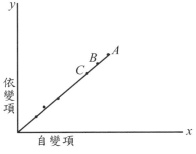

圖 15-2　正相關線型關係散布圖

❹　回歸分析只可在處理間矩資料時使用，相關分析則也可在處理量度較低的資料時使用。

可說兩個變項是正相關的,而且,在此圖中,此關係似乎是線型的 (linear)。在圖 15–3 中, 我們發現自變項的分數與依變項的分數是負面相對應的——即自變項獲高分的「對象」,其依變項獲低分,而自變項獲低分者,其依變項則獲高分,則我們可說這兩個變項是負相關的,而且,在圖中變項間的關係也似乎是線型的。茲以實例來進一步說明以上兩種關係。⑴假設:國民就業率愈高的國家,政治愈穩定。根據資料,A 國的就業率為 95%,政治穩定度為 10,B 國的就業率為 90%,政治穩定度為 9,C 國各為 85% 及 8……等則置於分布圖上,可知兩個變項(就業率與政治穩定度)的關係為正相關,並呈線型。則假設可以成立。⑵假設:教育程度愈低的人,鄉土觀念愈重。根據資料,E 組樣本(小學畢業),其在「鄉土觀念」量表上的得分為 80,H 組樣本(中學畢業),其得分為 70,U 組樣本(大學畢業),其得分為 60,G 組

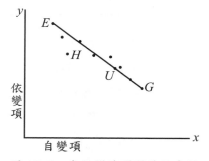

圖 15–3 負相關線型關係散布圖

樣本(研究所畢業),得分為 50,則兩變項(教育程度與鄉土觀念)之間的關係為負相關,此可從散布圖中表示。散布圖也可表示兩變項間沒有關係,如圖 15–4。

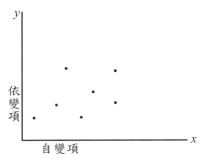

圖 15-4　兩變項間無關係的散布圖

　　散布圖雖然有用，但不夠精密：它只能顯示自變項使依變項產生某種改變，但不能告訴我們這種改變的真正性質。假如我們比較兩張散布圖，我們只能對兩種關係之差異，獲得大致的印象，但不能知道這差異的實質，再說，我們在一項研究中，常要探查幾十種關係，把這許多關係統統藉散布圖來表示，呈現在一篇論文中，可使讀者不勝其煩。因此，學者們發展了一種精確的量度，可用來概括散布圖上呈現的關係的某些重要的特徵；此即所謂「回歸係數」(regression coefficient)。回歸係數的作用，在核計當一個變項的值（或變量）作某一單位的變動時，其對另一變項之影響如何，即是：使它也作何種程度的改變。由於一項變項的變動，並不一定造成另一變項等量的改變（改變往往是不等量的），故回歸係數是很不可缺少的。

　　線型回歸係數的求取比較容易：首先，散布圖上的各點應該以一條直線來代表。回歸直線之繪定，最好是能把依變項的各變量與線上的依變項之「理想」的變量之間的平方差減至最低者。由於該線猶如一個規則，可用來從自變項的得分來估計依變項的得分。因此估計的得分「誤差」應減至最小。

　　直線的回歸可用等式 $y = a + bx$ 來表示。y 是依變項中預測的變量，x 是自變項的變量。a 是 x 等於零時，y 的估計數值，稱為回歸等式的切割值 (intercept)。即回歸直線通過 y 軸時 y 之變量。b 為回歸等式的傾斜 (slope of the regression equation)，表示當 x 增加一個單位量時，y 增加「若干」單位量；此一傾斜，即所謂回歸係數，是社會科學研究中最有用的統計工具之一。

由於它能告訴我們當自變項變動某一單位值時，依變項之變動有多大，它就成為衡量自變項對依變項的影響的很有用的量度。

政治研究中，大多數的關係都是線型的，因此我們在此只限於介紹線型回歸，但是，有時政治研究者也可能發現他研究的關係不是線型的，他就必須求助於非線型回歸的等式（並且該等式必須符合資料呈現的散布型式）。我們希望讀者能從正規的統計學訓練中獲得這方面的知識與能力。

㈡相關分析：相關係數 (correlation coefficient) 可用來量度自變項決定應變項達何程度——完全決定抑或部分決定。

試比較圖 15-5 的(a)與(b)。(a)的變項關係與(b)的變項關係均可以同樣的回歸直線表示，但(b)中的應變項受自變項決定的程度超過(a)中的應變項。雖然在(a)(b)中，自變項都使應變項產生大致相同的改變，但(b)中的應變項受「其他因素」的干擾較大，自變項的影響較弱，也即兩者的關係較弱。

相關係數量度一組資料沿著回歸直線分布的情形。它將此組資料與一個百分之百的完全相關（即兩個變項的關係是不折不扣，也即應變項完全由自變項決定）的理想模式與一個二者完全無關的模式相比較，假定完全相關的得分為 1，完全無關為 0，r（代表相關係數）往往在 1 與 0 之間。相關係數是一種用來比較不同的關係之力量的量度。

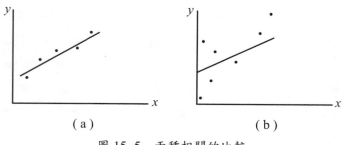

（a）　　　　　　　　　（b）

圖 15-5　兩種相關的比較

貳、顯著性之檢定

敘述統計是用來衡量事物，尤其是變項間關係的；統計推理則在估量研究者由抽樣樣本獲得的結果是否反映母體，易言之，是斷定他獲得的是否純屬偶然的機緣，抑或必然的。倘若你在醫院中隨機選出十位病人，很可能選出七位呼吸器官有病，但不抽煙，三位有眼病，但都抽煙。你若作一結論：抽煙與眼病有關，但與呼吸器官的疾病無關，豈非笑話！

倘若我們從大批病患中，重複選出不同的十人一組的病人，其大多數為患呼吸器官疾病的抽煙者的頻率可能高，但也必有些次數，結果可能如前段之例；在前一種情形，我們說結果反映整個醫院（小組中的變項關係與醫院中者一樣），在後一種情形，結果並不反映醫院。我們依據樣本，描述母體是否正確，就憑其反映正確否。這個正確反映的問題是政治研究者必須注意的，否則其研究發生誤差的可能性就大增了❺。

我們有方法發現某一研究結果是否純屬偶然，並不真正反映母體的情況，此技術即所謂顯著性檢定 (test of statistical significance)。

測量一項關係的顯著性，其程序的邏輯與核計機率是一樣的。我們核計機率（獲得某一結果的可能性），先要肯定一些假設前提 (assumptions)，倘這些前提都是真的，則正確機率就可核計。例如在一付清潔的橋牌中，賭徒抽取紅心老 K 的機率為 1/52；假如抽完一次再抽一次，抽得該牌的機率為 1/52 × 1/52 = 1/2704。

然而，我們必須先有一些假設前提，才可核計這些機率，諸如：⑴這付牌共有五十二張，其中僅一張為紅心老 K；⑵每次抽牌前，牌均經徹底而誠

---

❺　此因政治研究者必須依賴一個比母體小得多的樣本，研究整個社會的政治現象。譬如研究投票行為或民意的人，往往要從一個最多二三千人的樣本，去探察全國人民的態度。

實地洗過；及(3)抽牌者並未偷看，牌並不黏在一塊……易言之，每一張牌被抽中的機會相等。倘若沒有這些前提，核算機率就不容易了。統計推理使用同樣的邏輯結構，只不過正好顛倒過來。

倘若有一位研究美國政治的學者抽出包括十位參議員的一個樣本，期發現參院中兩黨的保守性之差異。他獲得的樣本如表 15-1。

表 15-1　樣本結果

	民主黨員	共和黨員
保守	1	4
開明	3	2

在該樣本中，民主黨較共和黨之保守性低：百分之六十七的共和黨員為保守份子，僅百分之二十五的民主黨員為保守份子。然而，根據此一小小的樣本，這位學者如何才可充滿自信地為整個參院作一斷語呢？

為此，他應仿效前面那位賭徒，先建立一些假設前提（即：推想出那些使他能核算出抽得上表中的參議員的機率，假如參議院中兩黨並無保守性的差異），這些前提為：(1)十位參議員為隨機抽出；(2)在整個參院中，政黨與保守性之間並無關係。依據此二前提，這位學者可核計在樣本中獲得任何個別結果的機率。運用卡平方檢定 (“chi-square” test)，他可核計獲得他發現的兩黨之差異的機率為 .264，即使上述前提可以存立（即兩黨在保守性上無差異）。

這位研究者如何對待他的研究結果呢？這有賴於他是否敢於冒險，他的結論中含有那類險率……等決定。倘若他的假設前提是真的，大約四次中有三次他得不到他在上例中獲得的同樣強度的關係。他應否根據樣本結果否定這些前提，並承認這樣做，犯錯的機會為四次中之一次嗎？事實上，倘若他打算否定該組前提，成問題的只不過一項前提而已，即：在參院中，政黨與保守性並無關係。當他否定了該項前提，他實際上已作下列斷語：即參院中，政黨是按保守性而差別的，即政黨與保守性是有關係的。當他作此斷語時，由於他的證據的性質，他冒了一些險：其犯錯的機率為 .264。

上例顯示統計推理的一個根本問題，我們先有一個結果。我們按若干前

提，計算這事件可能發生的機率。對這些前提我們不能信賴，因為它們牽涉到我們意圖推理的事物本身。倘若在那些前提下，我們心目中的事件發生的機率「相當」小，我們便否定這些前提。

在否定它們時（把它們當作假的），我們冒一些險：可能搞錯，因為即使它們不是假的，我們觀察到的結果也可能發生。我們核算出的機率告訴我們搞錯的可能性：即使我們否定的前提事實上是真的，這結果會發生的機率。換句話說，我們否定那些前提乃是錯誤的作為之可能性。因此，只有當一組前提產生我們觀察的結果之機率甚低時，我們才否定它們。

從以上的討論中，我們知道研究者並不直接檢定他對一項關係的陳述（往往是他的假設）。他常採取一種迂迴的手法：先試探該陳述的相反陳述，此即所謂虛無假設 (null hypothesis)。他把他企圖否定的陳述放在一組前提中，然後自這組前提，核算機率。由於在整組中，只有它成問題，故否定該組前提等於否定虛無假設。而否定虛無假設等於肯定它的相反陳述，即我們原來想建立的假設 ❻。

最常用的顯著性檢定是卡平方 (chi-square x^2)。它是用於描敘兩個名分的變項之聯繫的。依據統計表中變項之關係的強度，x^2 使我們能估量母體中兩項變項間沒有關係。x^2 可以下述公式核算：

$$x^2 = \sum \frac{(O - E)^2}{E}$$

O 指表中每一格中的數值，E 指當兩項變項毫無關係時可期望的數值。任何格中的 E 可從下列公式求得：

$$E = \frac{行的數 \times 列的數}{總數}$$

把求得的每格的商數相加，其總值即為 x^2 之值。

---

❻　x^2 常被用來檢定虛無假設，倘若 x^2 值太大，則虛無假設常被否定。研究者常可作結論：他自資料中觀察之數值與可期望的數值（即當兩變項毫無關係時，應有的數值）大為不同。至於 x^2 值大至如何才可算大，則必須考察其抽樣分配。

　　試舉一例如後：表 15–2 中，共計十格，每格的資料是關於美國的十二個州的法官之甄拔方式與政黨歸屬的 ❼。

表 15–2　十二個州法官之甄拔與政黨歸屬之關係

甄 拔 方 式	政黨歸屬 （自己宣告）	未曾宣告 政黨歸屬	
立法委任	52	4	56
派任	113	49	162
政黨競選當選	234	101	335
不分政黨之競選中當選	178	170	348
密蘇里計劃	6	17	23
總　數	583	341	924

$$E = 35.3 \qquad 20.7$$
$$102.2 \qquad 59.8$$
$$211.4 \qquad 123.6$$
$$219.6 \qquad 128.4$$
$$14.5 \qquad 8.5$$

（自表之左上角算起）

此題的 x^2 值可計算如下：

$$\frac{(16.7)^2}{35.3} = 7.90 \qquad\qquad \frac{(16.7)^2}{20.7} = 13.47$$

$$\frac{(10.8)^2}{102.2} = 1.14 \qquad\qquad \frac{(10.8)^2}{59.8} = 1.95$$

$$\frac{(22.6)^2}{211.4} = 2.41 \qquad\qquad \frac{(22.6)^2}{123.6} = 4.13$$

$$\frac{(41.6)^2}{219.6} = 7.88 \qquad\qquad \frac{(41.6)^2}{128.4} = 13.48$$

$$\frac{(8.5)^2}{14.5} = 4.98 \qquad\qquad \frac{(8.5)^2}{8.5} = 8.50$$

$$x^2 = 65.84$$

----

❼　此例採自 David C. Leege and Wayne L. Francis, *Political Research* (New York, 1974), pp. 288–289.

　　顯著性檢定是政治學實證研究中，相當重要的一個步驟。其所以必要，乃是因為我們大部分的研究，都免不了抽樣，根據樣本所作的研究之結果，是否正確代表整個母體，是一個研究者不得不注意的問題；再說，研究的結果很可能是偶然的產物，故其是否如此，也是研究者完成一項研究時，應加檢定的。

　　但是，研究政治現象，主要的努力應該是著重理論與資料，憑藉研究者的才智，從資料中發掘出變項間的關係。顯著性檢定乃是對研究結果的查核，並不能代替研究活動本身。

　　若干研究者過分重視顯著性檢定，並且常有誤用的情形。雪佛萊 (W. Phillips Shively) 曾經舉了一個例子，說明這種誤用的問題。有一位研究者報導在他的樣本中，某兩項變項在工人中相關性強過中產階級份子。他的證據是：在工人中，關係的顯著性高，無關性的機率為小於 .01；在中產階級份子中，關係較不顯著，機率為 .01 與 .05 之間。由於以前的研究者皆認為中產階級份子中，此二變項的關係應強些，那位學者覺得自己已有了新的發現。

　　但是，事實上，他把顯著性檢定作了不當的應用。顯著性檢定本身不是用來量度變項間關係的強度的，它是用來查核某一研究結果是否得之於偶然，並不能延伸適用於母體。那位學者的樣本中，中產階級的人數只有勞工人數的二分之一。因為人數太少，故量度出來的關係的顯著性較低。

參、結　語

　　以上兩節中，我們已介紹了少數政治研究中常用的統計技術。我們希望能引發讀者的興趣，去學習更多的技術。並在適當的研究情勢下，學著去運用它們。但我們必須再度指出很多政治研究並不需要統計，而在需要運用統計技術之場合，也不是一兩種技術就可適合一切情況，研究者必須注意量度的層次、資料的性質，及假設前提的種類……等，決定其所選用的技術。讀者尤應留意的是：統計是政治研究的一種整理與分析資料的技術，它不能替代研究者的個人才華、經驗與勤奮。

第三篇
政治分析的主要概念架構

第十六章　實證的政治研究之發展

政治研究，主要有兩種途徑：一是規範的，另一是實證的。雖然我們不能說自規範的政治研究至實證的政治研究是一種歷史演進的過程❶。但是，今日的政治分析，其主要取向是實證的，則為不爭的事實。

壹、實證政治研究的兩面

當前實證政治研究的發展，可從兩個相關，但可分開剖陳的面向去省視：
㈠是以實證資料的蒐集、處理與分析為重點，對政治現象的世界之「點」或「線」所作的研究：早期的選舉研究、精英研究，都是顯著的例子。一九六〇年代中葉以前做這類研究的人，雖然自詡以建構理論為其努力的終極目標，但在實際工作上，多數不顧理論，為伊斯頓所指責的生硬的實證主義者 (raw empiricists) ❷；少數雖然顧及理論，但只對狹範圍 (narrow-range) 或至多中層理論感興趣，對一般性理論的建構，則認為時機尚未成熟，並不感興趣。這類人士所做的研究，與「一般性理論」的聯鎖是比較弱的。一九六〇年代中葉以後，許多從事「現場研究」(field research) 的學者，對「一般性理論」比較重視，一方面常以這些「架構」（因為現有的「一般性理論」還只能稱為

---

❶　在古希臘，亞里斯多德就使用「觀察法」研究各城邦的政治，這是實證的研究；在今日，實證與規範的研究都有人做；也有許多研究，既是實證又是規範的。

❷　David Easton, *The Political System: An Inquiry into the State of Political Science* (New York, 1953), pp. 77–78.

「概念架構」）來指導其研究；另方面也企圖以其研究的成果來修正、填補、更改這些架構，以期它們能變成名符其實的一般性理論。㈡是以建構一般性「理論」為主的工作：一九五〇年代，伊斯頓指出，實證的政治學進步所以不大，並不是政治學者作的「田野」工作不夠，而是由於過分忽視一般性理論之建構，由於缺乏一般性理論，政治研究的實務，遂不免顯得散亂而零星，彼此不相統屬，「事實」積得太多，並乏充分而適當的「解釋」，他大聲疾呼政治學者必須正視此問題，致力於一般性理論的建構工作❸。自此時期起，政治學中，已出現了若干一般性理論❹。關於這些理論的地位與用途，也曾引起一些爭執。有人認為這些「理論」，嚴格說來，不能稱為理論，因為它們本身缺乏解釋現象的能力❺，充其量只能協助解釋的活動而已。本書的作者是同意此一觀點的，因此，主張把這些理論稱為「概念架構」（conceptual frameworks），或指涉架構 (frames of reference)，雖然使用這些名稱，並不隱含貶損它們的含義。也有些人認為它們是分析的，但不是實證的，因為建構者並不以堅實的實證資料為基礎建立它們。這一說法，我們不表同意。雖然這些架構並不都以堅實的實證研究發現為基礎❻，但它們的建構目的是為了解經驗世界，這與規範性的理論是迥然不同的；其使用的概念，應用的命題

---

❸ Ibid., passim.

❹ 雖說伊斯頓的呼籲具有相當大的影響力，但我們不能說這些理論性努力，皆是由他直接或間接推動的；但是，政治學者對一般性理論的重視，是一九五〇年代中葉開始，則為不爭之事實。

❺ 也有稱之為「模式」者，例如：Morton Davies 等人，本篇不擬採用，因「模式」一詞，在方法論上，有其個別的意義，參見本書第一篇第三章第肆節。關於 Morton Davies 等所認知的模式，參閱 Morton R. Davies and Vaughan A. Lewis, *Models of Political Systems* (London, 1971), esp. part I.

❻ 但也不是完全缺乏實證資料的基礎。事實上，若干種「架構」可說是建構者作實證的「現場研究」，發覺困境（不能把發現的「事實」作適當的安排，或對某項現象作令自己滿意的解釋）後的副產品。

都是實證的，建構者的思維方式也是實證的，因此，認為它們不是實證政治學的部分是沒有充分理由的。事實上，這些架構目前受到「實際」的研究者相當程度的重視，正在指導他們的工作。

　　由於本篇是關於政治分析的主要概念架構，我們擬在描述並分析它們前，簡略地說明其在指導實證研究上的用途。

貳、政治分析概念架構的用途

　　政治分析的概念架構，雖然缺少對政治現象的解釋力，但具有兩項很重要的功用，這是它們對政治研究不可忽視的貢獻：(1)一個概念架構提供了觀察整個政治現象世界的理論工具，它可幫助我們看到政治現象的全貌，這個「全貌」，也許不夠清楚，往往只是從一個方向去看的，甚至可能是不確實的，但卻可作為我們對政治作整體層次探討 (macro level investigation) 之起步。換句話說，概念架構幫助我們發掘探究的正確角度，指導我們蒐集適當的資料，及提供我們安排與處理資料的基本原則。(2)概念架構給予我們一個場合 (setting)，以便作微體的分析 (micro analysis)；它常常是一座寶庫：含有許多命題可供研究者去驗證；以及一些建構者的睿見 (insights)，可幫助他去發現新的研究問題。

參、主要概念架構鳥瞰

　　本篇擬描述、分析暨評估的主要概念架構，可分為數類：㈠行為科學中，政治學的姐妹學科發展的研究途徑，而為政治學所採用者（茲以行為學科途徑 [Disciplinary Approaches] 稱這些途徑）；㈡結構 — 功能分析 (Structural-Functional Analysis)；㈢系統理論 (Systems Approach)，尤其是伊斯頓的政治系統論；㈣集團途徑 (Group Approach)；㈤決策理論 (Decision Theory)；㈥溝通理論 (Communication Theory)；㈦政治精英研究途徑

(Political Elite Approaches)；及㈧組織分析 (Organization Analysis)。

　　這許多形形色色的概念架構，重疊之處甚多，並不能說有什麼純粹型，但為說明之方便，仍有加以一一分列之必要。它們的涵蓋性與邏輯嚴謹的程度也各不相等，這在個別描述與評估時，將會指出。雖然它們都是實證的「理論」，但建構者的個人價值與他所處的社會之價值有時不免影響到他的前提、認知角度，與思維方式，這當然間接影響了他的「理論」，這是我們不能不注意的。在篇幅與資料容許的範圍內，我們將盡可能就此點加以剖析。

第十七章　行為學科途徑

　　政治學常用的概念架構中，不少是建基於行為科學的有關學科的。社會學、心理學與社會人類學的一些概念常為政治學者採用；這些學科的概念架構已成為當代政治學不可缺少的一部分。如此廣泛的借用，不僅是由於今天愈來愈多的學者感到學科的分工，雖然必要，但卻不應在學科間樹立不可踰越的鴻溝，過份的「分割」，足以妨礙學術的進步，這種認識使學者們願意向別的學科，尤其是他們認為在研究方法上，或理論建構上，較「進步」者，借取觀念或探討現象的技術；而且，大量的借用也是其他學科的學者開始研究政治現象的必然結果 ❶。而政治學者中，也有不少人感到其他學科中的概念架構可能適合他們的需要。使用這些已經發展成的架構畢竟比自己創造全新的省事，使用後的收穫更加強了繼續借用的興趣與信心。

　　自社會學的借用是最廣泛、較具體的，故特別值得注意；向其他學科諸如心理學與人類學的借用，比較籠統而一般性，而且由於政治學者對這些學科的熟悉程度不及其對社會學的了解，借用的成果較難肯定地估量，但其對政治學的重要性，也是不容忽視的。我們擬先討論政治學者借用的社會學的概念架構，然後討論其借用的心理學的架構，最後討論人類學的架構如何為政治學者應用。

---

❶　例如 S. M. Lipset（社會學家）、Clifford Geertz（人類學家）、H. J. Eysenck（心理學家）即為對政治現象之探究深感興趣的代表人物。

壹、政治研究的社會學概念架構

　　政治學者自社會學借用的概念架構，最重要為結構功能分析，由於它特殊的重要性，我們擬另立一章（第十八章）予以單獨地處理。

　　另一重要的社會學概念，受到政治學者重視的是角色 (role)。所謂角色，最基本的定義是對一個人的行為的一組期望 (a set of expectations about a person's behavior)。雖然一個人真實的行為與他因應別人對他的期望而作的行為不可能完全契合，但是，對於大多數人在大部分時期內而言，這差距不會太大，否則社會無法繼續存在 ❷。我們期望一個人的行為是根據他的社會功能 (social function)，圍繞著個人社會功能的為互相聯結的行為型式，我們把這組互聯的行為，稱為社會角色。譬如在家庭中，每一成員都被期望著採取若干重複的行為型式──行動與態度、責任與權利等。每一個人同時有很多角色──例如他同時是機關的職員、家庭中的丈夫、父親……等；這些角色都是糾結著的，深藏在他的思想與行動的習慣方式中。

　　由於一個人同時具有許多角色，「角色衝突」(role conflict) 的可能性是始終存在著的。所謂角色衝突，是個人感到兩個或兩個以上的角色的需要無法調和。

　　角色基本上是一個人際的概念。那些對個人具有某種期望的人，自己也是個別社會集團的成員或具有某種社會功能者，因此，我們可說整個社會中的許多角色是「建制化」的 (institutionalized)。迄今為止，角色主要仍是一個富有解釋力的概念，而仍未成為一個理論的基礎，儘管社會學者有使用「角色理論」一詞者。

　　政治學者使用「角色」概念，較著名的為魏爾克等 (John Wahlke, et al.)

---

❷　關於角色，參閱 Neal Gross, et al., *Exploration in Role Analysts* (New York, 1958) 及 Ragnar Rommetveit, *Social Norms and Roles* (New York, 1968).

與巴勃 (James Barber) 關於立法制度與立法者的研究。魏爾克等在其立法系統 (*The Legislative System*) 一書中❸，曾使用「角色」概念，研究州議員的行為，頗有成就。他們把議員的角色分為：㈠核心角色領域 (Core Roles Sector)；㈡專門角色領域 (Specialized- (sub) roles Sector)；㈢服務對象角色領域 (Clientele Roles Sector) 與㈣偶發角色領域 (Incidental Roles Sector) 等，每一領域又分成若干角色（見圖 17-1）。

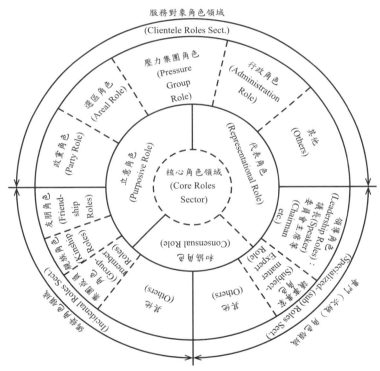

圖 17-1　立法者的角色
來源：John Wahlke, et. al., *The Legislative System* (N. Y., 1962), p. 14.

　　巴勃在其立法者 (*The Lawmakers*) 一書中，把議員分成四種類型，他的區分的根據是選區居民對議員的期望不同，因而議員中出現不同的「角色」❹。

❸　John Wahlke, et al., *The Legislative System* (New York, 1962).

❹　James D. Barber, *The Lawmakers: Recruitment and Adaptation to Legislative Life*

　　政治學者採用的另一重要的社會學概念是「社會化」❺。社會化可從兩方面去說明：客觀地，從對個人起作用的社會方面言；與主觀地，從對社會起反應的個人方面言。客觀來說，社會化是社會把其文化從上一代傳至下一代，並使個人適應社會生活中公認合理的方式之過程。客觀的社會化的功能是發展個人需要的技能與紀律，灌輸他價值與規範，並使他獲得個別社會重視的雄心與志氣，以及教導他如何來履行他的角色。主觀的方面言，社會化是個人為適應其周遭的環境，尤其是對他特別有關的人 (significant others) 不斷學習的過程。他漸漸獲得了他生活的社會之習慣。經歷社會化者並不限於孩童，成人也不停地經歷這過程；尤其是一個移民移居別國，必須學習新國的文化與習慣；一個農民放棄耕作生活，成為工廠工人，也必須學習他的新角色……。政治學者使用「政治社會化」(political socialization) 的概念來研究人如何產生對政治系統的忠誠、愛戴、憎惡或疏離；如何形成對某些政黨、意識型態、政治符號……的偏愛；及如何變得熱心參政或對政治冷漠的公民❻。

　　政治社會化的研究，自一九五○年代哈門 (Herbert Hyman) 的介紹出現後❼，就有許多學者從事實證研究，今日已產生大量的成果。不過，在素質方面，仍有不少批評❽。

　　社會學者使用人口學的變項 (demographic variables) 的研究，也影響政治學。政治學者在研究政治人員的背景與甄用 (political recruitment) 時，常使用

(New Haven, 1965).

❺　關於社會化概念的簡明說明，參閱 Child, Irvin L., "Socialization," in Gardner Lindzey (ed.), *Handbook of Social Psychology* (Cambridge, 1954), pp. 655–92.

❻　關於政治社會化研究周遍的說明，可見 David O. Sears, "Political Socialization," in Fred Greenstein & Nelson Polsby (eds.), *Micropolitical Theory, Handbook of Political Science*, Vol. 2 (Reading, Mass., 1975), pp. 93–154.

❼　Herbert Hyman, *Political Socialization* (New York, 1959).

❽　見 David Sears, op. cit., pp. 136–137.

這些變項，並且常仿照社會學者的分析方法❾。在選舉行為的研究中，也常顯示其向社會學的借用之跡象。

貳、政治研究的心理學概念架構

政治學者很早就注意到我們今日所說的心理學，譬如說不論中外，政治哲學家都論「人性」。但是，近年來，政治學者才開始有系統地從心理學借取觀念與研究技術。早期，對心理學極感興趣，並且把它的概念諸如「人格」「態度」「知覺」「衝力」等移用於政治研究的當代政治學者為拉斯威爾 (Harold D. Lasswell)❿。他的名著心理病學與政治 (*Psychopathology and Politics*)，嘗試使用佛洛伊德的觀念於政治分析，獲得相當豐碩的成果。

雖然拉斯威爾在一九三〇年代就已使用心理學的概念架構研究政治現象，但是，其他的政治學者注意及此新的研究領域，則為晚近之事⓫。

心理學架構被用於政治研究，最具成果者為「人格」之概念。利用「人格」概念所作的政治研究，大別可分為三類：⑴個別政治行動者的心理分析：個別政治行動者的心理分析共有兩種：其一是對一般公民的個案研究，如蘭恩 (Robert Lane) 的政治意識型態 (*Political Ideology*) 與斯密斯等人 (M. Brewster Smith, et al.) 的意見與人格 (*Opinions and Personality*)⓬。此類研究「個人的資料通常是用來詮解理論的與方法的論說」⓭，個人性格的詳細剖

---

❾　如 Donald Matthews, *The Social Background of Political Decision-Makers* (Garden City, 1954).

❿　Harold Lasswell, *Psychopathology and Politics* (Chicago, 1930). Reprinted in *The Political Writings of Harold D. Lasswell* (Glence, Ill., 1951).

⓫　例如大多數心理傳記 (psychobiographies) 都是一九五〇年代及以後的作品。

⓬　Robert Lane, *Political Ideology* (New York, 1962); M. Brewster Smith, Jerome Bruner, and Robert White, *Opinions and Personality* (New York, 1956).

⓭　見 Fred Greenstein, *Personality and Politics* (New York, 1969), p. 68.

析不是重點；另一是心理傳記 (psychobiography)，心理傳記的作者設法建立傳記對象的某些行動是否係某種歷史結局的必要條件，假如是，那麼這些行動可否藉他的人格特徵來解釋。成功的心理傳記並不甚多，論者公認卓越的有艾立克遜 (Erik Erikson) 的路德的青年時期 (*Young Man Luther: A Study in Psychoanalysis and History*)❶與喬治夫婦 (Alexander and Juliette George) 的威爾遜與豪斯上校 (*Woodrow Wilson and Colonel House: A Personality Study*)❶。尤其後者，甚受政治學者的重視。許多研究威爾遜的學者都曾注意到他的「脾氣」對他的政績的影響，並提到他的內心衝突，但未能說明這些衝突的來歷與內容。喬治夫婦從威氏的童年教養探索到此點：威氏之父為一位嚴格而守正不阿的牧師，他嚴屬要求其子一切務必完美，並常用譏嘲的方式來刺激他上進。喬治夫婦認為這就是威氏欠缺圓滑、剛愎自持，與不願妥協的性格之成因，此種性格對威氏與議員的關係產生不利的影響。國際聯盟美國加入之議之所以未被美國國會批准，這是理由之一。(2)政治行動者類型的心理分析：倘若我們欲洞悉人格及其他心理變項在政治上的影響，我們不能完全依賴個別人物的心理分析，因為個案研究在提供一般性的系統知識方面的能力，畢竟是有限的❶。我們必須從不同的個人現象中，抽繹出共同的性質，發掘基本的規律，從而建立人格類型，然後尋求這些類型與政治的關係。較著名的類型分析是阿杜諾 (Theodor W. Adorno) 與其助手的權威人格 (*The Authoritarian Personality*)❶。阿杜諾等人在研究種族偏見的過程中，發現有

---

❶ Erik H. Erikson, *Young Man Luther: A Study in Psychoanalysis and History* (New York, 1958).

❶ Alexander L. George and Juliette L. George, *Woodrow Wilson and Colonel House: A Personality Study* (New York, 1956).

❶ 關於個案研究的價值與缺點，參閱 Harry Eckstein, "Case Study and Theory in Political Science," in Fred Greenstein and Nelson Polsby (eds.), *Strategies of Inquiry, Handbook of Political Science*, Vol. 7. (Reading, Mass., 1975), pp. 79–138.

❶ T. W. Adorno, Else Frenkel-Brunswik, Daniel J. Levinson, and R. Nevitt Sanford, *The*

一類人在政治上比較傾向於極權主義，這類人的性格特徵與行為特性是極為尊崇權威，對部屬過分嚴苛，對權力關係之敏感，以高度結構化的形像察看世界，不加思索的順從傳統的價值，過分使用陳腔老套 (stereotypes) 等。此一著名研究在方法上有若干缺點：譬如過分依賴 F 量表 (F-scale) 來衡量權威主義 ❶。把右翼極權主義當作極權主義之全體，而忽略了左翼極權主義 ❶。但它對極權政治的研究，貢獻甚大 ❷。(3)人格特徵對政治體系的集合性影響：透過這類研究，我們可以藉個人的性向來了解體系的運作；從另一角度來看，此類研究是以個體資料 (micro-data) 來解釋總體現象 (macrophenomena)。譬如藉對法國民眾與政治領袖的心理性向的集合性分析，來加深對法國政治體系的了解，即屬這類研究。白魯恂 (Lucian Pye) 的緬甸研究，是此類研究較成功的一例 ❷。

參、政治研究的人類學概念架構

　　人類學架構在辨識分化程度較弱，發展層次較低的政治體系，諸如部落社會等的政治功能時，特別有用。關於這些制度的研究，傳統政治學者一般均忽視。近年來，由於對政治發展的興趣，不少學者開始探討這些體系的政治功能的性質與履行之方式。目前，有政治人類學的出現。政治人類學者的主要興趣為社會整合與衝突的源起與性質、法律的基本功能以及現代化的社會如何在政治上有較「原始」的影響等等。

　　Authoritarian Personality (New York, 1950).

❶　對此研究之一般性批評，可見 Fred Greenstein, op. cit., pp. 98–102.

❶　見 Ibid., p. 101.

❷　此為第一部極權人格的系統研究，影響後人對極權主義的研究是極巨大的。

❷　Lucian Pye, *Politics, Personality and Nation-Building: Burma's Search for Identity* (New Haven, 1962).

　　政治學採用的人類學的概念，較重要的為「文化」。所謂「政治文化」，即是把此概念修改而沿用於研究政治的。政治文化的概念首先由奧蒙 (Gabriel Almond) 於一九五六年使用❷。他感到人類學者應用「文化」概念時，意義太多，相當曖昧❸。故他把「政治文化」限於這許多意義的一種，即「對社會事物的心理取向」，「特別是政治取向──對政治體系及其各部分的態度，及對個人在體系中的角色的態度❹」。佛巴 (Sidney Verba) 指出政治文化包括「實證信仰、表意符號與價值的系統，此系統界定政治行動發生的情境；它提供政治主觀的取向❺」。白魯恂認為「政治文化是賦予政治過程秩序與意義的一組態度、信仰與情緒，這些事物提供政治體系以支配行為的種種基本前提與規律。它包含一個政治體的政治理想與運作規範。因此，政治文化是心理與主觀的層面，以集合的方式表現。一種政治文化乃是一個政治體系的集體的歷史與系統中成員的生命史之產物，因而其根基為公共事件與個人經驗，二者不分軒輊❻」。

　　在界定「政治文化」的含義時，奧蒙依賴派森斯等人的「行動理論❼」至鉅。派森斯等認為行動者的對情勢的任何取向 (orientation) 均可分解為若干

❷　Gabriel Almond, "Comparative Political Systems," *Journal of Politics*, 18 (1956), pp. 391–409.

❸　關於人類學的「文化」概念之諸種定義，參閱 Alfred L. Kroeber and Clyde Kluckhohn, *Culture: A Critical Review of Concepts and Definitions* (New York, 1963).

❹　Gabriel Almond and Sidney Verba, *The Civic Culture* (Princeton, 1963), pp. 13–14.

❺　Sidney Verba, "Comparative Political Culture," in Lucian Pye and Sidney Verba (eds.) *Political Culture and Political Development* (Princeton, 1965), p. 513.

❻　Lucian Pye, "Political Culture," *International Encyclopedia of Social Sciences*, Vol. 12, p. 218.

❼　Talcott Parsons and Edward Shils (eds.), *Toward a General Theory of Action* (Cambridge, Mass., 1951), esp. pp. 58–60.

分析因素。這些因素並不互相孤立，而是取向的不同面向。大約面向有三種：認知的、情感的與評估的。認知的成分為知覺與理解的一面；情感的成分意指藉好惡之情賦行動對象以感情的意義；評估的一面涉及選擇，在運用判斷時，人類混合了認知與情感兩種取向。奧蒙把此一概念架構移用於政治研究，乃產生所謂政治取向的三型：⑴認知取向：即對政治體系，其角色、角色佔據者、它的輸入項與輸出項的知識；⑵情感取向：對政治體系，其角色、人員，與工作表現的情感；與⑶評估取向：對政治事物的判斷與意見，為價值標準與知識暨情感等準則的混合。

政治文化的運作定義為人民對政治事物的認知、情感與評估三種取向的型式之分配。所謂政治事物指⑴個別的角色或結構。諸如立法機構、行政部門或官僚機關；⑵角色的佔據者。諸如立法者、行政人員，及⑶政策，或行政決定的執行。

奧蒙等建立三種政治文化的理想型：⑴原始政治文化 (parochial political culture)，⑵屬民政治文化 (subject political culture) 與⑶參與者政治文化 (participant political culture)。原始政治文化的特徵乃是體系成員沒有明確的政治角色觀念，並且對體系沒有期望，不曾感到體系應顧及他們的需要；典型的例子是非洲的若干部落社會之政治文化；屬民政治文化的特徵是對體系本身及其輸出過程具有高度的行動取向，但對其輸入過程及個人的角色沒有取向；參與者政治文化的特徵是對政治體系的任何方面都有明確的取向。雖然成員對體系的情感與評價可能徹底接受，也可能完全拒斥，但他們絕不是冷漠的。

此三種政治文化是重疊存在的，舊的取向並不為新的完全替代，但卻為新的改變或削弱。在任何社會中，皆可找到任何一種取向的人，但因人數比例之不同，與取向的純度之差異（請注意任何一種取向皆為理想型），我們可說不同社會的政治文化是原始的、屬民的，與參與的。正因為一方面政治文化可被認作個人的取向，另方面它又是全社會或全體系的，政治文化的概念可發展成聯繫個體分析與總體分析的橋樑❷❸。

　　雖然大體說來，一個社會的政治文化有其共同點，使其明顯地異於另一社會的政治文化；但在同一社會內，政治文化的同質性也有高低之分，但不論在何種社會，精英政治文化與民眾政治文化這兩種次級文化的並存，是不可避免的 ❷ 。精英份子擔任領導的角色，其態度取向受此影響，自然與一般民眾的態度不同，而為盡其角色，他們接受的政治社會化的型式也有其特性，凡此種種，均造成次級文化。在不同的社會，精英次級文化與民眾次級文化的差距是不同的，這反映精英與民眾的距離。

　　自政治文化的觀點，去了解政治行為，可能產生一種偏差，即認為政治行動全為觀念與意識決定的；其實這是不必要的錯覺，這種錯覺主要是把政治文化的概念狹隘化所造成的。政治文化除了指信仰系統、政治意識型態……以外，也包括社會成員的政治經驗所導致的認知與情感等成分。

　　以政治文化的概念架構研究政治現象的著作，較著名的為奧蒙與佛巴的公民文化 (*The Civic Culture*) ❸ 。此研究不僅是五國（美、英、德、意、墨西哥）的公民政治態度與認知的實證調查，而且是從政治文化觀點探討民主政制運作與維繫之重要理論性著作。此外白魯恂的緬甸研究也是依據此一概念架構所作的重要研究 ❸ 。

---

❷ 見 Lucian Pye, op. cit.

❷ 參閱 Myron Weiner, "India: Two Political Cultures," in Lucian Pye and Sidney Verba (eds.), *Political Culture and Political Development* (Princeton, 1965), p. 199.

❸ Gabriel Almond and Sidney Verba, *The Civic Culture* (Princeton, 1963).

❸ Lucian Pye, *Politics, Personality and Nation-Building: Burma's Search for Identity* (New Haven, 1962)

第十八章 結構──功能分析

當代政治學中，影響最大的兩種研究途徑，可能是結構功能分析與系統論，它們都是一九五〇──六〇年代發展成功的，其時政治學正遭受行為主義的震撼，因此，這兩種研究途徑也都具有濃厚的行為主義色彩。許多嶄新的概念與術語瀰漫在其中，這是這兩種途徑引起很大的反對的理由之一❶。

在本章中，我們擬描述並分析結構功能說，在以下一章（第十九章）中，擬介紹與它關係密切的系統論。

壹、結構功能分析的基本架構

結構功能論源起於生物與機械科學，尤其是生物有機論 (organicism) 與均衡生理學 (homeostatic physiology)❷。在社會與行為科學中，最早採取它的是人類學，在人類學家雷特克立夫─勃朗 (A. R. Radcliffe-Brown) 的著作中，它被系統化的發展成一個研究途徑❸。根據雷特克立夫─勃朗，「社會功能」

---

❶ 關於結構功能分析途徑，術語太多引起的困擾，墨頓 (Robert K. Merton) 的評論如後：「常常，一個字眼被用來表示不同的概念，正如同一概念常以不同的字眼被表示。分析的清晰與交流的充分均成為這種輕浮地使用文字惡習的犧牲者。」見 Robert K. Merton, *Social Theory and Social Structure*, rev. ed. (New York, 1957), p. 20.

❷ 關於結構功能分析途徑之源起，參閱 A. James Gregor, "Political Science and the Uses of Functional Analysis," *American Political Science Review*, 52 (June 1968), p. 427.

❸ A. R. Radcliffe-Brown, *Structure and Function in Primitive Society* (London, 1952).

的概念是基於「社會生活與有機生活間的類比上」的 ❹。

　　早期人類學者的結構功能分析途徑，過分草率而極端，在當代功能論者眼中，已經是不適當的了 ❺。對今日社會科學功能分析理論貢獻最大的為社會學者派森斯 (Talcott Parsons) 與李維 (Marion Levy) ❻。

　　派森斯與李維的基本假設是一切系統都具有可以識別的結構，而該等結構的所有部分（成分）都履行某些功能，這些功能如對系統的維持或穩定具有作用，就是有意義的 ❼。

　　系統的成分與系統之關係暨它們彼此間的關係可用一詞以描繪，即功能互依 (functionally interdependent)。除此以外，系統具有求取均衡的傾向。

---

❹　Ibid., p. 178.

❺　早期功能論者除雷特克立夫─勃朗外，尚有馬林諾斯基 (Bronislaw Ma-linowski) 等人。關於他們在發展功能分析上的貢獻，可參閱 Maurice Mande-lbaum, "Functionalism in Social Anthropology," in Sidney Morgenbesser, et al. (eds.), *Philosophy, Science and Method* (New York, 1969), pp. 306–32. 對他們的「靜態的」分析途徑的批評，可參閱 Pierre L. Van den Berghe, "Dialectic and Functionalism: Toward a Theoretical Synthesis," *American Sociological Review* 28 (Oct. 1963), pp. 695–698.

❻　派森斯著作甚豐富，著名者計有 Talcott Parsons, *The Social System* (New York, 1951); Parsons and Edward Shils (eds.), *Toward a General Theory of Action* (Cambridge, Mass., 1951); Parsons and Neil Smelser, *Economy and Society* (New York, 1959). 討論與評估派森斯的著作甚多，較重要者為 William C. Mitchell, *Sociological Analysis and Politics: The Theories of Talcott Parsons* (Englewood Cliffs, N. J., 1967) 與 Max Black (ed.), *The Social Theories of Talcott Parsons* (Englewood Cliffs, N. J., 1962). 李維為派森斯高足，曾任普林斯頓大學教授，其主要著作為 Marion J. Levy, Jr., *The Structure of Society* (Princeton, 1952) 及 *Modernization and the Structure of Societies* (Princeton, 1966).

❼　見 Morton R. Davies and Vaughan A. Lewis, *Models of Political Systems* (New York, 1971), pp. 34–35.

所謂均衡，具有數種不同的涵義。伊斯頓曾經描述其不同的概念 ❽ 。最普通的意義為：倘系統內的「任何變項，就其與別的變項之相對地位及關係而言，保持不變」的情況，就是均衡。在此一情況下，所有變項已達彼此調適之境，即「穩定或平衡的地步，享有和諧、穩定或平衡的情境」 (a condition of harmony, stability or balance) ，但這並不是說在人所構成的系統中，人的活動之中止，而僅是說「個人或集團在其與其他個人或集團的關係中，不變易其地位 ❾ 」。奧蒙認為均衡概念應用於社會系統，含有下列假設：「家庭、經濟體、教會、政治體傾向於在時間之流中維持其本性，即使改變，也是緩慢的 ❿ 」。

貳、結構功能分析途徑的主要概念

結構功能分析途徑，包括若干核心概念，這些概念的界定，仍不夠明確與清晰，這是此途徑的弱點之一。（關於對此途徑的批評，可參閱本章第肆節。）

我們在上節中，已簡略地說明了「均衡」這一概念，這個機械學中的重要概念，移植至政治學，帶給政治學者的麻煩是夠大的。許多人認為強調均衡，就是強調系統的守成性，而強調系統的守成性，也即主張保守主義的社會與政治哲學（關於此種推論及基於此對結構功能分析途徑的批評，可參閱本章第肆節），為對抗此一看法，系統功能論者中，有人提出了「動態均衡」

---

❽ David Easton, "Limits of the Equilibrium Model in Social Research," In Heinz Eulau, et al. (eds.), *Political Behavior: A Reader in Theory and Research* (Glencoe, Ill., 1959), pp. 397–404.

❾ 見 Ibid., p. 403.

❿ G. Almond, "A Developmental Approach to Political Systems," *World Politics*, 17 (1965), No. 2, p. 187.

(dynamic equilibrium) 的概念：均衡的狀態不是靜止的，而是系統中的變項不停調適，達致的暫時的平衡狀態，此暫時狀態不斷被改變，但又不斷被恢復。任一系統，必須內蘊此種動力，才能免於僵化，但系統之改變，有其極限，超出極限，系統就有崩解的危險**⓫**。

結構功能分析途徑的最基本的概念，一為結構，另一為功能。所謂結構 (structure)，一般是指一個社會及其次級單位或部分的種種安排 (arrangements)，建制為其顯例。我們欲辨識此種安排，不能僅見之於建制 (institution)**⓬**，因建制僅為較正式的結構，另有許多不甚正式的結構，也甚重要。故我們如欲辨識結構，最好將其視為「成型的，多多少少循定規的行為」(patterned and more or less regular behavior)。

所謂功能 (function)，在生物科學中，是指某一器官為有機體履行的「任務」，在社會科學中，則指一項活動的後果 (consequences)。但並非一項活動的一切後果均可視為功能，只有對產生活動的單位所歸屬之系統具有影響者，可稱作功能。「功能」與目的是不同的；有些功能，是蓄意達到的，此與目的相似。倘若我們說「法院判決之功能是詮釋法律」，其含義無異「法院判案的目的之一是詮釋法律」。此類功能，可稱之為明顯的功能 (manifest functions)**⓭**。有許多功能，不是蓄意的，可稱為隱性的功能 (latent functions)。說明隱含的功能的名著之一是社會學者墨頓 (Robert Merton) 對於美國政黨的地方頭目 (boss) 及其控制的「政治機器」(political machine) 的功能之分析**⓮**。一般人無不認為「政治機器」是壞的，不足取的，但墨頓發現

⓫　參閱 Robert T. Holt, "A Proposed Structural-Functional Framework," in James C. Charlesworth (ed.), *Contemporary Political Analysis* (New York, 1967).

⓬　參閱 Talcott Parsons, *Societies: Evolutionary and Comparative Perspectives* (Englewood Cliffs, N. J., 1966).

⓭　關於明顯與隱性功能的區別，見 Robert K. Merton, op. cit., pp. 71–81.

⓮　見 Ibid.

它為社會履行了一些其他建制忽視的功能──即為貧苦的移民提供救助，並把他們融合於美國社會，有助於其穩定與和諧──「政治機器」在盡這些功能時，是無意的──其蓄意的功能是掌握選票，維持對地方政府的控制──故為隱性的功能。

當我們說某一項活動具有影響或後果，並不等於說它對系統產生某種貢獻。一項對系統的維持或穩定具有貢獻的活動是功能的 (functional or eufunctional)，對其不利的是反功能的 (dysfunctional)，我們切不可把「功能的」認為即是「好的」，「反功能的」即是「壞的」。在我們還未作一個價值判斷，認為某一系統是值得維持的以前，不能把「功能的」活動與「好」的活動混為一談。而任何價值判斷不是實證學科獨力能做的。

結構功能分析途徑，一般都假設系統的功能要件 (functional requisites)。墨頓曾說：「有若干決不可少的功能，除非履行，社會（或集團或個人）不能繼續存在 ❺。」 與功能要件這概念密切相關的還有功能前提 (functional prerequisites) 這一概念，此指一個系統在存在前必須滿足的功能。墨頓認為「儘管任何功能分析蘊含（明白表示地或暗示地）系統的功能要件」，功能要件與前提仍是「功能理論中最曖昧而且實證上最引起爭辯的概念 ❻」。

李維曾指出他的功能要件（社會存在所必需者）不是自定義推演而來，而係社會生存所賴者，也即係可獨立發現的實證關係；派森斯則認為社會科學者還不能對社會系統作精確的理論詮釋，所謂功能要件，不論在任何層次，仍無法明確地決定 ❼。不過，在其社會系統的模式中，他曾立下四種「必須

---

❺ Robert K. Merton, *Social Theory and Social Structure*, p. 33.

❻ Ibid., p. 52.

❼ 事實上，派森斯 「似乎準備承認功能論至多只是一個綱領式的研究指引」（見 Gregor, p. 435）。對派森斯而言「功能論是一個建構理論的策略，發掘有意義的問題與產生啟示性的假設的 『理論手段』」。見 James A. Bill and Robert Hardgrave, Jr., *Comparative Politics: The Quest for Theory* (Columbus, Ohio, 1973), p. 211.

功能」(functional imperatives)：即⑴型式之維持 (pattern maintenance)，⑵目標之達成 (goal attainment)，⑶調適 (adaptation) 與⑷整合 (integration)。

參、政治研究與結構功能分析

政治研究者中，主張採用結構功能途徑最力者首推奧蒙 (Gabriel Almond) ❶❽。在其編著的開發中地區的政治 (*The Politics of Developing Areas*) 一書中，奧蒙曾指出一切政治系統均具有四項特徵，而且我們可按此共同特徵比較它們。此四項特徵為首先「政治系統，包括最簡單者，都具有政治結構。……第二、在一切政治系統中，同樣的功能被履行。雖然這些功能被履行的頻率不同，並被不同的結構所履行……第三、任何政治結構，不論是存於原始抑或現代社會的，都是多重功能的。……第四、以文化的意義，一切政治系統都是混雜的。以『理性』為量度，世上沒有『完全現代化』的文化與結構；以『傳統性』為量度，也沒有『完全原始』者❶❾」。自某種意義來看，一切政治系統都是過渡的 ❷❶。

奧蒙並未明確界定「功能」，但在開發中地區的政治的導言中，他立下政治系統的七個功能要項 (functional categories)。他認為任何政治系統，都必須履行此七項功能：一方面是政治的或「輸入項」(input) 功能，為政治社會化與甄用 (political socialization and recruitment)、利益表示 (interest articulation)、利益集合 (interest aggregation)，與政治交流 (political communication)；另方面是政府的或「輸出項」(output) 的，即規則建立 (rule-making)、 規則執行

---

❶❽　奧蒙曾自稱他對比較政治的研究為發展「比較政治的功能途徑」。

❶❾　Gabriel Almond, "Introduction: A Functional Approach to Comparative Politics," in G. Almond and James S. Coleman (eds.), *The Politics of Developing Areas* (Princeton, 1960), p. 11.

❷❶　Ibid., p. 24.

(rule-application)，與規則裁決 (rule-adjudication)❷¹。

　　奧蒙提出上列功能，作為一個「初步建議」❷²，在其以後的作品中，曾作了修改。在他與鮑威爾 (G. Bingham Powell, Jr.) 合著的比較政治：一項發展的途徑 (*Comparative Politics: A Developmental Approach*) 一書中，把功能分為三個層次。一個層次為能力功能 (capability functions)，涉及政治系統，尤其是政府的能力，這些功能計有規約的 (regulative)、汲取的 (extractive)、分配的 (distributive)，與反應的 (responsive)，它們決定系統在環境中的表現；另一層次是變換功能 (conversion functions)，為系統內部的功能，涉及輸入項—輸出項之流，與系統之處理來自環境的要求與壓力有關，計有利益表示、利益集合、政治交流：規則建立、規則執行與規則裁決等項；另一層次是系統維持與調適之功能，即政治社會化與甄用。後者也可視為奧蒙對前者的缺少動態性的反應。藉助於此一建構，他企圖「探測發展的型式，解釋政治系統如何改變及為何改變❷³」。他對此一架構充滿信心，認為「政治系統的理論包括發現這些不同層次之功能的關係，及每一層次中諸功能間的關係❷⁴」。

肆、對於結構功能分析途徑的批評

　　對於結構功能分析途徑的批評，林林總總，數量甚多，茲將其主要者，加以分述。我們擬首先討論對結構功能途徑的一般性批評，然後再論對於政治學中結構功能架構（主要為奧蒙的架構）之批評。

　　㈠對結構功能途徑的一般性批評：第一類批評是方法論的。漢普爾

---

❷¹　Ibid., p. 17.

❷²　Ibid., p. 12.

❷³　G. Almond and G. B. Powell, Jr., *Comparative Politics: A Developmental Approach* (Boston, 1966), p. 13.

❷⁴　Ibid., pp. 29–33.

(Carl Hempel) 指出：「功能分析既不能讓我們預測，也不能讓我們解釋任何事項的發生，由於此一事項，我們才可說某一功能要件是履行的❷」。換句話說，結構功能論者釐定的「功能要件」是其主觀的產物，只要一經決定，結構功能論者就認為它們總歸會履行的，而不問其究竟是否履行，因此，它們是為「不可缺」的「要件」，其身份是來自「定義」（系統存在依賴這些要件，既然系統已經存在，則這些要件是存在的），而不是「實證的證據」。

漢普爾又指出，他認為結構功能架構的另一嚴重缺陷是其基本假設無法接受客觀的實證試驗。結構功能分析途徑假定系統之自我調節 (self-regulation)，即在某些限度（不論是適應度抑或容忍度）內，系統會發展某些應付任何挑戰的特質，俾能滿足不同的功能需要，以維持自己的存在。這種觀點，漢普爾認為是目的論的 (teleological)。

他指出「一項當作自我調節的假設提出的公式，只有以相當肯定的語句，並能作客觀的實證試驗的方式表出，才能作為解釋或預測的基礎……不幸的是，在具體的功能分析的場合提出的那些公式常常不能達到此等標準」。換句話說，系統的性質與其自我調節之限度均未明確指出❷。

達倫道夫 (Ralf Dahrendorf) 批評結構功能分析途徑的曖昧與空泛。他說：「功能論不是把有限的變項抽繹出來，並假定其對某一個別問題的解釋有關。它代表一個龐大而自稱包羅一切的建構，含有不能描述事物的概念，不能解釋現象的命題，與沒有結果的模式❷。」

----

❷　Carl Hempel, "The Logic of Functional Analysis," in Llewellyn Gross (ed.), *Symposium on Sociological Theory* (Evanston, Ill., 1959), p. 288.

❷　Ibid., pp. 291–292. Gregor 也作類似批評，見 Gregor, op. cit., pp. 432–33.

❷　Ralf Dahrendorf, "Out of Utopia: Toward a Reorientation of Sociological Analysis," *American Journal of Sociology*, 64 (Sept. 1958), p. 119. Francesca M. Cancian 也作類似批評。堪辛可能是結構功能途徑最嚴厲的批評者，他認為該途徑「不合邏輯，不曾袪除價值，而且不能解釋任何事物」。見其 "Varieties of Functional Analysis," in *The International Encyclopedia of Social Sciences*, Vol. 6, p. 29.

　　結構功能分析途徑的困難之一，是其主要概念均缺乏運作的定義。例如「維持」「生存」「整合」之類，在生物學中，生存的意義非常明確，在社會科學中，並非如此。「同語反覆」(tautology) 遂難避免：系統生存依賴所假定的「要件」，我們分析的系統顯然是生存的，則可假定為已滿足了功能要件❷❸。「整合」這一概念也難獲得明確的運作定義。在人類歷史上，一切社會、組織與集團，其整合程度必有差異，但沒有任何社會——包括早年人類學家馬林諾斯基 (B. Malinowski) 等人認為和諧的典型的部落社會——已達完全整合的地步，果爾如此，如何程度的整合是限度內的？如何又是超出限度的？殊難肯定，則系統在那種情形下，可說已滿足了此一功能要件呢？其他不少概念諸如調適等也有相同的問題。由於實證資料的缺乏，這些概念的意義都不確定。

　　不僅基本概念缺乏明確的意義，結構功能分析途徑的若干核心命題也不確定。兩位學者曾指出：「我們沒有根據假定一組與僅有一組功能是不可缺的要件。分析者可隨心所欲地界定其『功能要件』。而在認定那些結構履行什麼功能時，他也一樣可運用想像力❷❾」。

　　另一類對結構功能分析途徑的批評是規範性的。這派批評者認為結構功能途徑基本上是保守的，偏向於反對社會或政治系統之變遷的。他們指出主要的結構功能論者如派森斯與李維等人往往把系統的穩定與持續存在作為注意的中心，並認一切有助於達成這些目標的活動為「功能的」，否則為「反功能的」。而這種想法實反映結構功能者的政治與社會哲學，此一規範性的批評的聲勢相當浩大，許多人想到對結構功能途徑的批評，常常只想到這類批評。

　　以上兩類批評，第一類較重要，它確實暴露了結構功能途徑不足以成為「科學的理論」之基本困難。但是，我們不能因為這些批評而全盤否定結構

❷❸　參閱 R. E. Dowse, "A Functionalist's Logic," *World Politics*, Vol. 17, 1966.

❷❾　William Flanigan and Edwin Fogelman, "Functional Analysis," in James C. Charlesworth (ed.), *Contemporary Political Analysis* (New York, 1967), p. 80.

功能分析途徑對政治研究的價值（參閱本節後段）。

規範性的批評理由不夠充份。派森斯與李維諸人的早期架構容或含有保守主義的傾向❸，但認為結構功能分析途徑必然反映保守立場，則不妥當。首先，結構功能分析假定系統生存的維持為其活動的中心，並不含褒貶之意，所謂「功能的」與「良好的」，截然不同。「功能的」涉及事實之認定，「良好的」為價值判斷的結果。只有我們已按一己的價值，裁定某一系統，是值得存在的，維持它是件好事後，才能說「功能的」與「良好的」是二而一的。其次，如大衛‧艾帕特 (David Apter)、朋特 (Leonard Binder) 諸人均利用結構功能分析途徑探究政治變遷與現代化問題，獲得豐碩的成果，而且他們中沒有任何人站在保守主義的立場拒斥現代化與政治變遷❸。

㈡對政治學中結構功能架構的批評：政治學者使用結構功能分析途徑，最有成就者首推奧蒙❸。當奧蒙提出其七項政治系統的功能要件時，雖然他曾指出「一個政治系統的充份分析必須斷定並描述一切這樣的功能，而不僅僅是特殊的政治結構履行的那些功能❸」他並未說明為何這七項功能是一切政治系統維持其存在所絕對必須，而且是足夠的。奧蒙的架構的另一問題是其實證基礎是西方的政治制度，因此不免種族中心主義 (ethnocentrism) 的色彩。我們知道奧蒙對傳統比較政治研究偏重歐美政制，深表不滿，他希望他的架構可用來比較一切政制——西方的與非西方的；現代的、過渡的、傳統的。然而，他的功能要件的根源則無疑是西方的。他自己對此並不諱言：「根本上，我們的課題是根據存在於複雜的西方系統的特異的政治活動詢問一系列問題。換句話說，我們是從結構專門化與功能分化已達最高程度的政治系

❸　關於規範性批評，參閱 Harold Kaplan, "The Parsonian Image of Social Structure and Its Relevance for Political Science," *Journal of Politics*, 30 (Nov. 1968), pp. 893–95.

❸　參閱 William Flanigan and Edwin Fogelman, op. cit., p. 79.

❸　此外，尚有 David Apter, Leonard Binder, William Mitchell 諸人。

❸　G. Almond and J. Coleman, op. cit., p. 12.

統獲得我們的功能要件❸。」奧蒙認為這些功能是任何政治系統必然需要履行的，但他這假設並不能試驗，僅為主觀的推斷而已。

　　儘管批評者指出奧蒙的架構有上列缺陷，結構功能分析途徑對於政治研究，仍有相當重要的價值。佛萊尼根與福格曼 (Flanigan and Fogelman) 指出其價值為：首先，對政治分析可作若干啟發性貢獻，諸如⑴使分析者留意社會與政治現象間相互關係之複雜性；⑵使其注意政治現象的環境為整個社會系統；⑶使其考慮及政治行動者或集團擔當的功能，尤其是隱性的功能，此可視為矯正說教的與「理性的」分析之良方。其次，結構功能分析途徑提供了許多架構，學者可按這些架構探討其感興趣之問題，並試驗此等架構的適用性❸。此等架構當中，最富創造性者無疑是奧蒙的，這是他對政治分析不可忽視的貢獻。

---

❸　Ibid., p. 16.

❸　見 Flanigan and Fogelman, op. cit., pp. 84–85.

第十九章　系統理論

　　政治學中系統論與結構功能途徑是密切相關的，因為它們都把政治現象設想為「互相聯繫並節制的行動型式，這些型式的焦點是均衡。而且都重視維持生存的基本需要❶」。奧蒙在其著作中，使用政治系統，而不用「國家」這些詞彙，以便自其論述中袪除法制等傳統含義。他並且按某些特質分辨政治系統，諸如互依性、周遍性與邊界的存在等❷。政治學者中，企圖把系統論作為總體理論的為伊斯頓。在本章中，我們討論的重點為伊斯頓的著作，但也將略為涉及若干別的學者的觀點。

　　由於伊斯頓等受一般系統理論 (the general systems theory) 與操縱學 (cybernatics) 的若干觀念的影響至大，我們擬首先介紹這方面的常識（第壹節）；第貳節為伊斯頓等的政治系統論，第參節為政治系統論的評估。

壹、一般系統論簡述

　　關於系統論，有一位學者曾作如下的敘說：系統分析是「一組互聯的變項——該組變項與環境必須清楚劃分——及該組變項在環境動盪的衝擊下維持自己之方式的研究❸」。

　　以上定義，強調數點：變項的互聯性，系統的邊界及系統的持續維持自

---

❶ Howard A. Scarrow, *Comparative Political Analysis: An Introduction* (New York, 1969), p. 59.

❷ Gabriel Almond and J. Coleman (eds.), *The Politics of Developing Areas*, pp. 7–9.

❸ W. Ross Ashby, *Design for a Brain* (New York, 1952), p. 1.

己的行為。

　　變項的互聯性指系統暨其成分及諸成分彼此間的二種聯繫。在一般系統論中，一個主要概念即為「互聯性」，亦即系統之平行與梯階的聯結關係❹。一個單純的系統，這是指其含有的變項間的平行聯繫與變項與系統本身的梯階聯繫兩者；在一個較複雜的系統，此是指次級系統 (subsystems) 間的平行聯繫與諸次級系統與系統之梯階聯繫❺。

　　系統與環境間都有邊界 (boundary)。但斷定邊界，必須視某一系統為實存或具體系統 (physical system) 抑或分析系統 (analytic system) 而定。實存系統的邊界不難藉觀察以發現，例如一個蘋果，其果皮就是邊界；分析系統的邊界不能藉觀察發覺，必須細加分析才能測定。

　　「系統維持自己的行為」一點實包括數重意義：首先，系統論者與功能論者都假定維持均衡與穩定是一切系統追求的目標。所謂維持自己，就是指在環境的衝激震撼下，系統的維繫均衡與穩定；其次，欲達此目標，系統必須具有某些能力，以應付環境，及保持與環境間的和諧。

　　上段隱含之意為系統與環境間關係之探討，實為系統論的另一重心。大體說來，系統論者按系統與環境的關係把系統分成兩類：封閉的與開放的，但由於封閉的系統難以久存，故實際上吾人只須注意開放的系統。(以下所指系統，純指開放的系統)

　　系統與環境具互動的關係，其自環境獲得者為輸入項 (inputs)，其送往環境者為輸出項 (outputs)。輸出項對環境的影響，也送回來成為輸入項，此回輸的過程，稱為反饋 (feedback)。一個系統能否持續生存或健全發展，其能否自環境取得其所需者，並提供環境所需的輸出項至關重要，而其能否作到此點，一個主要的條件是反饋機能是否良好而充分。

---

❹　Oran R. Young, *Systems of Political Science* (Englewood Cliffs, N. J., 1968), pp. 15–16.

❺　Ibid.

一般系統論的目的在發展對各種系統──不論其為生物系統、社會系統──均適用的基本原則，以輔助科際的整合研究，並增進吾人對宇宙萬物之共同性的了解。因此，釐定標準，以比較各種系統，為其基本工作。一般系統論者認為系統可按整合 (integration)、分化 (differentiation)、互依 (interdependence) 與集中 (centralization) 等程度來比較。整合指系統的成分的凝結度，分化指次級系統功能的區分，互依指互相依賴，集中指次級系統為達系統目標的一致性。

操縱學是「溝通與控制之科學」❻。溝通與控制為一古已有之的領域，但操縱學是利用現代的技術來探究其內涵，故為「關於古老題材的新學」❼。

操縱學與社會科學的關係，魏納 (Norbert Wiener) 曾說明如後：

「社會科學的存在，是基於把社會集團視為一個組織，而不是一群烏合之眾，以對待之的能力。溝通是凝結組織的水泥。唯有溝通，才能使一個集團一起思想，一起觀察，一起行動。一切社會學科曾了解溝通的涵義。

不僅一群人的結合仰賴溝通，欲維持個人人格的完整亦然。每個人的人格之一切成分，經常在彼此溝通，並藉其溝通的特性，控制機能在互相影響。

溝通理論的若干部分已為工程師考慮過，人與社會溝通若與機器溝通的成規相較是極為複雜的，但它們的大原則是一樣的；當此大原則被用於機器的較簡單內容時，它獲得至高的技術發展❽。」

操縱學探究一切系統維持生存與穩定之道，認為關鍵在於導航 (steering) 適當。而適當的導航是基於從環境中獲得的適量而有用的資訊，尤其是關於系統自身行為的資訊，因為憑藉這些資訊，系統可矯正自己行為的偏差，而

---

❻ Karl W. Deutsch, *The Nerves of Government* (New York, 1966), p. 76. 「操縱學」的名稱是數學家 Norbert Wiener 所創。

❼ Ibid.

❽ Karl W. Deutsch, *The Nerves of Government*, p. 77. 此段文字出現於魏納給杜區的私人通信中。

達到應付環境的目的，也即達到增加自己生存機會的目的。獲得關於自身行為的資訊依賴反饋機能。操縱學特別重視反饋機能之剖析，操縱學觀念對政治系統論的影響主要也在於此點提示。

貳、政治系統論

　　政治系統論的代表人物伊斯頓在其一九五三年出版的著作政治系統 (*The Political System*) 中，對當時政治學科的情況作了嚴酷的抨擊❾。他認為當時政治學科的主要病態，是缺乏理論，尤其一般性理論，其所謂實證研究，主要只是搜集事實，堆積事實而已，這種「粗礪的實證主義」(raw empiricism) 並不能使政治學科接近科學化的目標。伊斯頓指出科學的目的，在解釋現象，而這唯有藉建構理論才能達到。

　　在理論當中，伊斯頓特別重視一般性理論，所謂一般性，具有兩層意義：首先，他認為任何層次的政治（國際政治、一國的政治或地方政治……等），都可用同樣的理論來解釋，沒有必要也沒有理由為其建構不同的理論。他不贊同傳統的政治學者的分工，他感到政治學的目的是建構一個「統一的理論」(unified theory of politics)，俾用來解釋各種層次的政治系統的行為❿。其次，他主張政治學的首要任務是分析一切系統的共同問題——即政治系統持續生存的問題⓫。

　　伊斯頓並否認較低層次的理論之價值，但認為那些都是「部分的理論」(partial theories)，而部分的理論集合起來仍不足以發展「一般性理論」。由於只有一般性理論，才能「建立辨識一切政治系統中需要探討的重要變項之標

❾　見其 *The Political System* (New York, 1953)。

❿　關於此點的分析，可參閱 Morton R. Davies and Vaughan A Lewis, *Models of Political Systems* (London, 1971), p. 45.

⓫　見其 *A Framework for Political Analysis* (Englewood Cliffs, N. J., 1965), pp. X–XI.

準」❷，其建構為當務之急。

在建構「一般性」理論上，他主張使用系統這個概念「作為分析工具，俾辨認可被稱為政治的那些具體社會真實中的完整地相聯之面向❸」。

自一九五三以後，他致力於發展以「系統概念」(systems concept) 為核心的一般性政治理論。在建構此理論時，他依賴一般系統理論與操縱學。

伊斯頓認為他的主要工作計有兩項：一項是辨識並界定一切政治系統均具有的功能，而這唯有藉系統架構才能達致。他不贊成奧蒙的界定功能的方法，以為這是主觀的；另一項是省察「政治系統──不論其類型──能在穩定或變動的世界中，作為一種行為系統，持續存在的基本過程❹」。

伊斯頓曾以下述言論，說明其系統分析：

「（系統分析）的出發點是政治生活為一組互動行為的觀念，此組行為是為其他社會系統所包圍，而以邊界區分的，但卻經常暴露於環境的影響下。果爾如此，吾人不妨把政治現象視為構成一個開放的系統，它必須處理因其暴露於環境系統的影響而產生之問題。倘若這類系統能持久存在，它必須獲得足夠的關於它的以往表現的反饋資訊，並能採取措施調整未來的行為。調整可能只需按固定目標作細微的調適以滿足新情勢。但它也可能指更改舊目標或徹底變動它們的努力。欲求長存，系統可能必須具備徹底更改它自己的內部結構或過程之能力❺。」

在實際工作上，系統分析涉及下述變項與程序的探討：⑴輸入項之類型與性質 (the types and nature of inputs)；⑵在何種情況下，輸入項構成對系統的挑釁──即造成緊張 (stress) 與不安 (disturbance)；⑶產生不安與緊張的環境的及系統本身的因素；⑷系統處理及應付此種緊張與不安的典型方式；⑸

❷　David Easton, *A Systems Analysis of Political Life* (New York, 1965), p. 8.

❸　David Easton, *The Political System*, p. 61.

❹　David Easton, *A Framework for Political Analysis*, p. X.

❺　Ibid., p. 25.

資訊回饋的角色 ；與⑹輸出項 (outputs) 在轉化 (conversion) 與處理過程中的
角色。

　　按照其基本假設，伊氏曾以下列兩圖表示其政治系統與環境的關係（見
圖 19–1 與圖 19–2）。

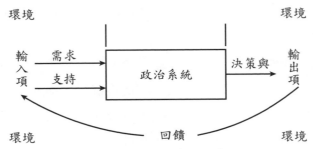

圖 19–1　政治系統模式

（自 David Easton, *A Framework for Political Analysis*, p. 112）

　　伊斯頓特別強調系統的分析性 ， 他指出 ：「一切系統都是心靈的構造
物❶」。因此，什麼構成系統不是天生的，而是由人界定的。一個系統之為系
統，乃是由於它具有互聯的變項，倘若某些原本互聯的變項，一旦不再如此，
系統也就不再存在。此外，他又指出研究者的判斷，也是肯定系統存在的主
要憑藉。他說「任何被選來描述與解釋的變項集合可被視為行為系統❷」。而
選擇那些變項令其包容於一個系統內，完全是基於工具性的考慮：問題是「決
定那堆活動是有趣的。」「邏輯上，我們可隨意把任何活動歸入政治系統；實
質上，鑑於吾人對政治生活研究的目標，只能限於對了解何以人們在政治情
勢中採取某些行動有關的那些重要活動❸。」

---

❶　Ibid., p. 27.

❷　Ibid., p. 30.

❸　Ibid., pp. 30–31.

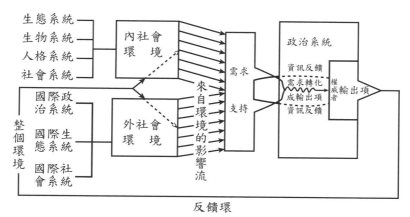

圖 19-2　政治系統動態反應模式

（自 David Easton, *A Systems Analysis of Political Life*, p. 30）

政治系統是角色 (role) 構成的，其界定必須憑藉互動的政治行為，因此，伊斯頓指出政治系統不是物象 (physical entity)，而是可實證地觀察的互動之型式 (empirically observable pattern of interaction)；而且，政治行為也不是單獨存在的，因為事實上，政治行為不過是社會行為的政治面而已。任何行動可能同時具有政治性與非政治性的層面：譬如投票是一種政治行動，但是假如一個人投票是為了取悅某位友人，而不是為了作一項政治選擇，則它就有了社會性。

雖然伊斯頓認為政治系統為一心智的建構，但他又賦予它某種「目的之性格」(teleological character)，他一再強調它是一個追求目的 (goal-seeking) 的系統，並且能改變自己 (self-transforming)，以及創造性地調適。他甚至提到「政治系統的生命過程❶」。

伊斯頓作了一個基本假定：「儘管政治系統表現出來的結構形式，因時、地而大為不同，但它們統統具有某些基本的政治活動與過程❷。」其中最主要者，也可說是樞紐性功能為「為社會權威性地處分價值❸」。此點也可說是

---

❶　Ibid., p. 99.

❷　Ibid., p. 49.

伊氏政治系統邊界決定的標準，即政治系統與其他系統——如文化系統——的區別之所在：政治系統所包含者為政策決定與執行的一切過程與行為，其他的系統則為不同性質的行為系統。

伊氏所謂價值，指一切物質與象徵的酬報。價值是稀少的，故必須有一適當的過程加以處分，始能排除使用暴力的爭執。伊斯頓界定「處分」(allocation) 為分配 (distribute)，授予 (grant) 或拒給 (deny) 社會中的價值之決定與相關活動。處分必須權威性——即關於它的決定必須被社會認為務必接受與服從，是具合法性與約束力的，但接受的動機則不在考慮之列，可能是害怕武力懲戒、自利，或公民義務感……等。此等處分必須為「社會」的，此所謂「社會」指整個社會系統，以別於次級系統為其成員所作的價值區分——如私營公司老板發年終獎金給績優員工，則不得視為「為社會處分價值」。

由以上所述，我們可知政治系統的邊界不是由實存的建制決定的，而要看互動行為是否旨在「為社會權威性地區分價值」。政治系統以外的為環境；政治系統對環境是開放的，必須對之起反應。

環境的「變易」，伊斯頓以「輸入項」來表示。輸入項包括需求與支持 (demands and support) 諸變項。需求為慾望或愛好的政治化 ❷。當這些慾求與愛好以某種方式表達出來，它們就成為權威者必須注意而採取行動的。需求的數量與種類是受若干結構所節制與控制的，諸如利益團體、政黨、大眾媒體或意見領袖等。這些結構把分散而混沌的需求加以集結，並以明確的方式表達給權威者。唯有把這些需求轉化為一個行動的綱領，系統才能較有效地對環境起反應。除了結構的條件外，若干文化的因素也限制需求的數量與種類，並將其作某種改變。在任何政治系統下，總有一些慾求被認為不關政治

---

❷ Ibid., p. 50.

❷ 此處「政治化」是指具有這些慾求的人自覺到它們，意識到可用政治手段來滿足，並採取這些手段。

的事。

　　屬於輸入項的另一種變項為支持。我們可把它分為三種層次的支持：權威者、典章 (the regime or constitutional order)，與政治社會 (political community)。此三種層次的支持可能各不相同：例如一位反對當權者的人，可能十分擁護系統的典章。但是，這三者間有其聯繫性，通常表現於一種「溢出」效果 (spillover effect)：即對一種對象的支持可轉移至其他兩種對象。「政治反對」可被視作「負的支持」(negative support)。系統的持續生存依賴「對這三種政治物件至低限度的情感的維持。當支持的輸入項低於此限度時，任何系統的持續生存都會受到危害❷❸」。因此，任何系統必須對其成員灌輸「擴散的支持」 (diffuse support) 的意識。所謂擴散的支持與特殊的支持 (specific support) 不同，它不是由於成員獲得某種固定的酬報或利益而產生的，而是藉對成員社會化，培育其愛國心，與對憲法與領導者的信任與忠貞而建立的。伊斯頓指出，任何政治系統，假如缺少這種支持，恐不易維持生存。

　　擴散的支持給與政治系統某種程度的行動彈性。但為長遠計，系統的生存還須依賴「特殊的支持」，此是「當成員覺察到他的需求已經獲得滿足」而產生的❷❹。

　　輸出項 (outputs) 為系統對現存暨預期的需求的反應，它與其結果或後果 (outcomes) 是不同的。權威者為滿足需求可採三種方式：⑴例行的轉換，⑵改變環境與⑶修改政治系統。 而且， 也可以象徵的輸出項來代替有效的反應──空洞的諾言，堂皇的言辭，訴諸愛國心，製造假想敵或替罪羔羊❷❺。在最困難的情形下，甚至可以高壓的行動作為輸出項來維持系統的存在。

---

❷❸　Easton, *A Systems Analysis of Political Life*, p. 220.

❷❹　Ibid., p. 125. 伊氏特別強調「特殊的支持」，而較不重視「分散的支持」，為一位美國實用主義的自由派人士的基本態度（不重視意識型態如民族主義等）。同時，他既以「價值處分」視為政治的首要任務，此種偏向自然是「理所當然」的。

❷❺　參閱 Murray Edelman, *The Symbolic Uses of Politics* (Urbana, Ill., 1964).

需求的數量太多，種類太雜，強度太大，也足以為系統帶來緊張 (stress)，系統感到窮於應用，伊斯頓稱此種現象為「輸入項超載」(input overload)。世上沒有任何政治系統接納與處理需求的能力是無限的，其能力的門限每種系統不同，隨其結構與文化而異。

同時，系統反應的能力與反饋的過程很有關係。所謂反饋，是指回輸給權威者的關於系統情況與環境的資訊。反饋對系統之持續生存至為重要，因為「只有根據對已發生的情形或需求與支持的現有情況之知識，權威者才能夠反應──調適、改變，或修正以前的決策，包括以前的疏於決策❷」。但僅憑反饋，不論其如何有效（即正確度最高，拖延最短），不足以保證系統的生存。若系統不能產生適當與適量的輸出項，就面臨危機。

伊斯頓指出來自系統本身與環境的騷動 (disturbances) 能為政治系統帶來緊張而威脅其持續生存的能力。政治系統之持續生存有賴於若干緊要的變項 (essential variables)，諸如「為社會處分價值與相當高的服從頻率」的存在，它們在一個「正常範圍」(normal range) 內運作。倘若緊張取代這些變項，超出某一範圍，系統可能崩潰。

伊斯頓認為持續生存 (persistence) 不僅僅是自我維持 (selfmaintenance)。自我維持是一個與「穩定」含義相差不遠的概念。伊氏指出持續生存需要在面對「緊張」時，靈活適應的能力。系統如要長久存在，不能只一味維持穩定，必須具有對付各種騷動的能力，它必須能改變環境或自己作「重大的改變」，甚至徹底更動其「範圍、人員、結構與過程、目標，或行為規則❷。」換句話說，系統具有極廣大的自我調節的能力。

伊斯頓的政治系統論引起很大的注意，許多學者曾試圖重新描繪其系統模式。密契爾 (William C. Mitchell) 曾把輸入項與輸出項重行區分。他認為伊氏的需求與支持不能窮盡輸入項，期望 (expectations) 與資財 (resources) 為系

---

❷ Easton, *A Framework for Political Analysis*, p. 129.

❷ Ibid., pp. 86–87.

統運作必須依賴的：期望指個別的成員慾求的，但未正式提出需求，有時成員們自己並不清楚覺察到。密契爾認為政治領袖們假如具有優良的感覺這些期望的能力，系統的持續生存的機會必定增加❷❽。他又把輸出項分為三類：目標 (goals)、價值與成本 (values and costs) 與控制 (controls)。價值乃正面的輸出項，成本為負面的。但在社會生活中，一人獲得價值常使他自己及別人付出成本。控制指目標、價值與成本付諸實施的方式。密契爾的模式見圖19–3。

圖 19–3　密契爾政治系統模式
來源：William C. Mitchell, *The American Polity*
(New York: The Free Press, 1962), p. 6.

參、政治系統論評估

　　伊斯頓的政治系統論也許是最為人熟知的政治學周遍理論，其影響是深遠的：今天，較年輕的政治學者幾乎無不多多少少接受了一些系統論的觀念；「政治系統」這個名詞在近二十年內出版的政治學書刊中已取代了較傳統的名詞；價值處分的觀念已成為許多人分析政治現象的中心原則；輸入項一輸出項的架構也已進入了政治研究者的意識❷❾。但是，無可否認地，政治系統

---

❷❽　可參閱 Carl Friedrich, *Constitutional Government and Democracy* (Waltham, Mass., 1968), pp. 506–507 以資比較。

❷❾　一位學者曾指出：不論人們如何評論伊斯頓的系統分析的功用，「簡單的事實是此種觀點已成為現代政治學的一部分」。見 James R. Klonoski, "Review of *A Systems Analysis of Political Life*," *The Western Political Quarterly*, 20 (Sept. 1967), p. 738.

論並未能提供我們政治現象的充分而有力的解釋，甚至不曾引發許多根據它而作的實證研究 ❸。因此，我們不得不說它的影響雖然及於不少人士、不少學者，但其產生的效果是局部的、片面的。

　　政治系統論與結構功能架構的關係相當密切，我們對結構功能架構的批評，部份也能適用於它。史畢洛 (Herbert Spiro) 批評伊斯頓「過於專注於穩定 ❸」——即主要是傾向於系統的穩定性。儘管伊氏否認此點，認為他也注意到變遷的問題。但他的保守主義趨向是相當顯明的，事實上，這表現於他自認政治的基本問題：「系統如何持續生存？」他關心系統的存在與騷動，而不重視政治價值：即政治的基本目的為人的福祉。楊氏 (Oran Young) 指出伊氏的「角色」分析的偏差：「分析的箭頭是指向各種角色型式對系統的維持之貢獻，而不是指向系統對扮演角色者的福利之貢獻 ❸。」

　　在系統分析中，衝突被當作騷動之源，為系統存在的威脅。穩定是至高的價值，系統行為必須以此為至要目標。政治和協 (political consensus) 被視為系統存在的基石。此種分析前提也有可議之點：柯塞 (Lewis Coser) 曾指出若干種方式的衝突，不一定是反功能的，它們對系統的維持能作重大的貢獻 ❸。根據柯塞的命題（不少是從十九世紀末，德國社會學家西墨爾 [Georg

---

❸　唯一根據此架構，並利用其觀念的實證研究為 Leon Lindberg, "The Political Community as a Political System: Notes Toward the Construction of a Model," *Journal of Common Market Studies*, Vol. 5 (1967), No. 4, pp. 344–87.

❸　Herbert Spiro, "An Evaluation of Systems Theory," in James Charlesworth (ed.), *Contemporary Political Analysis* (New York, 1967), p. 173. 伊斯頓雖然指出「需求緊張」「支持緊張」（即支持的大幅下降）及「輸出失敗」「反饋失效」均足以使系統產生危機，危機超過極限，系統會崩潰，但對系統崩潰的性質及後果均不曾詳細討論（僅指出在某種條件下，系統的完整 [integrity] 可以恢復），此為其分析的缺點之一。

❸　Oran Young, op. cit., p. 47.

❸　Lewis Coser, *The Functions of Social Conflict* (New York, 1956), pp. 34–35.

Simmel] 的著作中得來），衝突有助於建立與加強系統內集團的凝結力，而各種集團的有限度的仇視使系統的平衡得以維持，而這種平衡往往是系統存在的良好保障❸。

　　伊斯頓的主要成就是提供了一個架構，有助於分析複雜的政治世界，並組織政治生活的分散的資料。他的架構讓我們更能留意政治生活與社會系統的關係——政治系統為社會系統的一部分，並且使我們注意到分析政治必須以整體（整個系統）為出發點，不能僅及於系統的成分而無視其與其他成分的關係。然而，伊氏藉此建構一個真正理論的願望並未達到❸。系統論過分抽象：由於伊斯頓蓄意建構一個能涵蓋一切系統的模式，其結果是他的架構距離現實甚遠，與任何具體的系統都是脫節的❸。這種抽象性是他的模式之長處，但也是弱點。

---

❸　Ibid.

❸　伊氏並未把他的系統論當作一個真正的理論，而視其為「一個概念架構，但隨時間的慢慢過去，一個較複雜的理論結構可加上去」。見 *A Systems Analysis*, p.12.

❸　此為楊氏對他的主要批評：他認為伊氏有意使其模式脫開任何實際政治系統的具體事物的努力，雖然有助於系統的比較，但內容就顯得貧乏了。克羅諾斯基也指出「整個架構使人感到遠離政治的事實與價值，似乎高不可攀」。葛羅斯則認為「伊氏提出了政治系統的若干結構成分，但惜乎未提供可用來分析系統的具體的次級系統的概念」。 以上評論見 Oran Young, op. cit., p. 46. Klonoski, op. cit., pp. 738–739; Bertram M. Gross, "Review of *A Systems Analysis of Political Life*" in *The American Political Science Review*, Vol. 61 (March 1967), p. 157.

第二十章　集團途徑

　　二十世紀以前，就有學者從集團的合作與衝突的角度去分析政治過程❶，但所謂集團途徑——即以集團的行為作為政治分析的中心——最早的發展者是朋脫萊 (Arthur F. Bentley)，他的一九〇八年問世的名著政府過程 (*The Process of Government*)❷，可說是有系統地剖析集團途徑的經典之作。

　　朋氏的「架構」，當時並未引起很大的注意。雖然出現很多描述利益集團的著作，但沒有人把集團分析當作一種理論性途徑來探討。直至杜魯門 (David B. Truman) 的政府的過程 (*The Governmental Process*)❸，於一九五一年出版後，情勢才改觀。

　　杜魯門基本上接受朋脫萊的觀點，但作了若干重要的修正。朋脫萊—杜魯門的研究途徑引起的反應很大：一方面，不少守舊人士對之抨擊不遺餘力，甚至指責「朋脫萊主義的邪惡影響」❹，另方面，許多學者繼續他們的努力，在集團分析方面作了重要的理論貢獻❺。

---

❶　麥迪森 (James Madison) 與卡洪 (John Calhoun) 都按集團的合作與衝突為出發點去分析政治現象。十四世紀阿拉伯偉大政治哲學家伊本・卡登 (Ibn Khaldun) 曾按集團的團結力之消長解釋伊斯蘭文明的盛衰，甚具卓見。參閱 Muhsin Mahdi, *Ibn Khaldun's Philosophy of History* (Chicago, 1964), pp. 254–260.

❷　Arthur F. Bentley, *The Process of Government* (Cambridge, Mass., 1967).

❸　David B. Truman, *The Governmental Process* (New York, 1951).

❹　R. E. Dowling, "Pressure Group Theory: Its Methodological Range," *American Political Science Review* 54 (Dec. 1960), pp. 944–54. 語見 p. 954。

❺　重要的作品有：Earl Latham, *The Group Basis of Politics* (Ithaca, N. Y., 1952); Charles B. Hagan, "The Group in a Political Science," in Roland Young (ed.),

集團途徑代表對傳統的制度與公法途徑的一項反動，也是使政治研究脫離規範性記載至實證分析的活動之一部分。朋脫萊的著作，對此點揭開鮮明的旗幟。他認為他當代的政治學不過是「公務機構最表面的特徵之形式化研究」而已，是沒有多大價值的。他指出政府的血肉不能見之於法典、憲法條文、文告、公文與政客們的罵人言辭中❻。「他的願望是把學者們從烏托邦式的空想引導至經驗事實的『實體』❼。」

一九六〇年代初期，朋脫萊－杜魯門途徑達到其勢力的顛峰；今天雖略

Approaches to the Study of Politics (Evanston, Ill., 1958), pp. 38–51; Samuel J. Eldersveld, "American Interest Groups: A Survey of Research and Some Implications for Theory and Method," in Henry W. Ehrmann (ed.), *Interest Groups On Four Continents* (Pittsburgh, 1958), pp. 173–96; Robert T. Golembiewski, "'The Group Basis of Politics': Notes on Analysis and Development," *American Political Science Review* 54 (Dec. 1960), pp. 962–71; Gabriel Almond, "A Comparative Study of Interest Groups and the Political Process," *American Political Science Review* 52 (March 1958), pp. 270–82; Gabriel Almond and G. Bingham Powell, *Comparative Politics: A Developmental Approach* (Boston, 1966), pp. 73–97; Harry Eckstein, "Group Theory and the Comparative Study of Pressure Groups," in Harry Eckstein and David Apter (eds.), *Comparative Politics: A Reader* (New York, 1963), pp. 389–97; Oran Young, *Systems of Political Science* (Englewood Cliffs, N. J., 1968), pp. 79–92; Joseph La Palombara, "The Utility and Limitations of Interest Group Theory in Non-American Field Situations," *The Journal of Politics* 22 (Feb. 1960), pp. 29–49; Fred Riggs, "The Theory of Developing Polities," *World Politics*, 16 (Oct. 1963), pp. 147–71; Robert A. Salisbury, "Interest Groups," in Fred Greenstein and Nelson W. Polsby (eds.), *Handbook of Political Science: Nongovernmental Politics*, Vol. 4 (Reading, Mass., 1975), pp. 171–228.

❻ *Process of Government* (Cambridge, 1967), p. 179.

❼ 見 Robert T. Golembiewski, "'The Group Basis of Politics': Notes on Analysis and Development," p. 964.

遞其時，但集團途徑已顯然奠定了其為政治研究中主要途徑之一的地位。

壹、基本認知圖形與概念

　　集團途徑注意的焦點是集體，而非個人，因為它假設集團比個人在政治過程的形成上更有影響力。所謂集團，是指互動以追求共同的政治目標之個人的集合體，雖然集團論者對個人的重要性的觀點不盡一致，但他們無不把集團作為基本的分析單位。

　　對於集團與個人的關係，集團論者的看法頗為不同：朋脫萊認為在政治過程中，個人毫不足道，他甚至在描述個別的政治行動者時也僅視其為集團的代表或工具；譬如他說當人們聽到「羅斯福」時，其意義不是一個血肉之軀的人，而是「千百萬朝某種方向行動的美國人 ❽」。杜魯門則承認個人的自主性，也認為在有限的情勢下，個人具有單獨的政治影響力，但主張集團是較值得注意的政治行動者。

　　集團論者心目中的政治系統是一個充滿集團的大網，這些集團經常在維持互動的關係。所謂互動，形之於外者為彼此施展的壓力，這種種壓力界定了政治系統在特定時空內的形態。他們認為集團競爭的結果決定了政治職位的人選，價值的處置與分配，而政治系統的變遷，歸根結底，是由於集團的型態改變的結果。

　　從集團分析的著作中，我們可找到很多集團這一基本概念的界說。然而，這些界說大多是朋脫萊與杜魯門界說大同小異的翻版而已。朋脫萊界定集團為「……社會中的某一部分人，但並不把其視為與其他人眾分開的人眾，而是把其視為一堆活動 (a mass of activity)，此界說並不把參與在內的人排除在許多其他活動之外 ❾」。朋氏又認為集團乃是一堆向「某種固定的行動路線」

❽　Bentley, op. cit., p. 322.
❾　Ibid., p. 211.

行進的活動❿。在他看來，集團的核心意義是活動與興趣。杜魯門把集團分成二類：類別集團 (categoric group) 與利益集團 (interest group)。類別集團為「任何具有某種共同特徵的個人之集合⓫」。而利益集團為「任何基於一種或多種共有的態度，而向社會中其他集團提出某種要求，俾建立、維護，或促進由此共有態度引發的行為型式者⓬」。朋脫萊與杜魯門的觀點，頗多相似之處。首先，他們都認為集團是個人的集合體：朋氏的「社會中的某一部分人」與杜魯門的「個人之集合」均是指此。其次，這一集合體的特徵為互動：朋氏的「一堆活動」與杜氏的「互動的型式」(patterns of interaction) 頗為雷同；最後，二人均認為此集合體均追求共同的利益。

貳、集團與政治過程

利益集團在西方民主國家政治過程中扮演的重要角色，任何對政治學稍有涉獵的人，都不會不承認的。僅肯定集團的重要性並不等於接受集團研究途徑。集團論者（即接受集團途徑者）對於利益集團在政治過程中的角色有兩點看法：首先，集團的競爭為政治過程的最主要的內容，換句話說，欲了解或分析政治過程，必須透過對集團行為的分析，而且，這是唯一（或最主要）的有效探討途徑。其次，集團論者儘管自認為不鼓吹規範性立場的實證主義者，都具有一種價值觀：即利益團體的互動，不但無損公益，而且長遠來看可促進社會的公益。他們這種觀點，迥異於前人的看法：在朋脫萊以前，政治學者認為利益集團追求者都是自己的私利，而且運用的手段往往不一定合於道德，議員或行政官員如過分注意其要求，勢必致於損害社會的公益，

---

❿   Ibid., p. 214.

⓫   David Truman, *The Governmental Process*, p. 23.

⓬   Ibid., p. 33. 杜魯門又指出利益集團的界定，其重心是互動 (interaction)，不是共有特質 (shared characteristic)，見 p. 24。

使整個政治過程變作利慾交易的過程（自私的要求之滿足換取選票或其他方式的政治支持）。基於此項看法，這些學者雖然承認組織利益團體是民主國家人民的權利，是憲法保障的，但並不認為利益團體是有益於全社會的。朋脫萊與杜魯門則以為這是不正確的看法。他們承認個別利益團體的動機確為追求其成員的私利，但是由於兩個理由，其行為不會過分：㈠每一利益團體都有別的集團抵制它，政治家不致受制於任一集團，而且任何集團的要求也無法獲得不折不扣地滿足，妥協遂成為必要，而妥協的結果使社會上大多數人均獲益，此即公益 ❸ 。㈡任一集團的成員中很多人可能同時屬於其他集團，這些集團的要求常常互相牴觸，因此那些同時屬於不同集團的份子就不可能對任一集團的要求百分之百支持，由於此，利益集團的要求往往較「溫和」，策略較「講理」，此即所謂「重疊會籍理論」(overlapping membership theory)，是杜魯門的貢獻。

利益集團對政治過程有二重積極作用：其一是以功能代議補區域代議的不足；由於今天的工業社會，地區人民的利益過分複雜，區域代議制產生的民意代表已無法充分代表民意，必須由利益團體輔助；其次利益集團提供的資訊與意見，雖然以自身立場為依據，但也可協助決策者辨別事理，了解民情。由於利益團體眾多，決策者也未嘗不能從許多偏頗的資料與意見中，構築一較完整的認知圖案，以作決策的依據。

利益集團的途徑，似乎是從一個相當偏狹的文化背景中產生的，因此有人認為它用於分析西方（美國與西歐）的政治過程，可能有用；如用來研究非西方的政治，可能不甚妥適。就是在其整個理論的發展中，其文化偏狹性是頗顯然的。唯一企圖把此一途徑擴大至非西方政治系統的分析的重要理論

---

❸　此觀點曾被羅維 (Theodore Lowi) 與麥康耐 (Grant McConnell) 猛烈抨擊，可參閱 Lowi, *The End of Liberalism* (New York, 1969) 與 McConnell, *Private Power and American Democracy* (New York, 1966)。關於二氏的不同觀點，可參閱呂亞力：政治學（臺北，一九七八），頁一二二至頁一二三。

家為奧蒙，他藉柯門 (James S. Coleman) 與鮑威爾 (G. Bingham Powell) 之助，曾發展一種集團的分類型式，他認為此型式不僅適用於西方，也可適用於非西方的政治研究。按照奧蒙，「利益表達之結構」(interest articulation structures)（即利益集團），可分為四類：㈠組織的利益集團 (associational interest groups)，即我們通稱的利益集團，組織良好，明確地代表某一特定利益。如西方社會的工會、商人集團、農民集團、職業團體等 ❹。㈡機構的利益集團 (institutional interest groups)，除了表達本身利益，還有若干其他目標：組織的利益集團的唯一目的是促進某一特殊利益，機構的利益集團存在的主要理由是被委任履行某些社會或政治功能，其利益活動僅為完成功能所需的手段之一。譬如美國國防部派人往國會遊說議員增加國防預算，此為利益活動。奧蒙把立法機構（如美國眾議院有時向參院遊說，州議會向國會遊說）、行政官署、政黨、三軍，與教會均歸為機構集團 ❺。㈢非組織的利益集團 (nonassociational interest groups)：這種集團是藉非正規的方式追求利益的，而且其成員的人數流動頗大，會籍相當隱閉，著重以私人關係為基礎的行動策略。奧蒙指出其特徵為「(利益) 表達的型式時斷時續，缺乏確立利益表達之性質與方法的有組織的程序，而且其內部結構缺少連續性 ❻」。此種集團計有

---

❹　一般所稱的利益團體可分為保護性的 (protective)，即旨在維護會員權益的，與倡導性的 (promotional)，即提倡與鼓吹某一觀點與措施，並藉行動促使政府採納者。此區分可見於 Robert E. Douse and John A. Hughes, *Political Sociology* (London, 1972), p. 379.

❺　他也把議員的集團、軍官的派系、技術集團（Max Weber 強調的 skill groups）也歸之。見其與鮑威爾合著之 *Comparative Politics*。奧蒙把這些次級集團歸為機構集團似乎不妥。他的理由可能是這些次級集團成員有其特殊身分，較能維持集團的經常的內部結構，有別於以傳統標準結合的非組織集團（種族、同鄉關係、傳統身份……等），其實在開發中國家，機構中若干成員結成次級集團，也往往是由於他們具有某些傳統的歸屬之特徵 (ascriptive characteristics)。

❻　Almond and Powell, *Comparative Politics*, pp. 76–77.

兩型：(1)派系、朋黨；(2)若干以政治手段促進成員利益的類別集團：如人種、宗教、同鄉、種姓的集團❶。(四)不軌的利益集團 (anomic interest groups)：指暴動、遊行、示威或其他類群眾運動中自動實現的集合體。這些活動的參與者可能不是自覺地追求某一特定利益，但可能也是追求某種較分散的需求之滿足，決策者對之不能視若無睹。

　　奧蒙此一分類，對研究開發中國家的利益集團與政治過程的關係，非常有用。但是，他也作了一些假定與價值判斷，當我們評論集團途徑時，將再提出檢討。

參、集團與個人

　　傳統的集團論者如朋脫萊與杜魯門等都假設個人聯合以促進其共同的利益，其結合的原動力是個人確實能藉參加集團及集團的活動而達到目的。這是人們繼續維持其集團而不退出的主要理由。譬如雷森 (Earl Latham) 就這樣說「集團為組成它的成員的自我表現與安全而組織的」。他甚至認為集團目標如安全的涵義不過是「集團存在的維護❶」。傳統的集團論者的基本推理前提之一乃是集團追求自私，正如個人一般。由於個人都希圖自利，而集團之利即個人的自利，故集團成員皆能努力於集團之活動及其利益的促進。

　　此一傳統集團論觀點，近年來受到一群原本研究福利經濟學，而後以這門學科及公共物品 (public goods) 研究為基礎，探討集體選擇 (public choice) 問題的學者的批判。此輩的重要著作為奧爾遜 (Mancur Olson, Jr.) 的集體行動

---

❶　奧蒙認為這些集團主觀上並不追求政治利益，但政治決策者往往認為它們勢必維護某些人的政治利益。而且其努力不容忽視，故會照顧其利益。此一說法，並不正確。事實上，在開發中國家，這類集團往往有意識地維護與追求其成員的多種利益，包括政治利益。

❶　Earl Latham, *The Group Basis of Politics*, p. 28.

的邏輯 (*The Logic of Collective Action*) ❶。在這部著作中，奧爾遜對傳統集團研究的若干層面攻擊得體無完膚。奧氏的理論是建立在自私與理性等原則上的，此點與朋脫萊等並無二致。其主要差別是對於集體的成員追求與獲致目標的方式之觀點大為不同：集體物品 (collective good) ❷的例子甚多，其中之一為所有成員共同慾求的目標。奧爾遜指出：「一項目標為集團共有，就是指由其實現而獲致的利益或滿足，集團成員人人得享，無人可排除在外。」而由於個人的行動都是理性的 ❸，並都追求一己的利益，在龐大的集團中的個人都不會為共同或集團的利益而逕自行動。儘管集團中每一個人在集體物品獲致時都能分享，他們也寧可讓別人多盡點力而自己坐享其成。由於個人往往不會為獲致集體物品盡力，集團很少達到目標。奧爾遜指出大集團的個人促進集團利益的企圖是非理性的。他綜述其論旨如後：

「倘若大集團的成員試圖增進其個人福祉，則除非壓迫他們去做，或除非提供他們每個個人異於共同或集團利益的個別誘因（條件是為達致集團目標他們須負擔花費或其他種負荷），他們不會致力於促進共同或集團目標。倘若沒有上述的壓迫或個別的誘因，大集團也不會結成組織。即使集團成員對公共利益的性質與達致它的方法意見一致時，也是如此的 ❹。」

一個大集團中的小人物，何必花很多精力於促進集團目標，假如目標達到時，他反正可分一杯羹？在沒人催他時，他又何必出錢又出力？在大集團

---

❶ Mancur Olson, Jr., *The Logic of Collective Action: Public Goods and the Theory of Groups*, (New York, 1968)；支持奧爾遜的主要著作計有：James Buchanan, *The Demand and Supply of Public Goods* (Chicago, 1968); Robert H. Salisbury, "An Exchange Theory of Interest Group," *Midwest Journal of Political Science* 13 (Feb. 1969), pp. 1–32.

❷ 集體物品包括物質的與象徵的（如某種目標達到的滿足感）。

❸ 所謂理性 (rationality) 指具有計算如何以最低的成本獲最高的滿足或利益之能力。

❹ Olson, *The Logic of Collective Action*, p. 2.

中，一個人的微小貢獻，何足道哉！又怎麼能決定目標能否達到？既然如此，投下去的力量很可能白費。在這種心態下，一個追求自利的個人的理性行動途徑自然是不主動出力於公共活動，而預備坐享其成。我們在日常生活中，常聽到的一些話：「我又能做什麼？我只是個小人物而已。」；「別人要出風頭，讓他去出吧。你又何必瞎操心。」；「傻瓜才做這種吃力不討好的事，這麼做又無裡子，又無面子，何苦呢！」都反映這種推理的過程。

奧爾遜在結論中，提及他的論旨有三項例外。首先，它僅適用於很大的集團，不適用於小集團。小集團常常能達到其目標，實現其公利。此由於三個理由：⑴集團愈小，每個成員分享的利益比例也愈大；⑵在小集團中，成員較易見到他的確獲得利益；及⑶小集團中人人彼此知道，對別人對團體的貢獻也較清楚，此點可構成一個使人努力於團體事務的誘因。大集團達到共同利益是在兩種情形下：此為奧爾遜的另二項例外。其一是有某種壓制迫使成員們作貢獻；另一是提供個別的誘因予那些為實現集團目標貢獻心力的人，使其知道這樣做，當目標達到時，可為自己帶來額外的利益。

奧爾遜的論調常被當作對傳統集團分析的強烈批判，甚至被若干政治學者作為避免以集團途徑作研究的理由　（例如 Carle H. Landé 就曾作此論調❷）。平心而論，奧爾遜的議論雖然在增進我們對政治社會中個人與集團的關係頗有貢獻。但並不能摧毀集團途徑，其理由有二：㈠其研究不適用於小集團，只能適用於極大的與隱性 (latent) 的集團。而集團途徑的主要力量在於分析較小的集團之互動。㈡佛洛里區等人 (Norman Frohlich, et al.) 曾經發展出一種論調，能在邏輯與理論上，駁斥奧爾遜的若干看法❷。他們認為在若

---

❷　蘭代認為東南亞政治研究，不應著重集團分析，而應重視「貴人」與扈從的關係，即所謂 Clientele 政治；他並未主張集團途徑不能用於其他地區的政治研究。蘭代為東南亞專家。

❷　Norman Frohlich, Joe A. Oppenheimer and Oran R. Young, *Political Leadership and Collective Goods* (Princeton, 1971).

干情形下，理性而自利的集團成員自行決定貢獻心力於集團目標也是合邏輯的。因為個人的心計會按照他的期望——即別人對集體物品之獲致的貢獻如何——而形成。「當個別成員期望別人會對集體物品的獲致作貢獻，而且這些貢獻加上他自己所作的，能使自己獲得的利超過如果自己不作貢獻的情形，他就會作貢獻㉕。」換句話說，當個人感到他的貢獻確能造成不同：他的一點力量為集團目標成敗之所繫時，他會作貢獻。

佛洛里區等認為集團成員擁有的有關別的成員之期望的資訊不可能完備。倘若欲使個人為集團目標努力，協助成員們協調彼此期望的機能或機關必須存在。這些機能可藉不同的方式出現，諸如文化型式與傳統。但是，當永恆而長期的協調需以高昂的代價來維持，或人們不斷需要昂貴的集體物品之情況下，此一機能遂以一種獨特的方式出現，此即政治領袖㉖。領袖的功能是形成集團成員的相對期望，俾有利於集體物品的獲致。

肆、集團途徑之評估

集團途徑的重要貢獻來自它對傳統的制度與公法研究所提出的挑戰：朋脫萊等人努力於發掘政治生活中「真實」或「基本的」力量，把政治學者的注意力引向它，放棄其對正規的政府制度的偏狹的關注，並把「權力」「利益」「衝突」等概念引入政治研究的主流。集團研究途徑可說是最早把政治分析自傳統的枷鎖中解脫出來的。

集團途徑原來是限於研究美國與西歐的環境中，其早年的理論家在概念的形成與界定，基本的前提與集團類型之建構方面，都呈現文化上的偏狹性。在一九五〇年代與一九六〇年代，它也擴及於非西方政治的研究上㉗。由於

㉕　Ibid., p. 23.

㉖　參閱 Norman Frohlich and Joe A. Oppenheimer, "I Get By with a Little Help from My Friends," *World Politics* 23 (Oct. 1970), pp. 104–20.

非西方社會的正規政治制度似乎更難反映其政治實情，而組織集團則似乎是人類普遍的現象，此一途徑對非西方政治的研究應該是頗有用的。奧蒙的利益集團分類架構在研究非西方利益政治上貢獻甚大，不過它也有一些不盡妥當之處：其所作的類型並不能完全免於文化偏見，因為他假定若干類別優於別的類別。而這些較優的皆是西方社會中較常出現，而在非西方社會較罕見的。他認為組織的集團最好，其次為機構的，然後為非組織的，最後才是不軌的。其優劣標準是所謂「邊界維持之良窳」。（西方民主國家的利益集團皆有明確的「邊界維持」，此觀點反映奧蒙的個人價值觀：政治發展的過程為次級系統自主性的日益增進。）奧蒙認為非組織集團在現代社會影響力很有限，因為「首先，利益集團研究顯示良好的組織甚有利於成功的利益表達。……其次，重要的具持久利益的非組織集團會快速地發展組織的結構。而成為二類利益集團（組織的，機構的）之一 ❷❽」。奧蒙的論調並無充分實證證據的支持。在現代化社會（如美國、西歐），非組織團體如朋黨、派系等扮演不容忽視的政治角色，它們的勢力從未減弱過，而且由於在某些情勢下，它們確實能給參加者很大的利益，其不會很快地消失或發展成別的類型的利益團體，是可以肯定的。事實上，組織的利益團體分裂成派系、朋黨的例子是很多的。

　　奧蒙的偏見影響到若干學者對非西方社會的利益政治之研究，結果產生了很不幸的後果。在非西方社會，非組織的利益團體與機構的利益團體的角色非常重要，組織的利益團體則不甚重要。然而，當若干學者使用奧蒙的架構於非西方國家時，把大部分注意力集中於組織的團體，例如韋納 (Myron Weiner) 關於印度的研究：他呼籲印度應努力發展組織的團體，才能解決社會分歧產生的困境，但他幾乎不考慮非組織的團體與機構的團體 ❷❾。列格斯批

---

❷❼　見 Roy C. Macridis, "Interest Groups in Comparative Analysis," *The Journal of Politics* 23 (Feb. 1961), pp. 25–45.

❷❽　Almond and Powell, op. cit., p. 77.

❷❾　Myron Weiner, *The Politics of Scarcity: Public Pressures and Political Response in*

評他忽視機構的利益團體不啻無視印度決策的中心❸。反之，列氏讚揚朋特
(Leonard Binder) 的伊朗研究，就是由於他未忽略機構的利益團體之研究❸。
但迄今為止，學者們在分析非西方的利益政治時，仍舊未能充分注意非組織
的團體，儘管這些團體常常是非西方國家的決策中心。這些團體的隱閉不易
覺察可能是學者們疏忽它們的主因之一❸。

　　組織的利益集團的大規模出現，社會必須具有若干先決條件：㈠技術的
條件如組織才能；㈡社會條件如暢達的溝通與某種程度的人際互信與合作意
願；㈢政治條件如組織的法定與事實的自由，政治領袖們的「網開一面」；及
㈣經濟條件如相當的設備等❸。這些條件在許多拉丁美洲、非洲或亞洲國家
都難以充分實現，因此，人們就不得不多依賴非正規而較隱密的朋黨、派系
之類的集團，並且賦予它們較大的重要性。

　　集團途徑具有濃厚的實證主義色彩。在集團類型架構的建立上，已有不
少成就❸。在資料的蒐集與整理方面，利用此一途徑的研究者也已收穫豐碩
的果實，已可產生有價值的假設。

　　由於此一途徑把注意力集中於概念的釐定、分類，與研究問題的澄清各
方面，許多學者都認為其主要優點之一為強大的描述力❸。

- ◆ - ◆ -

　　India (Chicago, 1962).

❸　Fred Riggs, "The Theory of Developing Polities".

❸　Leonard Binder, *Iran: Political Development in a Changing Society* (Berkeley and Los Angeles, 1962).

❸　在若干非西方國家，文化價值觀強調和諧與團結，不主張人們分割成朋黨與派
系，因此朋黨與派系的份子並不承認其存在。

❸　這些條件見之於 Ralf Dahrendorf, *Class and Class Conflict in Industrial Society* (Stanford, 1959), pp. 185–88. 但他並未提及經濟條件。

❸　參閱 Jean Blondel, *An Introduction to Comparative Government* (New York, 1969), pp. 59–97.

❸　例如：有一位學者就認為集團分析最有力的地方為「描述的科學活動」；見 Peter

此一途徑的缺點是難以發展可試驗的「通則」。艾克斯坦 (Harry Eckstein) 指出它「未把任何變項彼此相聯，也未明確指明變項間的可能關係。因此，它未『解釋』任何真實的事物。它不曾提供因果聯鎖……❸❻」。

集團途徑的提倡者對它的價值估量過高，譬如朋脫萊就曾說：「當我們充分敘述集團，一切都已充分敘述。當我說一切我的意思就是一切❸❼。」他們把政治系統看成互動的集團所構成的網絡而已。此外就無關緊要了。雖然他們在把政治現象按集團行為這唯一的準則描敘上，表現很高明的才智，但是，全面來看，他們的立場相當偏頗而狹隘，而且由於該途徑實際上的解釋力遠遜於他們的期望與諾言，批評者遂可振振有辭地攻擊他們了。

集團途徑之困難，是基於兩點：首先，實證研究之不易：在若干社會，集團結構與關係（尤其是非組織的集團）根本不讓學者詳細探究，即使在那些容許研究的社會，精確地量度集團關係也甚不易，因此今天我們擁有的實證研究大多是描述性的，而且是關於個別政治系統的個別集團的，如此的研究當然不易產生通則。其次，是大多數研究的系絡 (research context) 都甚狹，早年的研究（甚至今天大多數研究）都是關於美國的，這給整個途徑在觀念方面某種偏狹性❸❽。以後的研究，雖然不再都以美國政治系統為對象，但仍然都是單社會的研究，對不同社會的集團的交錯文化比較研究是甚少的，這自然限制通則的發展。

我國政治學者，幾乎沒有人專門從事利益集團的研究，更談不上按照集團途徑作發掘通則的系統化的研究。許多人認為這一疏漏，反映利益集團在

Caws, *The Philosophy of Science: A Systematic Account* (Princeton, 1965), p. 91.；另一位則稱讚其「描述力」。(見 Oran Young, *Systems of Political Science*, p. 88.)

❸❻　見 Eckstein, "Group Theory and the Comparative Study of Pressure Groups," in Eckstein and Apter (eds.), *Comparative Politics*, p. 392.

❸❼　Bentley, op. cit., pp. 208–9.

❸❽　如一位學者指出的：「此途徑大體上是由對美國政治系統感興趣的人士發展的。這個事實已在其觀點的形成上遺下可觀的印痕。」見 Young, op. cit., p. 88.

第二十一章　決策理論

　　決策理論現正受到政治學者相當大的重視。不少人認為欲了解政治現象，必須從剖析決策的性質與過程著手，因為歸根結底決策實為政治活動的中心、政治行為的源泉或結果。

　　關於決策的文字可說汗牛充棟，其品類也甚龐雜：大體說來，有許多著作與論文是關於決策的個案的，其理論性較低，但也有不少側重「理論」的探討或建構，我們討論決策理論必須根據後面一類文字；然而，就是關於決策理論的文章與書籍，我們也必須作一區分：由於決策是許多學科共同關心的課題。心理學者探究決策心理或心理學的決策理論、社會學者探究社會學的決策理論、企管學者研究企業決策並建構企管的決策理論……❶，我們對政治決策與非政治決策之分別必須了解，才能把注意力專注於政治決策的理論❷。

壹、決策與政治決策的涵義

　　所謂決策，可界定為「包括下述階段的過程或活動系列：問題的認識、資訊的探索、選項的界定，行動者就選項中選擇其一。當行動者作選擇時，

---

❶　關於心理學的決策理論，參閱 W. Edwards, "The Theory of Decision Making," *Psychological Bulletin*, 51 (1954), pp. 380–417. 社會學的決策理論多見於組織理論與有關小集團研究之文字中。

❷　有關非政治決策的一些發現與知識，能幫助吾人增進對政治決策現象的了解。這當然是不成問題的。

他必須使它與前三個階段中已辨清的喜好次序相符合，俾以最高度或強人意之程度達到其目標❸」。

決策是人類任何時間、任何地點、任何情形下，都從事的活動：一個青年報考大學時決定念理科抑或念醫科；一個農夫決定出售土地抑或繼續耕作……都涉及決策。由於決策的周遍性，我們對政治決策與其他的決策必須分辨，才能清楚分析政治學上的決策理論。

蒂辛 (Paul Diesing) 曾按理性化程度的差別，把決策分為經濟的、社會的、法律的、技術的與政治的。他界定政治決策為關於「決策結構之保存與改善的決策」。他說「一切決策都在某種決策結構中發生，但政治決策更以決策結構為其特有的題材❹」。此一觀點，頗符合蜀樂 (Yehezkel Dror) 把決策分成兩類之區別；對個別事務之決策與對決策系統之決策 （即 metadecision）❺。按此觀點，所謂政治決策為對決策系統之決策。此一觀點把政治決策的含義界定得過分狹隘，如果衡諸吾人對政治的了解，此界說並不很妥當。

若干「權力」取向的學者則以權力之運用與分配為標準來區分政治性與非政治性的決策。例如雷昂尼 (Bruno Leoni) 認為政治決策「結果為權力之出現」或「原有權力形勢之修改❻」。

另一種界定政治決策的說法是利用伊斯頓的著名界說：政治為「價值的權威性處分」。列克 (William Riker) 曾說：「假如如伊斯頓的說法政治為價值

---

❸　見 W. J. Gore and J. W. Dyson (eds.), *The Making of Decisions* (New York, 1964), pp. 1–63.

❹　Paul Diesing, *Reason in Society: Five Types of Decisions and Their Social Conditions* (Urbana, Ill., 1962), p. 198.

❺　Yehezkel Dror, *Public Policymaking Reexamined* (Scranton, Penn., 1968), p. 8. 本書有翻版，翻版者為臺北市文景出版社。

❻　Bruno Leoni, "The Meaning of 'Political' in Political Decisions," in *Political Studies*, Oxford, Clarandon Press, 5 (1957), pp. 225–239.

的權威性處分，而假如真如我的詮釋『處分』所指並非物質過程，而是決定物質過程應如何實施的社會過程，則政治學者研究的專題為決策❼」。

貳、決策的本質：若干模式

上節中所述的關於決策的觀念，曾促使若干理論家去企圖演繹決策的固定型式，同時，也有另一些理論家從關於決策的個案之實證研究中尋找某種一定的型式，這兩類殊途同歸的努力交會的成果即為若干關於決策的模式。

這些模式的基本差異乃是理論家們對決策者在選擇時所能運用的「理性」(rationality) 之程度看法之歧異所導致的❽。

最為人熟知的模式是充分理性模式。根據此一觀點，決策者是能運用充分的理性來計算各種選項的利弊，然後再作抉擇的。換句話說，他對所有選項之愛好能按理性的標準加以排列，其選出的一項是符合此一排列的順序的；而且決策目標是能明確地指出的，他的選擇則為達致目標的最宜 (the optimal) 方法（所謂最宜指最有效率或最可行的）。充分理性模式不把決策者的個人特徵如性格等作為解釋決策行為的變項。

賽蒙 (Herbert Simon) 的有限理性模式 (bounded rationality model)❾，為充分理性模式的修正。賽蒙指出充分理性模式假定決策者能獲得決策所需的大量資訊並對之作妥善的運用。然而，事實上，決策者所處的「系統」（不論是公司抑或政府機構）均無法提供他最大量，甚或充足的資訊，而任何決策者的才智也不能處理其可獲得的資訊。除了資訊這個因素外，重要的決策對系統的影響必定非常深遠，其涉及的因素也極複雜，決策者不能不考慮及這

---

❼　William Riker, *The Theory of Political Coalitions* (New Haven, 1962), p. 10.

❽　所謂理性，是指客觀地按成本－效益的標準核算最適當的達到目標之方法的能力。

❾　見 Herbert Simon, *Models of Man: Social and Rational* (New York, 1957).

許多因素與影響，因此，任何決策，其依憑的理性都是有限度的。然而，無可否認地是，現代的決策者總盡可能地使其決策置於比較理性的基礎上，譬如在資訊的處理方面，使用電腦就是此種慾望的具體表現。

　　另一種決策的模式是林勃龍 (Charles E. Lindblom) 的「小幅累積改變」(small-incremental changes) 模式 ❿ 。林勃龍認為一般決策的方式並不是對以往政策大幅的改動，或者在數項選項當中作清楚明確的「有或無」的選擇——即我們做這事，就絕不做那事之類。相反地，決策是藉「連續的有限的比較」(successive limited comparison) 以達到 「小幅累積的改變」。決策者僅求小幅的改變，他所選擇的往往是他認為在以往的相似決策情勢中他本人或別人所選的。政策的一舉大幅更動是很少見的。我們覺得某一政策已有了改變，那往往是許多小幅改變累積的結果。林氏此一觀點拒斥了理性在決策中的作用，而特別強調經驗的重要性，這顯然是一種相當保守的決策觀，其基本假設是對已往的政策，決策者與支持他們的社會是頗為滿意的。小小的改變就足以使他們更加心滿意足了。此一決策模式頗適合於一個政治與社會情況均頗穩定的系統，在一個不穩定的系統，由於其不穩很可能是因相當多的人對過去的決策不滿造成的，決策者中必然有人想採取嶄新的政策以求取大幅的改變。在這種情形下，這些決策者也許不會以自己或周遭的人之經驗為決策的指導，而可能自政治或經濟理論，別的系統的模式獲得指引。林勃龍的決策模式也許能幫助吾人分析穩定的系統之決策，但不能使我們增進對不穩定的系統中的決策之認識。

　　艾里遜 (Graham Allison) 的決策現被稱為官僚議價模式 (bureaucratic bargaining model)：他研究古巴危機時期，甘迺迪政府之決定封鎖古巴海域之決策，發現各類官僚（國防部、國務院……等）之討價還價、謀求觀點的折衷與利益的調和，實構成決策的本質 ⓫ 。

----

❿　見 C. E. Lindblom, "The Science of Muddling Through," in Gore and Dyson (eds.), op. cit., pp. 155–179.

參、決策的情勢

　　決策理論約可分為兩類：上節（第貳節）中所述者為一類，係關於決策本質的模式；另一類係關於決策過程的「理論」。一般研究決策的個案的人士，蒐集資料大多旨在回答下述諸問題：㈠何人或集團決策？㈡所決之策為何？㈢何時決策？㈣如何決策？㈤何處決策？（如政府梯階結構中之何階？等）㈥決策情勢之特徵為何？㈦此決策屬於那類或那一次類？㈧為何決策？根據此等研究，理論家建構決策過程的分析架構**⓬**。

　　決策的過程，可按下述主要變項叢 (variable clusters) 分析：㈠決策情勢；㈡決策參與者；㈢決策程序；㈣決策後果。

　　決策情勢可按若干層面來描述：若干學者（主要為國際關係學者）對危機或非危機 (crisis or non-crisis) 決策行為特別感興趣，曾經把這兩類決策情勢以下述對立的特徵兩分如下表所示（見表 21–1）：荷斯蒂 (Ole R. Holsti) 曾經就決策情勢與決策者的個人認知與判斷之關係及其他因素，作下列假設**⓭**：

　　⑴當危機情勢下，緊張加深時：(a)決策者對決策所需「時間」這因素，日益重視；(b)他會愈益看重眼前，而較不重視未來。

　　⑵在危機情勢下，決策者傾向於認為(a)其自己的選項不及對手之多；(b)其自己的盟友的選項不及對手的盟友多。

　　⑶危機情勢中，倘緊張度愈高，則(a)溝通孔道的負荷也愈大，暢通也愈

⓫　Graham T. Allison, *The Essence of Decision: Explaining the Cuban Missle Crisis* (Boston, 1971).

⓬　關於個案研究之例，可參閱 James Anderson (ed.), *Cases in Public Policy-Making* (New York, 1976).

⓭　Ole R. Holsti, "The 1914 Case," *American Political Science Review*, LIX (1965), pp. 366–367.

表 21-1　危機與非危機決策情勢之對比

危　機　的	非　危　機　的
緊湊的	鬆散的
咄咄逼人的	非威脅性的
敵視的	友善的
短期的	長期的
熟悉的	不熟悉的
零一總的*	非零一總的*
(Zero-sum)	(non-zero sum)
計劃的	非計劃的

主要根據：Ole R. Holsti, "The 1914 Case,"
APSR, LIX (1965) 作成。

*按博弈理論，零一總博戰之結果為非全勝即全
敗，非零一總者則雙方互有勝敗。

不易；(b)信息的內容也會變得愈定型與陳套的 (stereotyped)；(c)日益依賴非常
的或臨時建成的溝通孔道。

　　(4)危機情勢中，倘緊張度愈高，則(a)決策集團中包括的成員也愈少；(b)
持異議的成員也愈少。

　　荷氏與史耐德等的研究❶，似乎顯示在危機情勢下，梯階化的溝通孔道
與決策結構會崩潰，而代之以並行的結構。而且，決策群的人數將大減。

　　決策情勢也可按場合來定：社區、組織、小集團、委員會；行政、立法；
國內、國際等。換句話說，決策的環境與組織被理論家認為是決策後果的決
定因素之一❶。

　　佛巴 (Sidney Verba) 與巴勃 (James D. Barber) 的研究，顯示在集團與委員

---

❶　見 Richard C. Snyder, et al. (eds.), *Foreign Policy Decision-Making* (New York,
1962). 及 R. Snyder and G. D. Paige, "The United States Decision to Resist
Aggresion in Korea: The Application of an Analytical Scheme," in James Rosenau
(ed.) *International Politics and Foreign Policy* (New York, 1961), pp. 193–208.

❶　Dror 把決策分作三類：個人的、小集團的與組織的。見 Dror, op. cit., pp. 78–84.

會中，有兩類領袖：工作領袖 (task leaders) 與人際領袖 (popular leaders) ❶。在較大的集團中，往往是不同的人扮演不同的領袖角色，但在較小的集團中，則與大多數成員來往最頻繁者常為人際領袖，並為最活躍的決策領袖，他是最顯眼 (visible) 的 ❶。此外，研究顯示集團的大小能影響成員表示意見的意願：除二人集團以外，集團愈大，成員表示己見的慾望也愈低 ❶。

肆、決策參與者

決策參與者界定並不容易，政治學者對什麼人構成決策者，並無定見。有些學者認為決策者是指具有決定某類政策的法律與政治責任的人士。此一觀點過分形式化，而且「政治責任」不易確定，現在大多數研究者已不採此界說。另一界說是實際參加或分享決策的人；另一界說則把貢獻重要資訊者也包括在內；一個較狹窄的界說為那些決定何種決定與選項應受考慮的人士，此界說把那些作技術性考慮之人排除在政治決策者之外。

由於界說紛紜，要肯定地方級、國家級、國際級的決策者確非易事。在實證研究上，研究者常按決策情勢的特徵來界定決策者，而不予以硬性的規定。譬如，決定政策需要高度的技術性知識，則決策者不可能太多。另一可採的途徑是在研究開始時，先不妨按人員的正式職位來暫時界定決策者，然後再隨資料的研判而作合理的增減。

關於決策者的變項有其出身背景、動機、社會化特徵、事業型式，因這

---

❶ 參閱 Sidney Verba, *Small Groups and Political Behavior: A Study of Leadership* (Princeton, 1961); J. D. Barber, *Power in Committees: An Experiment in the Governmental Process* (Chicago, 1966); T. K. Hopkins, *The Exercise of Influence in Small Groups* (Tofowa, N. J., 1964).

❶ 見 Barber, Ibid, p. 83.

❶ 參閱 R. F. Bales and E. F. Borgatta, "Size as a Factor in the Interaction Profile," in A. P. Hare, et al. (eds.), *Small Groups*, rev. ed. (New York, 1965), p. 500.

些均能影響其決策行為❶。

伍、決策程序

　　決策是一個複雜程序之產物，此一程序對政策的性質具有頗大的影響，是不爭的事實，關於此程序包括那些階段，理論家的觀點則頗有出入。

　　拉斯威爾 (Harold D. Lasswell) 認為一切決策的處理，均經歷七項「功能」階段 (functional stages)：資訊（問題之斷定與資訊之追索）；推薦（選項的形成）；發令（選項的權威性選定）；試用（暫時性之執行）；執行（具體的實施）；評估（對決策及其效果的查核）；與終結（延期、修改或廢止）❷。

　　拉氏的架構，是決策程序的總體架構，對於未來發展一個決策程序的周遍理論，雖然可能很有用處，但是，如目前用來分析決策，實不甚有助，因為其層次過於寬廣。馬區與賽蒙 (James A. March and Herbert Simon) 的途徑❸，則較有實用性。他們旨在建立一個決策程序的類型，並標明程序的諸變項。他們把決策程序分為四類：㈠問題解決 (problem-solving)：即純粹智力運用與資訊蒐集與分析研判的決策，對純技術性的題材之決策，大約採此途徑；㈡說服 (persuasion)：在組織中一位決策者說服其他的決策者，或官僚系統中某一機關的首長說服其他機關的首長，是慣常的決策程序；㈢議價 (bargaining)：數位決策者講價還價，謀求觀點與利益的妥協，也是決策的一種程序；及㈣「政治」(politics)：指日常所說的政治，如美國國會中的「滾

---

❶　Snyder 曾把外交決策中決策者的動機分成兩類：一類動機由於童年與青年時期社會化所形成，另一類由於決策角色使然。他認為研究者應著重研究後面一類，但在後一類無法解釋決策行為時，也不宜忽視前一類。見其 "Motivational Analysis of Foreign Policy Decision-Making," in Rosenau, op. cit., pp. 247–253.

❷　見 Harold Lasswell, *The Decision Process: Seven Categories of Functional Analysis* (College Park, Maryland, 1956).

❸　March and Simon, *Organizations* (New York, 1958), pp. 129–131.

木」(logrolling)（即議員們支持別人的提案其條件是別人也支持其提案，此在利益分肥上特別有用），即為其例，此亦屬決策的一類程序。馬區與賽蒙認為在決策時兩類或兩類以上的程序常常混合採用。

　　另一種把決策程序分類的方式是把它分為心智的 (intellectual)、社會的與準機械的 (quasi-mechanical) 等三類❷。心智的程序是決策的分析、研判面，即決策者的思維過程；在此程序中，若干變項如認知、創見、悟力……等均值得注意，所謂理性模式強調者即此程序。社會程序包括結盟、利益集團之互動，及利益集合 (interest aggregation) 等。在決策的發令、試用與執行（按拉斯威爾的架構）等階段，決策的社會特別重要，因為在這些階段，不同的個人、集團、組織必須調和其利益，達致共同的決定，而且行動上須謀求協調。

　　準機械程序是當決策者對其決策角色缺乏明確意識時所作的決定之過程。一般機關中的例行性決定屬之。

　　此三類程序與賽蒙的定規的決策 (programmed-decision) 與非定規的決策 (non-programmed decision) 的區分❸也有相通之處；準機械程序髣髴定規的決策，而心智與社會的程序則類似非定規的決策。

　　三類程序在決策中，常常混用或互補，鮮有單獨一種程序即產生決策者。關於此三類程序在決策中的並存互補，可藉修佩脫 (G. Schubert) 的司法判決之研究來說明❹：他從三個角度來分析㈠個別法官分析，㈡把法院視為小集團與利益集團，及法院與環境之關係之探究，㈢把法院當作機構的研究。第

---

❷　見 James A. Robinson and R. Roger Majak, "The Theory of Decision-Making," in J. C. Charlesworth (ed.), *Contemporary Political Analysis* (New York, 1967), pp. 180–184.

❸　原區分見於 Herbert Simon, *The New Science of Management Decision* (New York, 1960), pp. 5–6. 引自 James Gibson, et al., *Organizations*, rev. ed. (Dallas, Texas, 1976), p. 342. 本書由臺北市馬陵出版社翻印。

❹　Glendon Schubert (ed.), *Judicial Decision-Making* (New York, 1963).

一種角度重視法官的心智活動；第二種角度強調司法決定的社會面及第三種
角度則注重司法規則、判例等對判決的影響，可視為準機械的程序之分析。

陸、決策成果

羅濱遜與梅雅克 (James A. Robinson and R. Roger Majak) 曾經對三個概
念加以澄清：輸出項 (output) 指決策整個過程中每一分過程的成果，後果
(outcome) 指整個過程的成果。拉斯威爾的七個階段每一階段的產品可稱為輸
出項，後果則指這些輸出項的總和。決策後果產生的影響則稱作「效果」
(effects) ❷ 。

拉斯威爾與卡普蘭 (Abraham Kaplan) 曾經把決策後果按價值類型而分
為權力、尊敬 (respect)、廉正 (rectitude)、感情 (affection)、財富、技能、教
化 (enlightenment) 與福利等 ❷ 。一項稅務政策的結果是若干人的財富減少而
另一些人增加；一項國宅建造的決策則影響許多人的福利……。

決策分析的努力重點之一是探究決策程序之差異對決策者注意何種價值
而忽視另種價值是否有關，其關係是如何的，以及程序如何影響決策的內容
及成果的性質等。唯此類研究的成就仍不夠豐碩。

柒、決策理論之估量

決策理論，嚴格說來，僅是一個概念架構，缺乏產生命題與解釋現象的
能力。此一架構的幅度甚廣，結構相當鬆懈，作為一個「科學理論」，這也許
是一個缺點，但在現階段，決策研究尚在起步之時，也未嘗不是一個優點：
因為我們可按這架構，把各種學科——心理學、社會學、組織理論……——

---

❷　此區分見於 Robinson and Majak, op. cit., pp. 184–185.
❷　Harold Lasswell and A. Kaplan, *Power and Society* (New Haven, 1950).

的發現融入決策的研究，並且可周遍地探討決策的一切可能的變項。這樣做在一種研究還在初步階段，不失為可行的策略。俟吾人對決策擁有更豐富，更可靠的知識時，把這個鬆散的架構修整不僅可能，而且必要，以後才談得上發展解釋現象的理論❷。

---

❷ 對於決策理論之優劣與缺點，中肯的評論，可參閱 James N. Rosenau, "The Premises and Promises of Decision-Making Analysis," in J. Charlesworth (ed.), op. cit., pp. 189–211. Dror 的批評則比較嚴酷，見 Dror, op. cit.

第二十二章　溝通理論

　　所謂政治學的溝通理論，其實包括三部分：㈠自操縱學 (cybernatics) 與資訊理論 (information theory) 的若干觀念為基礎，建構的模式；㈡溝通網 (communication nets) 的理論；與㈢自其他領域，諸如組織理論、大眾傳播學……等獲得的一些命題，這些命題是關於溝通與大眾媒體對若干政治事物的影響的（這些事物包括政治態度的形成與變遷、民意的組成、選舉行為、政治系統之維護、政治發展、政治人格的構成、意識型態……等）。正因為其包羅既廣且雜，溝通理論的文獻，實充滿了混淆與曖昧：同一名辭常指不同的事物，同一事物為不同的名辭表示的情形，在此領域中，最為常見。為了讓讀者能得到一個較清晰的觀念，我們擬把三部分分開敘述。我們的重點是溝通模式，因為狹義的溝通理論就是指此。另外兩部分僅在本章的最後一段順序略加說明。

壹、溝通模式之主要概念

　　政治溝通模式的主要提倡者杜區 (Karl Deutsch) 依賴魏納 (Norbert Wiener) 首創的操縱學與大眾傳播學中一般資訊理論之概念，為其模式的主要概念。所謂操縱學，是一種有關自我節制的機械、電腦與有機體的神經系統之生理與運作的理論：這些均可視作一心保持均衡 (equilibrium)，並須在變遷的環境中繼續維持均衡的系統❶，而欲不斷維持均衡，就必須達到目標，故它們也都是追求目標之系統 (goal-seeking systems)。追求目標，維持均衡均

---

❶　Karl W. Deutsch, *The Nerves of Government* (New York, 1963), pp. 75–142.

有賴於知悉環境，並了解系統以往的求取目標的行為，也就是說，有賴於兩類資訊：一類是關於環境的，另一類是關於自己應付環境以追求目標的表現之成績的。憑藉這些資訊，系統才可改正自己的行為（也即增進自己追求目標的能力），俾能達致目標。系統追求的目標變動不居，其尋求資訊，改正行為……的活動也持續不輟，一旦它失去此一能力，就會僵化而至潰敗。政治系統也與上述諸系統相似，故吾人也可從分析資訊的獲取、傳遞、運用，以了解它。

　　茲根據杜區，界定溝通模式的主要概念：

　　⑴資訊 (information)：溝通的基本分析單位為信息 (message)——「任何完整或能獨立存在的觀念或思想」。——信息中包含資訊。資訊乃「吾人為與外界環境調適，和外界交換之事物和內容」❷。資訊顯示「事件間的成型關係」(patterned relationship of events)❸。即吾人藉資訊，可把孤立之事件聯繫起來。

　　⑵溝通通道 (communication channels)：大眾傳播媒體如報紙、電視……本身雖不是通道，但為提供通道的主要媒介，故極為重要；除大眾傳播媒體外，個人與個人間的「面對面」溝通，其通道是由口語媒體提供，雖說在較落後的社會，此種通道比較重要，而在較現代化的社會，大眾傳播媒體提供之通道的重要性也相形增高，但是，即使在所謂現代化程度最高的社會，口語通道也不可忽視 ； 拉薩斯費特 (Paul Lazarsfeld) 提出兩階溝通流 (two-step communication flow) 與意見領袖 (opinion leaders) 等觀念後，研究者對口語通道的重要性更加注意❹。

　　通道的組成，媒體僅為因素之一，此外尚有溝通者 (communicators) 與接受者 (receivers) 也為通道的要素❺。如他們的文化、社會……等背景相似，

----

❷　Ibid., p. 82.

❸　Ibid.

❹　參閱 Paul Lazarsfeld, et al., *The People's Choice* (New York, 1948).

則因其內化的意像 (images) 頗多雷同者，溝通較易，否則比較困難。此外，溝通者與接受者如在年齡上差距太大，也使通道的作用大減❻。

⑶通道能力 (channel capacity)：任何溝通通道，其傳遞資訊的能力，都有限度，此能力可以核算，因為資訊可用計量的方式表示❼。倘若通道的負荷過重 (overload)，則溝通就不順暢。

⑷溝通網 (communication network)：政治系統中之溝通通道，錯綜複雜，猶如網狀，杜區認為具有影響力的決策人士即據於此網的樞紐點者：即若干通道之交叉點者。

⑸噪音 (noise)：通道中傳遞者除資訊外，還有噪音，所謂噪音，是指與某一決策或接受者考慮之課題無關的消息。噪音之造成，係因傳遞中之損失 (loss) 與歪曲 (distortion) 之故。損失導致歪曲，但歪曲也可能是由於傳遞通道中相關者之文化偏見或社會成見之故。

⑹反饋：反饋概念現已成為政治學中常用的概念，杜區為將此概念自操縱學引入之主要人物❽。他把反饋分成四類：⑴正反饋 (positive feedback)：即一般所說的反饋。⑵負反饋 (negative feedback)：即反對系統原有行動的資訊反饋，此類反饋有助於使系統在追求目標時，不致行動過分，以致「過猶不及」。⑶擴大的反饋 (amplifing feedback)：即使系統增強其原有行為的資訊反饋。擴大的反饋有時可能產生很不良的影響：譬如市場的驚恐、軍備競爭

---

❺ 拉斯威爾把接受者、溝通者與通道分列，但若干研究者則把接受者與溝通者歸入通道。

❻ 例如杜區就曾指出，此點也可成為接受者選擇資訊的標準之一，在一個敬老的社會，青年人的意見往往不受充分的重視。

❼ 見 Karl W. Deutsch, "Communication Models and Decision Systems," in James C. Charlesworth (ed.), *Contemporary Political Analysis* (New York, 1967), p. 277.

❽ 杜區把該項概念自魏納的著作中移植。見其 "Communication Models and Decision Systems" 與 *The Nerves of Government*。魏納的觀念，見 Norbert Wiener, *The Human Use of Human Beings* (Boston, 1950), pp. 12–15.

等，均可因之而加劇。(d)目標移動反饋 (goal-changing feedback)：政治系統有其戰略性目標與戰術性目標，戰術性目標是常更動的，戰略性目標在若干情形下也可能改變，例如人口的文化型式與性格結構變動（由漸變之累積而成質變）或決策精英人事的大幅更動。故反饋應具有適應目標移動之情況，才能有利於系統的均衡。

(7)負荷 (load)：系統目標之達成，有賴於四個因素：負荷、時差 (lag)、得益 (gain) 與導程 (lead)❾。負荷是指以系統之地位為準，目標地位改變的程度與速度。

(8)時差：指接到關於目標物地位之反饋資訊與在行為上採取對應步驟間的時間之量。

(9)得益：行為真正改變之量。「得益」過大，可能導致矯枉過正的後果。

(10)導程：活動之目標物的正確估計之地位與從接到的最新資訊測知的地位之差距。

貳、溝通模式的簡述

杜區認為政治系統為一自我駕御系統 (self-steering system)。此一系統的穩定與均衡之維持，有賴於其能達成目標；追求目標是一個繼續不輟的過程，因為目標是多重的，是變動的，而且政治系統的環境也是變動的。欲追求不同的目標，政治系統必須具有獲得反饋資訊的能力：即它能不斷地自環境中獲得它過去行為的資訊（以便知道它以往的行為在追求目標上效果多大），唯有如此，它才能矯正它的行為，俾更有效地達致目標。欲不絕地獲得反饋資訊，有賴於良好的溝通網，與決策者善於利用此網的能力。

決策者依賴的溝通網，具有許多通道，深入政治體與環境的每一層面，就像有機體的神經系統一般❿。通道的健全與否，需視其能否迅速而正確（即

---

❾　參閱 Deutsch, "Communication Models and Decision Systems," pp. 283–284.

以最低度的噪音與延宕）地傳遞某一分量的資訊，倘若分量太小，通道也是不良的。倘若大量資訊壅塞通道，它缺乏處理之能力，則很可能會發生負荷過重的情形，使通道失去了效力。故處理過多資訊的能力，也是通道良窳的決定因素之一。

決策者利用資訊之能力，不僅包括其能對自環境中湧入的反饋資訊作妥善使用，以為決策的依據，而且也包括利用記憶 (memories)，此所謂記憶，不僅是指個人的，也是指社會的。吾人往往憑記憶提供的認知角度，來詮釋新獲的資訊，這是必要的，但有時也可能成為記憶的「俘虜」——記憶提供的認知角度禁錮了想像與創新的能力。杜區特別指出決策者應避免此一危險：他們應該把記憶與來自環境的資訊巧妙地運用 ❶❶ 。

杜區又提到「意志」(will)。決策旨在改正系統之行為，俾能更有效地達到目標，目標是變動的，故決策所需的時間甚為重要。資訊是不斷湧入的，而決策者對資訊的需要也是不斷增加的。原則上，決策如能以最高量的資訊為根據達成，則其理性的程度也最高，然而，由於時間之迫促，這是不可行的，決策者必須在適量的資訊與適當的時間兩者間尋求一項折衷，一旦此折衷點獲致，決策達成，而對以後湧來的資訊，就得具有不用它來輕易改變決策的「意志」。

杜區的整個架構，是把決策視為政治活動的中心，而把溝通認作決策的樞紐。他以為政治系統的成長與演變，均可藉分析溝通來勾劃 ❶❷ 。

---

❶⓪　因此杜區稱其理論著作為 *The Nerves of Government*。

❶❶　杜區認為其運用的能力藉其原來擁有的知識，綜合與分析的能力……等因素決定。

❶❷　見 "Communication Models and Decision Systems," pp. 293–299.

參、溝通模式的評估

　　雖然杜區有意把溝通模式發展為一個政治學中周遍性的「理論」，但是，它是局部性的，而且將來也必如此：誠然資訊的傳遞與處理是決策過程中重要的部分，但決策並不限於此；決策行為雖為政治行為的重要部分，但許多政治學者並不認為政治行為就等於決策行為。

　　作為一個局部性的「理論」，溝通模式有很多優點：它的主要概念的界定都相當明確，而且是運作化的；計量的資料可以使用於研究溝通（杜區自己的研究，已證明此點）[13]。用它來解釋政治系統中的若干現象如政策的改變，對領導精英支持的崩解，與政府效力的增減……都可獲得較圓滿的答案（雖然不一定是絕對性的答案）。

肆、關於溝通網的理論及大眾傳播之政治溝通

　　所謂溝通網 (communication nets) 的研究，旨在探討集團的結構對集團行為的影響，尤其是對諸如領導者的選擇與辨識、解決問題的效率與學習的效率、成員的士氣與滿足度之影響。結構與溝通網通常都被假定為同等的，此一假定是根據下列界說：溝通結構為一組具有固定的雙向、單向，或無通道相聯的地位。「一個通道是指信息能在兩個地位間按某一方向通過的可能性[14]。」集團的溝通研究者在實驗時使用的皆書面信息之直接溝通，故其發

---

[13] Karl W. Deutsch, *Nationalism and Social Communication* (Cambridge, Mass., 1953). 是利用溝通資料（諸如郵件的數目）來研究民族整合的問題頗成功的著作。

[14] M. Glanzer and R. Glaser, "Techniques for the Study of Group Structure and Behavior," in A. P. Hare, E. F. Borgatta, and R. F. Bales (eds.), *Small Groups* (New York, 1965), p. 400.

現未必適用於間接溝通。

　　在許多實證研究中，假說之試驗是集中在兩、三、四與五個地位的網，這些網是以不同方式安排的：如輪式 (wheel)、Y、匙聯 (chain)、環繞 (circle)，與全通 (All-Channel)（見圖 22–1）。

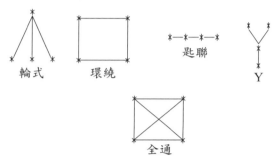

圖 22–1　溝通網的型式舉例

　　迄今為止，試驗的假設都是關於各類溝通限制對行為的影響的。例如葛茨柯 (Harold Guetzkow) 與賽蒙 (Herbert Simon) 曾假設溝通的限制只能影響集團組成的速度，但不致影響其他功能，此假設獲得證實：他們曾在匙聯、輪式，與全通等網中試驗其假設，發現一旦網已組成，在問題的解決之速度上，三者區別甚微❶❺。

　　葛蘭齊 (M. Glanzer) 與葛茉塞 (R. Glaser) 認為如上述的這些發現恐不能普遍描述小集團的情形，因為在試驗的情勢下，溝通網的成員不是志願的，許多人對彼此的地位並不熟悉，因此不少通道就任意被封閉了。他們認為這些實驗室的特徵，可能近似較大組織的情況❶❻。不過，迄今尚無人試驗這類假設是否可用來預測大組織中的行為。

　　大眾傳播或大眾媒體溝通 (mass communication) 的界說甚為紛紜，主要

❶❺　Harold Guetzkow and Herbert A. Simon, "The Impact of Certain Communication Nets Upon Organization and Performance in Task-Oriented Groups," *Management Science*, 1 (1955), p. 240.

❶❻　Glanzer and Glaser, op. cit., p. 418.

者計有：(1)「藉符號的運用——文字、圖畫、圖表、姿態與臉部表情——傳遞資訊、觀念、情緒、技能之類事物的行動或過程❼」；(2)資訊與說服 (persuasion) 藉以通過的媒體；(3)個人與集團間的聯鎖；與(4)「人類關係之存在與發展所依賴的機件 (mechanism)❽」。每一項界說都引發出若干假設，迄今此一領域仍缺乏結構嚴謹的理論。

拉斯威爾曾經把溝通的行動描述如下：何人，說什麼，在何通道，向何人，其效果為何？ (Who. Says What. In Which Channel. To Whom. With What Effect?)❾

許多研究是關於意見領袖與新聞界的，旨在發現「何人」與「何通道」的特徵與性質。

效果的問題在選舉研究中曾被仔細探討，在社區研究，國際關係，與小集團研究中，也有人注意及此。在研究者的著作中，面對面溝通與大眾傳播往往是分開的；許多研究支持凱茨 (Elihu Katz) 的兩階流 (two-step flow) 假設❿，這使我們對大眾媒體與公眾的關係有了新的認識；公眾不僅僅直接與媒體相聯，受其一面倒的影響，而且彼此交換意見與經驗，此種交換限止了媒體對他們的影響。

另一些對大眾媒體影響的天真看法，也為實證研究所推翻或修正：公眾並非毫無防備，不加選擇的接受媒體的影響，並因而改變態度與信仰，事實上，他們往往拒斥那些不支持其固有觀點的資訊或媒體內容㉑。溝通者的個

❼　Bernard Berelson and G. A. Steiner, *Human Behavior* (New York, 1964), p. 527.

❽　C. H. Cooley, "The Significance of Communication," in Bernard Berelson and Morris Janowitz (eds.), *Reader in Public Opinion and Communication*, 2nd ed. (New York, 1966), p. 147.

❾　Harold Lasswell, "The Structure and Function of Communication in Society," in Berelson and Janowitz (eds.), op. cit., p. 178.

❿　Elihu Katz, "The Two-Step Flow of Communication: An Up-to-Date Report on an Hypothesis," in Berelson and Jonowitz (eds.), Ibid, pp. 293–303.

人地位與聲望是某一種溝通被接納的主要因素之一，但另一可能更重要的因素為公眾本身的利益與興趣。溝通媒體之獨佔常被獨裁國家的領導者視為改變人民心態的有效手段，實證研究的發現似乎對此觀點並不支持❷。

溝通對公眾的影響效果究竟為何？克萊普 (Joseph Klapper) 曾就溝通對公眾的影響（效果）簡述如後：

⑴大眾媒體的溝通一般不是產生影響（效果）的唯一因素，它必須在許多別的因素與影響當中發生作用；

⑵這些別的因素（諸如集團規範、效忠感、交叉壓力、角色扮演）常使大眾傳播成為增強現狀的過程中之輔助者，但它不是唯一因素；

⑶大眾傳播偶爾可成為變遷的助力，在那種情況下，下述兩條件之一必然存在。此即：

⒜項：⑵所列之因素不發生作用，大眾傳播的效果乃成為直接的；或

⒝項：⑵所列之因素（通常是有利於加強現狀的），成為推動變遷的力量；

⑷在少數情勢下，大眾傳播產生直接影響，或者直接地履行「心理」的功能；

⑸大眾傳播的有效性（不論是作為助力或直接影響者），依賴媒體的性質與傳播情勢（例如接受傳播的組織環境，公開行動的可能性等）決定❸。

加拿大學者麥魯漢 (Marshall McLuhan) 認為一般研究傳播效果的人都是捨本逐末。傳播效果的探討，必須注意一點：即「媒體即音信」(the medium is the message)。媒體傳遞之內容對效果的產生，毫不重要❹。他把媒體分成

---

❷ James G. March and Herbert A. Simon, *Organizations* (New York, 1958), pp. 150–154.

❷ 見 Berelson and Steiner, op. cit., p. 541.

❸ Joseph Klapper, "What We Know about the Effects of Mass Communications: The Brink of Hope," *Public Opinion Quarterly*, XXX (1957–58), pp. 457–458.

兩類:「冷」類與「熱」類 (cool media and hot media)。冷媒體要求接受者自己介入,以其知識與想像力來補足資料,如電視;熱媒體(如收音機)讓接受者保持其超然性❷。

麥氏認為民族主義的興起,為印刷術的效果:

「……在活版印刷術把每種方言變成傳布頗廣的大眾媒體以前,以語言集團為基礎,把大批人口作政治聯合是不能想像的。印刷摧毀了部落(它不過是血親的大家庭而已),代之以個人的聯合❷。」

他對人類文明的前途所作的悲觀的預測,也是以其大眾傳播觀為出發點的:

「……我們不分青紅皂白地使用電子媒體,已造成極大危機;使電子技術前的文學與機械類的整個投資化為烏有。因為今天的電視孩童熟悉最新鮮 (up-to-minute) 的「成人」新聞——通貨膨脹、暴動、戰爭……——但當他步入十九世紀的環境就感到困惑迷失了,而我們今日的學校教育仍是按十九世紀的情況組成的:資訊的量是稀少的,但卻都是分類井然,組織有序的❷」。

麥魯漢本人為一位文學教授,他表示他的命題是不能用實證技術試驗的。批評他的人士很多,但無人可否認他的影響力:政治學者與傳播學者固然已不再忽視媒體本身對公眾產生的效果了;就是政界人士,也聽見麥氏的話:今天,他們在競選時,不僅留意該說什麼,而且也注意使用何種媒體把政見傳播出去。

---

❷ Marshall McLuhan, *The Medium Is the Message* (New York, 1967), p. 26.

❷ McLuhan, *Understanding Media: The Extension of Man* (New York, 1964), p. 36.

❷ Ibid., pp. 218–219.

❷ McLuhan, *The Medium Is the Message*, p. 18.

第二十三章　政治精英研究途徑

　　精英分析，近二三十年來，已成為政治學者與社會學者最重視的研究途徑之一；不少研究者認為它能提供社會科學研究一種極有價值的動態探討方式。雖然精英分析存在已久，但自十九世紀中葉以後，它才成為比較明確而嚴謹的研究途徑，並獲得理論性的地位❶。

　　精英分析對傳統的制度途徑構成嚴重的挑戰：因為它使研究者專注少數決策者或有影響力者的行為，而不重視政府的形式上的組織。它對集團途徑也是威脅：因為它只強調一個集團的重要性，而不認為若干集團的互相制衡具有真正的重大意義。它更是對階級分析的否定：因為它僅重視社會階層結構中的一個層次，並不著重不同階級的關係。精英分析比之政治研究中所使用的其他任何途徑，更具有挑戰性與理論上的排他性。

　　精英途徑的基本前提可用一言以蔽之：一切政治系統，不論其形式為何，都可分為兩個階層：統治者與被統治者。統治者（實際行使權力者及對他們具實質影響者）叫做政治精英 (political elite)❷，而此精英為政治系統最重要的一面，研究政治的學者，必須以它為注意的中心。政治精英是社會中唯一掌握政治權力（或具有大部分政治權力）並作重要政治決策的集團❸。精英份子乃是政治事務中最活躍的份子。我們專注於此類人士的分析就最能洞悉

---

❶　關於精英途徑的發展，參閱呂亞力：「簡論領導階層研究」，食貨月刊，復刊第三卷第四期（六十二年七月），頁三〇至三八。

❷　見 Gaetano Mosca, *The Ruling Class* (*Elementi di Scienza Political*), trans. Hannah D. Kahn (New York, 1939).

❸　Ibid.

政治生活的過程與內涵。

　　精英論者認為政治精英存在於任何政治系統中，其功能與重要性在不同社會大體相仿。但在每一社會，精英之結構，暨其與其他人士的關係則有其特色。精英結構的差異暨精英份子與社會其他人士的關係之不同，實足以解釋不同政治系統之差異。精英途徑不僅可用來作泛體系的比較研究，也可用來作為政治發展與變遷的研究之理論架構：一個社會的政治變遷之性質，可從精英結構與活動之改變中去探溯❹。

壹、精英分析之萌芽

　　精英分析的發展，首先應歸功於十九世紀末二十世紀初的三位歐陸政治社會學者──莫斯卡 (Gaetano Mosca)， 柏雷圖 (Vilfredo Pareto) 與密契爾斯 (Robert Michels)❺。這三位學者的理論性探討奠定了精英途徑的基石。但他們並非憑空創造，他們的工作承襲前人對精英的探究，不過前人的工作比較缺少系統化，而且概念的明確度也較低。我們欲估量精英途徑的優劣，並了解其基本的理論結構，首先必須先熟悉三位早期理論家的思想。其次，必須略知他們的前驅者。

　　㈠前驅者：十九世紀末葉，兩位意大利學者──莫斯卡與柏雷圖首先提

---

❹　見 T. B. Bottomore, *Elites and Society* (New York, 1964)。此書有 Penguian Paperback edition。

❺　莫斯卡 (1859–1941)，意大利人，著有 *The Ruling Class*。

　　柏雷圖 (1848–1923)， 意大利人， 著有 *The Mind and Society* (*Trattato di Sociologica Generale*), trans. Andrew Bongiorno and Arthur Livingston, 4 vol. (New York, 1935).

　　密契爾斯，瑞士學者，名著為 *Political Parties: A Sociological Study of the Oligarchical Tendencies of Modern Democracy*, trans. Eden and Cedar Paul (Glencoe, Ill., 1949). 本書另有 Dover Paperback ed.。

出有系統而周遍的政治精英分析，並且揚言研究精英是研究政治的不二法門。精英研究的根源，也許可追溯至亞里斯多德❻，但對此途徑的建立，貢獻較多的前驅者為聖西門 (Henri Comte de Saint-Simon)、坦因 (Hippolyte Taine)、根潑勞維茲 (Ludwig Gumplowicz) 諸人❼；馬克思也有一些影響。

　　莫斯卡認為法國人聖西門是第一個精英論者❽。聖西門以為社會是一座金字塔，塔頂為政治精英。他指出社會改革者不必妄想改變此一金字塔，但可設法改變精英。他主張有能力的人諸如科學家、藝術家與工業領袖應成為政治領袖，為社會制定開明而合於理性的政策❾。世襲的貴族與靠家庭背景佔據高位者應當讓賢。聖西門的社會觀確實是精英論的，但他的論調具有濃重的規範色彩——即它應由某一類精英統治❿。此種規範與描述（即社會是如何與應如何）混和的思辯格調是十八、九世紀的，今天的社會科學者比較不習慣，難怪這位敏銳的社會觀察者的影響力式微了。

　　坦因是法國歷史學者，在其鉅著當代法國的起源 (*Les Origines de la France Contemporaine*) 第一卷，分析法國大革命前的舊政權 (The Ancient

---

❻　亞里斯多德認為中產階級中的優秀份子為社會安定的支柱，見 Earnest Barker, *The Political Thought of Plato and Aristotle* (New York, 1959), pp. 400–450.

❼　聖西門 (Henri Comte de Saint-Simon) (1760–1825)，法國人，著有 *Selected Writings* (New York, 1952), ed. by F. M. H. Markham.
　　坦因 (Hippolyte Taine) (1823–1893)，法國人，著有 *Les Origines de la France Contemporaire* (Paris and London, 1876)。
　　根潑勞維茲 (1838–1909)，德國人，著有 *The Outlines of Sociology*, trans. Frederick W. Moore (Philadelphia, 1899).

❽　見 Mosca, *The Ruling Class*, p. 329.

❾　見 George G. Iggers, *The Cult of Authority; The Political Philosophy of the Saint-Simonians; A Chapter in the Intellectual History of Totalitarianism* (The Hague, 1958), pp. 74–77, 98–101.

❿　Ibid.

Regime) 的文字中，他詳細描述與分析其統治精英，並根據此一精英的行為來解釋法國政治系統的命運 。 他把它稱作「統治階級」與「特權階級」(privileged class)。其組成份子有法王、貴族與教士，坦因指出許多大革命爆發的原因，但把這些原因統統追溯到這一精英集團的舉動，認為他們是政治系統動盪的製造者。坦因的著作描述大革命前法國的精英極為精細而生動，雖然他的研究頗為主觀，但確提供精英研究許多卓見 ❶ 。

德國社會學者根潑勞維茲的影響較小一點，但也相當重要。根潑勞維茲認為政治精英為生理上較優越的份子，他們的智力較高。因此其統治社會是理所當然的 ❷ 。根氏並且把國家與政府界定為少數對多數之有組織控制之表現。在他的著作中，他曾分析精英的組成、功能與維持地位的方法與策略等。

馬克思主要是一位階級論者，但對莫斯卡等三人也有些影響。馬克思強調社會的階層性，此點頗影響精英分析途徑……而且，莫斯卡等人的理論也可說是對馬克思的對抗與挑戰，就此點而言，馬克思也有一些影響力 ❸ 。

精英論的前驅者對精英的探討，觀點頗不一致 ❹ 。但他們都注意三個重要問題：⑴誰統治社會？⑵統治者的共同性是那些？⑶他們如何維持其優越地位？這三個問題，也是莫斯卡等人所重視的，此外，他們又加上幾個問題：⑴精英與非精英的關係是如何的？⑵一個精英集團在何條件下，為別的精英所取代？⑶一個精英集團其凝結的程度是如何決定的？

㈡奠基者 ： 莫斯卡的精英分析 ， 首先出現在他的名著政治科學的原素 (*Elementi di Scienza Politica*) 中，此書於一八九六年出版，英文譯本叫統治階

---

❶　見 Taine, op. cit., pp. 86–169, 297–304, 312–14, 398–400.

❷　見 Gumplowicz, op. cit., pp. 116–54.

❸　參閱呂亞力，前引文，頁三六之❽。

❹　聖西門、根潑勞維茲等企圖發展適用於一切社會的「原則」，坦因的興趣限於一個社會；坦因、聖西門認為精英的存在無法避免，馬克思則預測其隨階級之消滅而消失；馬克思、坦因與聖西門認為精英是基於財富、教育、產業，或高貴的出身決定的，而根潑勞維茲則強調生理上的優越性。

級 (*The Ruling Class*)，最早的版本是一九三九年出版的 ❶ 。柏雷圖的精英論見於他的巨著心靈與社會 (*The Mind and Society*) ❶ 。密契爾斯是一位瑞士籍學者，他的政黨論 (*Political Parties*) 是一九一五年出版的，他把精英論的若干觀念付諸實證的試驗：依照莫斯卡的架構來探索若干重要的組織，尤其是西歐的社會民主黨。他發現這類政黨雖然號稱是反精英的，但其內部組織卻是百折不扣的精英控制的。

㈠莫斯卡的政治階級論：莫斯卡認為一切政治系統內，都存在著兩個階級：政治階級與非政治階級。任何系統都有精英，一個社會的文明隨精英的變動而改變。他指出：

「在一切社會——從發展程度最低，幾乎才開化的社會至最先進，最強大的社會——都出現兩個階級：一個統治階級與一個被統治的階級。第一個階級，人數永遠較少，履行一切政治功能，獨佔權力，並享受權力帶來的利益，而第二個階級，人數較多，是受第一個指揮與控制的 ❶ 。」

莫斯卡探討的主題共有兩個：一個是關於政治精英的本質的；另一則涉及精英如何維持其地位及如何被更換的問題。就第一個主題而言，他除界定「政治階級」這概念外，並設法回答一個大問題：一個社會內，精英地位是根據什麼獲得的？他在解答此問題的分析，最有價值。他指出精英地位的基礎，隨不同社會而異。在原始社會，征戰的勇氣是獲得地位的關鍵；在較進步的社會，運用宗教符號的才能遂成為贏取權力的主要工具；社會愈進步，財富變為地位的基礎；在最進步的社會（即官僚化或科技化者），專門知識是精英地位最主要的憑藉。雖然莫斯卡把精英按社會的不同與發展的層次分為軍事的、宗教的、經濟的與才智的 (merit elite)，但他並不認為此四種地位基礎是完全分立的。他僅是說在某類社會，某種基礎特別重要，但其他種基礎

❶　Mosca, *The Ruling Class* (New York, 1939).

❶　Parsto, *The Mind and Society* (New York, 1935).

❶　*The Ruling Class*, p. 50.

的成分也是存在的：譬如說，軍事精英也可能運用宗教符號，而在官僚社會，專家學者也得家財萬貫才能夠較容易地獲致顯貴的地位，美國國會議員雖然頗多具備專門法學知識的律師，但卻沒有一個清寒的律師。

　　就第二項主題言，莫斯卡指出欲了解整個社會的持續維繫與改變，我們必須了解精英的維持與改變。莫氏最感興趣的問題是：為何一個精英集團變得軟弱了？為了回答這個問題，他努力探討精英如何維持其地位，其成敗由何決定等相關問題。在其統治階級一書中，他提出五個理由：㈠生活方式的密切一致性；㈡政治公式 (political famula) 的使用 ❸；㈢摹仿性 (mimetism)；㈣精英的流通；及㈤軍隊的支持，來解釋精英地位之維持。藉生活方式的一致（莫氏稱之為「社會型」[social type]）❹，整個社會會一致擁護精英對抗外來的侵略。使用政治公式，精英可為其權力獲得道德與法律的根據；人的本性是使自己的價值與成長的環境相符（摹仿性），此可培養對獨立個性的自我克制，這弱點可被精英利用 ❺；精英集團經常從稍低的階層吸收其優秀份子。這樣統治階級就不乏新血與新觀念，並可減少非精英份子（特別是中產階級）的不滿，此過程就是精英的流動；精英集團也爭取軍隊的支持，以武力為其後盾 ❻。

　　㈡柏雷圖的治理精英 (Governing Elite) 論：柏雷圖認為在任何社會、任何集團中，若干人比其餘的人更有能力，此即所謂精英，換句話說，精英就是指那些最能幹的人。他曾用生動的筆調，這樣寫道：

　　「讓我們假設，在每種人類活動領域中，每個人都可給他一個分數，這

------

❸　所謂政治公式，乃是用來作為統治者權力的道德與法律基礎的「理論」或政治神話。

❹　「社會型」是把一個社會凝結為一體的基本因素，如同文、同種、同一宗教與文化。

❺　見 Mosca, op. cit., pp. 184–87.

❻　Ibid., pp. 222–43.

代表他的能力，就像學校裡考試的分數一般。譬如說，第一流律師給十分，一個顧客也沒有的人給予一分，把零分留給十足的白痴。賺數百萬的──姑且不管他賺錢的方法是正當的，還是不正當的──給予十分；那些勉強留在救濟院門外的得一分，把零分留給那些留在門內的。……對那些懂得如何欺騙別人而仍能逍遙法外的機智的壞蛋，我們可給他們八分、九分或十分──按照他們欺騙的傻瓜的數目而異……我們不妨把一分留給那位從餐館桌子上偷一塊錢而後就一頭撞進警察懷中的小毛賊❷。」

　　柏雷圖使用精英一辭，並不含任何道德的含義。它僅指「在其活動領域中得分最高的那批人❸」。他與莫斯卡不同之處是把精英分成兩類：治理精英為直接或間接地扮演相當重要的政治角色的 ；非治理精英 (non-governing elite) 指其餘的精英份子❹。而莫氏則把一切精英歸為政治階級。不過，與莫氏相似，柏氏主要是討論政治精英。柏雷圖使用精英這個概念，不免自相矛盾：有時他似乎認為精英是資格最適當的人；但有時他又感到精英名義的取得，不過是因為有財有勢而已❺。

　　柏雷圖常被人當作 「精英流通」 (circulation of elite) 概念的首創者，其實，最初提出概念的人是莫斯卡，不過柏雷圖給予它豐富的內涵。所謂精英流動是指精英的組成份子不斷地改變（不論是以革命的、抑或漸進的方式）。柏氏整個分析架構有兩項不可分割的因素：「殘留質」(residues) 與「衍生質」(derivations)❻ 。 所謂殘留質是人的情緒的反映或由某種行動反映的某些品

---

❷　引自 Lewis A. Coser, *Masters of Sociological Thought*, 2nd ed. (New York, 1971), pp. 346–97.
❸　Ibid., p. 397.
❹　Ibid.
❺　柏雷圖晚年成為一個非常憤世嫉俗的人，常常說些違背其本意的前後矛盾的話。
❻　此兩辭在柏氏的著作中，具有相當特殊的意義，中文翻譯相當困難。欲了解柏氏的本意，可參閱 Joseph Lopreato, *Vilfredo Pareto* (New York, 1965)。柏氏在發展此「殘留質」概念時，曾作一有趣的比喻，即混合型的為狐，集合型者為獅；此顯

質。它們可歸為七類，其中兩類與政治精英的研究有關。此即第一類混合殘留質 (residues of combination)，反映智力、機詐、計謀與權術；及第二類堅持的集合殘留質 (residues of persistent aggregates)，反映力量、忠貞、愛國心與保守性。衍生質近乎莫斯卡的政治公式，為用來證明人類行動的合理性之藉口（通常是政治神話）。

柏雷圖關心的中心課題是精英集團的改變。他認為精英集團維持自己的地位之能力是特別值得探討的。這種能力事實上不過是維持精英集團的流動的才能。柏雷圖相信封閉而高不可攀的精英集團是政治不穩的主因，往往是革命與動亂的前兆。不論精英集團自動吸收群眾中的傑出份子，抑或這些人藉暴力或革命進入精英集團，流動是難免的。柏氏此一觀念與社會的存續與變遷問題密不可分，其觸及的為當代社會科學的核心。

柏氏特別重視殘留質的改變與精英流通之關係。當精英集團為混合殘留質主宰時，他們靠機智與謀略統治。這種精英之失敗的主因是當危機來臨時，過於軟弱，他曾從其豐富的歷史知識中，找出許多實例，以說明這些精英集團不能堅定地使用武力是其毀滅的理由。當精英集團為集合殘留質充塞時，他們藉武力統治。他們如過於驕橫，過於壓制，也可能導致革命。柏雷圖說：「缺乏用武能力的政府會被推翻，完全依賴武力的政府也不能久存❷。」

柏雷圖是一位難得的天才，他對古典的希臘與羅馬史、中古及近代歐洲史的知識非常豐富，大體上，他的精英研究是使用歷史比較的程序完成的。他在數學、經濟學、工程與自然科學方面的造詣也很深，因此，常從這些學科中汲取材料來研究人與社會，或加強他論調的說服力。

㈢密契爾斯的寡頭鐵則：密契爾斯的政黨論顯示一切政黨都是寡頭組織。他認為在政黨生活中，寡頭是難免的。不僅是政黨，甚至一切人類組織中，

示其受文藝復興時期的馬基維利影響之深。

❷ *Mind and Society*, para. 2202. 柏氏把其巨著全文分成二六一二節 (paragraph)。此種體裁在十九世紀以前的歐洲大陸學者的著作中頗為流行。

都難免寡頭的傾向❷。這就是所謂「寡頭鐵則」(iron law of oligarchy)。

　　密氏在其巨著中，討論三個主要問題：㈠政黨（及別的組織）為何具有寡頭治理的傾向？㈡寡頭集團的一般性質為何？及㈢寡頭集團如何維持自己的地位？

　　關於寡頭的存在，他提出三個理由：⑴在龐大的組織中，為實際需要，必須有代表，為技術需要，必須有專家。事實上，這兩者往往合而為一。當代表們一旦被選出來，寡頭就形成了。⑵組織欲應付環境，達成目標，必須強調紀律，團結與迅捷行動，因此需要少數經常的領袖。⑶一般會員與群眾在心理上需要被人領導，否則感到茫茫然，而且政治冷漠及無能，如不加領導，組織必成有名無實。

　　關於第二個問題，他強調個人特質、政治傾向與寡頭集團內部的關係等。在個人特質上，他特別提及智力的優越與技術方面的能力；在內部關係上，他討論寡頭集團的裂痕，尤其是年老與年輕的領袖們之衝突；在政治傾向方面，他認為寡頭有日趨保守的自然傾向，甚至那些開始最富革命創新氣息的寡頭最後也會變成保守。他說：「今日的革命者即明日的反動份子❷。」

　　關於寡頭的維持自己的地位，他提到四個主要理由：⑴使用「一般的倫理原則」(general ethical principle) 即莫斯卡的「政治公式」；⑵寡頭集團的成員的個人品質如忠貞、敬業與經濟上的自足；⑶寡頭集團避免內鬨與抗拒日益腐敗或變得負責感喪失的「自然傾向」；與⑷寡頭集團自群眾中吸收新人物與新觀念的能力。

貳、精英分析之建立

　　拉斯威爾 (Harold D. Lasswell) 是現代社會科學中精英分析的建立者。在

---

❷　密氏稱之為「政黨的基本的社會學的法則」。

❷　Michels, *Political Parties*, p. 184.

他一九三五年出版的巨著世界政治與個人不安 (*World Politics and Personal Insecurity*) 中指出：「獲得任何價值的大部分之少數人謂之精英；其餘的人為百姓 **❸❶** 。」他並且認為政治分析「必須就社會出身、特殊才能、個人特質、主觀態度及支持資財諸如符號、財富與暴力等各項來比較全球的精英以進行」 **❸❶** 。拉氏是把莫斯卡等人的觀念重新探討，並引用於現代政治學的第一位功臣。其他重要的理論性貢獻是下列諸人所作的：博杜默 (T. B. Bottomore)、凱雷 (Suzanne Keller)、康浩塞 (William Kornhauser)、派雷 (Geraint Parry)，與普特南 (Robert D. Putnam) 等人 **❸❷** 。精英分析的實證研究較傑出的研究者為亨特 (Floyd Hunter)、密爾斯 (C. Wright Mills)、唐浩夫 (G. William Domhoff)、羅斯 (Arnold M. Ross)（以上研究美國的政治程序）；與佛雷 (Frederick Frey)、列普塞 (Seymour M. Lipset)、艾丁吉 (Lewis J. Edinger)、西林 (Donald D. Searing)、貝克 (Carl Beck)、亞姆斯屈朗 (John Armstrong) 諸人 **❸❸** 。

　　精英途徑的研究者在建立真正的理論上，成就頗不平衡。在某些方面，諸如研究程序與可研究性 (researchability) 之探討上，成就非凡，但在其他方面，如概念的界定上，情形頗不理想，各人的界說甚不一致，而且相當混亂。在下節中，我們擬對之評估。

▶ 參、精英分析的評估

　　精英途徑現在尚在理論建構的初期，就其「理論」性而言，其最大長處

---

❸❶　Harold D. Lasswell, *World Politics and Personal Insecurity*, paper badc ed. (New York, 1965), p. 3.

❸❶　Ibid.

❸❷　這些人及其他理論家的著作，請閱參考書目。

❸❸　見註 **❸❷** 。

是範圍的易於釐定及具體問題的易於發掘,這當然有利於命題的產生。此一途徑用來確定大權在握的主要決策者相當理想。其研究重點為人,是很具體的。由於研究者只須注意政治系統中有限的一批人,他可集中處理,作深度分析,使用計量技術,並運用各種研究工具諸如心理分析等。而且,由於精英是存在於一切系統中的,比較研究可以進行。

但是,精英分析的實證研究,成績並不理想,良好的並不甚多,其主要原因是它也有嚴重的理論弱點。

概念架構的脆弱是其致命傷。儘管許多學者盡力設法明確而一致地界定主要概念,情勢甚為可悲:古典理論家在界定概念上,雖不能說已使主要者意義一致,但至少矛盾不太大,日後的學者的工作反映情形的惡化,今日許多人的工作,表面上是設法產生大家都可接受的概念界說,事實上已成為無甚成果的論辯:建構與摧毀概念架構似乎已成為目的,而非建立有力理論的手段了。主要概念如「精英」、「權威」、「影響力」等仍然未能獲得有效運作化的一致的界說。別的不論,「精英」之未能適當地界定,當然給研究精英帶來困擾。

拉斯威爾本人對「精英」的界說,就有六個,茲舉三個如後:獲得任何價值的大部分之少數人謂之精英[34];在集團中權力最多的那些人是精英[35];最簡單地說法是,精英是最具影響力者[36]。

細察這三個界說,不難發現一項矛盾:精英是有任何價值的大部分者,或某一種價值的大部分者。而且,這一種價值為何,也有兩種說法。拉氏自

---

[34] Harold D. Lasswell, *World Politics and Personal Insecurity*, p. 3.

[35] Harold D. Lasswell and Abraham Kaplan, *Power and Society* (New Haven, 1950), p. 201.

[36] Harold D. Lasswell and Daniel Lerner (eds.), *World Revolutionary Elites* (Cambridge, Mass., 1965), p. 4. 拉氏其他的界說見其 *Politics: Who Gets What, When, How* 及 *The Comparative Study of Elites*。

己在一九六五年自我辯解:「目前多數科學化的觀察者已認識到以一種界說來涵蓋『精英』這個關鍵性的名辭是不充分的 **❸**。」然而,一位「科學化的觀察者」就產生三種界說,幾十位「科學化」或不十分「科學化」的「觀察者」製造的界說所產生的混雜迷亂,確為理論建構帶來很大的困難。

　　密爾斯界定「權力精英」(power elite) 為「政治、經濟、軍事領域中,聯結或重疊的派系,分享至少具全國性影響的決策」的人 **❸**;康浩塞認為精英是「由於其社會地位,在固定的社會情境中,具有維持標準的特殊責任者 **❸**」;派雷的界說是精英是「在政治與社會事務中,似乎扮演特別有影響力的角色之典型的少數人 **⓰**」;凱雷女士以為精英是指「其使命為以社會特別珍重的方式服務人群的少數個人 **⓫**」;博杜默的看法是精英為「一個社會中,具有崇高的社會地位(不論任何理由)之功能(主要是職業的)集團 **⓬**」;唐浩夫的界說為權力精英係「美國上層階級控制的層級機構中佔據指揮地位的人士 **⓭**」。

　　從以上形形色色的界說中,欲抽繹出共同的意義,殊為困難。也許我們只能說,精英是享有社會重視的價值之較大分量者,不過這價值究竟為何?權力、影響力或社會地位都有支持者:政治學者比較重視權力與影響力,而社會學者則常常著重社會地位 **⓮**。

❸　Harold D. Lasswell and Daniel Lerner (eds.), op. cit., p. 4.

❸　C. Wright Mills, *The Power Elite* (New York, 1959), p. 18. 此書有 Galaxy paperback edition。

❸　William Kornhauser, *The Politics of Mass Society* (New York, 1959), p. 51.

⓰　Geraint Parry, *Political Elites* (New York, 1969), p. 13.

⓫　Suzanne Keller, *Beyond the Ruling Class: Strategic Elites in Modern Society* (New York, 1963), p. 4.

⓬　T. B. Bottomore, *Elites and Society* (New York, 1964), p. 8.

⓭　G. William Domhoff, *Who Rules America* (Englewood Cliffs, N. J., 1967), p. 8.

⓮　此為大體上的區別,不能視為「通則」。又拉斯威爾以前的精英論者多多少少認

　　分析精英的政治行為也構成此途徑的困難。當研究者克服困難肯定了誰是精英，他仍得界定精英份子政治活動的主要方式與過程。但是，我們又如何使精英的特性，例如社會背景等，與其政治行動發生聯繫？社會背景真能決定政治行為嗎？恐怕未必見得。羅斯托 (Dankwart Rustow) 曾經引述佛雷的話：「從關於國家政要的社會背景的知識一躍而去作關於其社會權力結構的推論是相當危險的。甚至從這類知識去推算這些政要的政治行為也未必可靠❹。」正因如此，不少精英研究只不過是精英的種種特徵如社會背景、事業型式等的靜態分析，這當然無助於理論的發展。羅斯托感慨係之地評論精英研究的現況道：「缺乏事實支持的理論已被大堆理論結構空洞的事實所取代了❹。」

肆、精英途徑的用途

　　精英途徑在理論建構上，雖有上述缺點，但它仍不失為政治研究中頗有用的分析途徑。它對研究權力較集中的系統，譬如極權政治系統與許多開發中國家的政治系統，尤其有價值，因為首先，在這些社會，精英的影響力幾乎是決定性的；其次，其精英比較容易辨識，關於他們的資料也比關於一般民眾的政治行為者要多些（由於種種理由，問卷調查等技術不能使用或效果欠佳，故取得比較可靠的關於一般人民政治行為的知識，不甚容易）。

　　研究古代的政治，也可使用精英途徑，因為從文獻中，可找到有關古代

為「精英」一辭的涵義含有「素質上的優越」之成分。拉氏則將之改變為純粹權力或勢力的優越或社會價值分享上的優越，與精英份子的個人素質無關。拉氏以後的理論家大多沿襲此點。

❹ Frederick W. Frey, *The Turkish Political Elite* (Cambridge, 1965), p. 157. D. A. Rustow 引用於 "The Study of Elites: Who's Who, When, and How," *World Politics* 18 (July 1966), p. 702.

❹ Rustow, ibid, p. 716.

精英的資料，但不易找到精確的關於一般人民的資料，這在我國，更是如此。

　　雖然精英途徑須有系統的發展，是西方學者的成就。我國歷來的學者，對精英的分析，不是不注意的。司馬遷的史記、本紀、列傳來描述往事，可為一例；其後的史學，也很注意人物的分析；在我國的地方志中，往往具有當地精英的資料。現代我國學者，似應對精英途徑更加注意，期能對這方面的研究作重要的貢獻[47]。

---

[47]　筆者的嘗試性的研究為：呂亞力「亞非新興開發中國家政治領導的研究」，政治學報第六期（民國六十六年十二月）頁一至頁四二。

第二十四章　組織分析

　　所謂「組織理論」，狹義的是指公共行政的官僚理論，廣義的是指一種分析各類組織（公家機關或私人企業機構）的途徑，它是心理學、社會學、行政學、企管學、政治學……共同的貢獻。

　　由於我們生存的時代，是所謂組織時代，組織對我們每個個人的影響很大，研究組織遂成為急切的需要。近數十年來，對組織的研究，極為蓬勃，但是，理論家與研究者未能發展一致的概念架構，甚至使用的辭彙也是各家自成一格。這是組織分析面臨的困難問題之一，也是我們的介紹遭遇的難題。在本文中，我們只能對組織分析浩瀚的領域作一偏狹的巡禮，讀者們欲獲較平衡與周遍的認識，似應以自修來補足❶。

　　我們的介紹分為以下諸節：㈠組織目標、目標模式與系統模式；㈡古典的組織「理論」；㈢人情關係說與結構說；㈣韋伯的官僚理論；㈤組織內的行為；及㈥組織與環境。

壹、組織目標、目標模式與系統模式

　　組織目標履行數項功能：⑴為組織提供努力的方向；⑵為它的活動與存在提供「合法性」(legitimacy) 的基礎；及⑶它是衡量組織成敗的標準，及其效能與效率的準繩。

　　組織存在的理由，是為這些目標的達成而努力。然而，一旦它被形成，它常取得了自身的需要與慾求，這些常成為它的主宰，目標反變為次要。例

❶　可參閱本書的參考書目。

如一個大規模的慈善機構可能更注意其辦公建築、員工的待遇、與社會各界對它的印象，而把慈善活動降為次要；有的組織，甚至放棄原有目標，而去追求適合其需要的新目標。

目標是組織設法實現的未來事物的狀態。可是，說來容易，要肯定何者為一個組織的目標殊非易事。

首先，目標是誰決定的？董事會？高級職員？員工中的大多數？抑或社會？社會又是指什麼？我們也許可按組織的性質而假定其目標由何人決定。

要發現這個（這些）目標，我們也許可查考文獻（會章、章程……）及訪問有關人員，但是，我們仔細區分人員的個人目標與組織目標：公司較高級負責人的目標也許是升官；會計處的目標是平衡預算；小職員的是加薪；然而他們也許公認組織目標是賺取利潤。訪問者應問他們組織真正的目標，而不是其個人目標，也不是他們認為組織理應追求的目標。我們也可分析組織的內部分工、作業程序及預算分配來發現其目標。

組織人力及其他資財的分配，也有助於讓吾人推算其目標。艾特齊奧尼 (Amitai Etzioni) 在研究中，一位公立精神病院的院長告訴他其目標是在矯治病患，但他發現全院僅四位醫生照顧五千病人，醫護人員的興趣不是治病，而是守衛。而且大多數病人在院中住了十年以上，他的結論是該院的目標為維護社會治安，不是治病❷。

上例又涉及真實目標與宣傳目標 (stated goals) 之差異：一位私立理工學院的院長可能對外界說其目標是訓練未來的諾貝爾獎得主，而其實際目標可能只是為電子公司培養中級技術人員。

組織應該是最有效能與效率的社會集團❸。組織的效能 (effectiveness) 是按其實現目標的程度而定的，效率 (efficiency) 則按產生某一單位的產品（或

---

❷　Amitai Etzioni, *Modern Organizations* (Englewood Cliffs, N. J., 1964), pp. 6–7.

❸　組織建構的原則是據此設定的。當然，某一個別組織是否真的具有效率與效能，是實證的問題，不是原則問題。

成果）之資財（時間、金錢、能源及人力）以決定的。當產生某一成品的成本（時間、金錢、能源及人力）減低，而成品的質量不變時，效率就已增加。

衡量效能與效率並不容易。當組織的目標是有限而具體時，效能較易量度；倘若目標是較抽象或隨時間變動的，則不易量度。比較兩家製鞋工廠的效率並不困難，但比較兩個學術研究機構就不容易：也許有人說可以按出版的論文之數目，但論文的數目大不等於研究成就大（因為質也是應顧及的），因論文的質頗難判斷：一篇論文可從其對理論的發展，對實用問題的解決，對重要事實的陳述……等觀點去判其優劣。

雖然量度效能與效率，困難重重，但這是必須做的事，否則就無從判明不同組織的優劣，或其是否應該繼續存在了。

以目標的實現為中心探討組織的研究途徑乃是「目標模式」，此模式有兩項缺點：首先，它會給予組織研究社會批評的色彩，而減弱其科學分析的作用。由於大多數組織不能達到目標，不少著作與論文常常長篇累贅地討論其為何未能達到目標，反而疏忽了更深刻的分析 ❹。其次，目標是理想，因此，不論組織達到何種成果，均可視為失敗 ❺。這種模式遂無法適當地比較不同組織的優劣。

另一種衡量組織成敗的方法是系統模式 (system model)。即不以組織達何目標來衡量其成敗，而藉評估彼此的成績來比較不同組織的成敗。

系統模式假設一個組織，除了目標的實現，還得重視系統（即組織中的種種關係）之維護。根據目標模式，組織的資財應大部分投入實現目標之活動，倘投入其他活動是不合理的。根據系統模式，分配太少資財給實現目標的活動固然不合理，分配太多 (overallocation) 也有害：例如一家公司把一切盈餘，除去絕對必要的經常費用外，全部使用於再投資，則可能因無錢改善

---

❹ 見 Amitai Etzioni, "Two Approaches to Organizational Analysis: A Critique and a Suggestion," *Administrative Science Quarterly*, 5 (1960), pp. 257–278.

❺ Ibid.

員工的工作待遇與環境，而致士氣低落。這種對非目標活動的不注意可能使員工失去工作興趣，而影響效率，或甚至導致盜用公款之情事（效能受損）。

以目標模式作研究，比較省事省錢，研究者只要斷定組織的目標，其他的工作就可輕易完成。

以系統模式作研究比較費力，研究者首先要決定什麼是資財分配最有效的方式之標準，而這往往需要對其研究之組織的運作有相當可觀的知識。

系統模式包含關於某類關係的陳述，這些關係的存在是組織的維持與活動所必需。它又有二種次級模式：生存模式 (survival model)——即一組必要條件，倘若具備，可令組織繼續生存。分析者如能就組織的這類條件加以明定，即是建構此模式；效能模式 (effectiveness model)——它界定系統諸成分間的交互關係，此等關係使系統在達到某一固定目標上最有效或與相同或相似成分的任何別種配合相較，比較有效。

貳、古典的組織「理論」

十八世紀以來，西方的理性主義、資本主義與科技文明，為古典的組織理論的興起，提供肥沃的土壤。所謂古典的組織理論，也稱古典的行政理論，又名科學管理 (Scientific Management)。此一古典的途徑實包括兩部分：一個有關行為動機的理論，及一個組織理論。

㈠動機理論：動機理論的主要貢獻是泰勒 (Frederick W. Taylor) 所作❻。他特別強調物質酬勞的重要性，認為人的動機是恐懼飢餓與慾望利潤二者產生的。因此，只要經濟誘因充分而適當的使用，員工就會盡其所能努力工作。

㈡組織理論：古典行政理論的核心觀念是分工❼。此派人士認為一項工

---

❻　泰勒的著作為 *Scientific Management* (New York, 1911)。

❼　Luther Gulick and L. Urwick (eds.), *Papers on the Science of Administration* (New York, 1937).

作分工愈細，工人技術也就愈專門，如此他的工作就愈熟練，結果整個生產的效率也愈高。

　　古典論者又認為分工應與統一控制 (unity of control) 相平衡。任務的分割必須由中心權威按行動計劃完成；每一工作單位均應被仔細監督，而一切努力均需協調。每一監督者只應監督他能有效控制的數名（五至十）人員，第一線的監督者受第二線的監督者監督……層層節制，形成一個控制的金字塔 (pyramid of control)。每一監督者所控制的部屬之數目界定他的「控制範圍」(span of control)。如此，整個組織是在一個權威中心控制之下。

　　古典論者對於組織中工作應如何分配，才能達到最高度的效率，頗多歧見，但大多數學者同意工作的分工，應按照下列四個基本原則之一或一個以上：第一項原則為任務目的：在組織中任務相同或相似的人員應屬於同一附屬單位。例如一國的軍隊的共同目標為保國衛民，但三軍各有其次級目標：海軍防守領海、空軍護衛領空、陸軍保障疆土。

　　第二項分工原則是按同一過程完成的一切工作應歸於一起，因為這些工作需要相同的知識及相似的技術或程序。例如，三軍均需要情報，而同一情報單位提供它們所需的情報。

　　按工作對象的種類分工是另一原則。一切為某類對象而作的工作屬於同一單位。例如教育部的國教司是為小學生與國中生服務，中教司是為高中生等。

　　第四項原則是按工作的地點分工。在同一地理區域內履行的不同類的工作可能被歸屬同一單位。按照此一原則，駐韓美軍，不論其為陸、海、空軍，均歸同一司令部指揮。

　　以上四原則分工說仍受嚴酷的抨擊，它不但不能對組織的分工提供令人滿意的指針，而且這些原則是「應然」的，而非組織現況的描繪。分工事實上是許多種考慮的產物，如組織所在地的文化，組織的環境，人員的素質與數目，政治因素（某類分工可被接受，某類不能被接受等）。再說，組織不能完全事先計劃，它能隨其存在的歲月而成長，在成長的過程中，發展出新的

分工方式。

　　古典組織理論過份側重正式的組織結構之探討，而且把正式組織結構視為一幅可據以建構實際的組織，並它應依循的藍圖，不免刻板，但此說的勢力依然存在。一種新的發展為古典傳統的衍生物，即行政研究的實證取向 ❽。這些創新的研究者的主要興趣不是按「規定」「正確」的組織結構應該為何，而是探究為何甲種結構的組織較乙種的更有效率 ❾。

參、人情關係說與結構說

　　人情關係說 (The Human Relations Approach) 是對古典的正規組織論的反動。古典理論認為工作人員的工作量是他的體力決定的，經濟酬報是造成他的動機的主因，因此組織的領導人只要能善用此點，就能使員工盡力工作。古典論者心目中的組織是具有清楚而明確的分工，高度專業化的人員及分明的層級的。

　　梅育 (Elton Mayo) 等人 ❿ 發現 ：⑴工作人員的工作量是他的社會能力 (social capacity) 及社會規範，不是他的體力 (physical capacity) 決定的；⑵非經濟性的酬報在決定工作人員的快樂與動機上，比經濟酬報更重要；⑶最高度的專業化不一定是最有效率的分工方式；⑷工作人員對經理人員及其規範與酬報的反應不是出諸個人的，而是按其集團成員的身分而作的。此一學派特別重視溝通、參與及非正式的領導之角色。此派曾作了不少工作現場的試驗，如一九二七至一九三二年的霍桑研究（在芝加哥的西方電力公司的霍桑

---

❽　例如 James G. March and Herbert A. Simon, *Organizations* (New York, 1958).

❾　H. A. Simon, D. W. Smithburg, and V. A. Thompson, *Public Administration* (New York, 1959).

❿　梅育常被認為是此派的開山祖師；心理學者勒溫 (Kurt Lewin) 則為對其形成思想上有啟發性貢獻之人。

廠完成）。此一研究「否定」了古典理論的若干假設❶。並且「證明」生產之增加是由於工作人員人際型式之改變，心理滿足層次的提升，及受人重視的感覺等「社會因素」的結果。

在著名的電話轉接機線路製造廠房試驗 (Bank Wiring Room experiment)中，科學管理學派的主要假設都受到嚴重的挑戰❷。

科學管理與人情關係兩派在很多方面都是對立的，但有一共同因素：它們不認為組織對於理性化的追求與個人對於幸福的追求二者之間有任何基本的矛盾。前者假設最有效率的組織也就是最令人滿意的，因為如此組織的生產力最高，而員工的福利也可提高。人情關係派假設最令人滿意的組織便是最有效率的。他們認為工作人員在冷酷、正式、「理性」、僅能滿意其經濟需要的組織中不可能快樂，如果他們不快樂，就不可能有效率。科學管理派主張組織的管理當局應按工作的性質，把勞力與權威以最有效的方式分配，俾提高生產；人情關係派主張他們應鼓勵員工發展小的人際集團，提供民主的領導，允許員工參與，並建立員工們上下與平行的雙向溝通。

結構論 (the Structuralist Approach) 是以上兩者的綜合。此派主要的攻擊對象是人情關係論；他們對人情關係說的「和諧」(harmany) 觀提出挑戰。根據結構論者的看法，組織必然有一種困境存在：組織的需求與個人的需要、理性化與非理性化、團體紀律與個人自主、正式的關係與非正式的關係之間必然有矛盾，這種矛盾只能減弱，但不能消弭。人情關係論者主要是探究工業與商業組織，結構論者另外還研究醫院、學校、軍隊、教會、監獄與慈善機構如救濟院等，把組織分析的範圍擴及人類的一切組織。

---

❶　例如「照明度的增加或減少並不影響生產之增減」。此「否定」古典理論之假設：效率之增減主要由物質因素決定。

❷　例如古典派認為只要提供足夠的經濟酬報，工人就會盡力之所能生產之假設遭推翻。試驗證明工人們為免於得罪共事者，常「人為地限止生產額」(artificial restriction of output)。

　　結構論者認為組織是一個龐大而複雜的人群結合體，其內有許多互動的
集團，這些集團具有共同的利益（如組織的生存），但也有互相矛盾的各自利
益，在若干領域內，它們合作，在另一些領域內，它們競爭，它們的關係決
不像人情關係論者認為是一個和和樂樂的大家庭。

　　結構論者認為工作人員的挫折感無法完全消滅。為他們提供較佳的工作
環境或工作中社交的機會也許可使其減少度日如年的感覺，但不能使其工作
不單調、不重複或更富創造性，而工作的單調、重複與缺乏創造性正是現代
社會中許多組織的員工挫折感的泉源❸。

　　人情關係派學者認為衝突是不宜於組織的發展的，結構論者則以為若干
種衝突不僅無法避免，而且對組織有益❹。他們反對用人為的方法硬把衝突
壓制下去，認為這只能產生其他的惡果❺。

　　結構論者對於人情關係派的實證研究，也提出一些批評：⑴人情關係派
的研究僅探究少數變項，不注意別的，因此，偏重非正式的人際關係，而不
重視正式的，也不曾留意兩者的聯鎖，把兩者並重，是結構派的貢獻。⑵非
正式集團的範圍與其存在的普遍度往往被人情關係派過分強調❻。⑶人情關

----

❸　有人甚至認為由於現代工廠工作單調，許多工人工作時猶如陷入半知覺的昏迷狀
　　態 (semi-conscious delirium) ，夢想放工後的樂趣 。 參閱 Eli Chinoy, *Automobile
　　Workers and the American Dream* (New York, 1955).

❹　結構論者以為有限度的衝突有下列好處：讓真正的歧見浮現，有利於組織內重新
　　依實力而調整，使組織更健全。倘非如此，員工的疏隔感、意外事件、怠忽工作
　　等現象必增加 。 見 Lewis Coser, *The Social Functions of Conflict* (Glencoe, Ill.,
　　1956).

❺　即以註❹所列之方式，尋求解脫，而使組織蒙受不利影響。

❻　兩位社會學者在研究中發覺，其樣本一七九名工人均報告在其工作上，未發現非
　　正式集團的存在 。 見 C. R. Walker and R. H. Guest, *The Man on The Assembly Line*
　　(Cambridge, Mass., 1952). 其他許多類似研究，均發現工作場合的非正式集團並不
　　普遍。

係派與科學管理派研究組織，不重視其與環境的交互影響。結構論者有些也不免此偏，但大多數此派學者都能注意組織與環境的關係。⑷結構論者認為經濟與非經濟的酬報都很重要。⑸結構論者認為另兩學派的研究，有親經理層的傾向，而他們自己的目的是發展價值中立的觀點，既不親經理層，也不親員工。⑹他們認為另兩派僅研究工廠等組織，失之過狹，他們的研究及於一切類型的組織。

肆、韋伯的官僚理論

　　韋伯 (Max Weber) 也許可被認作結構論的先驅思想家，他很注意官僚結構中正式權力的分配，但同時，也探討所謂合法化 (legitimation) 的問題，這啟示以後的研究者留意個人在參與組織活動中獲得心理滿足的問題。他關心權力的有效行使及如何使其行使為受它控制的人心甘情願接受（即合法化）二者之關係，他這方面的卓見，對組織理論的中心課題之剖析，極有貢獻。此中心課題就是：如何控制組織成員以達到最高度的效率與效能，但同時又能減少因此產生的個人挫折感與不樂。

　　一個組織對其成員的種種規定，成員是否服從，要看這些規定是否符合三種「權威」標準：有時，成員服從一項規定，是因為它行之多年，習慣成自然，大家不追究它是否合理，它的權威是傳統的；有時，成員服從是因為他們認為它是合理的，其制定的程序是適當的，它的權威是理性－法律的；有時，他們服從它是因為作這項規定的人很得人望，具說服力，它的權威是基於難理解的非凡的個人才華 (charisma) ❶。換句話說，韋伯認為組織的規定能被接受，是理性的與非理性的因素交互作用的結果。

　　組織（韋伯稱為官僚 [bureaucracies]）規定種種規範，以之約束成員。倘若組織欲有效地運作，其規則與命令，必須被遵從。組織可藉權力迫人服從，

---

❶　類似宗教的創建者在其信徒心目中的權威。

也就是說，可藉獎懲的方法使人就範。然而，運用權力來維持組織紀律可能使成員萌生疏離感 (alienation)❶，他們可能為了外在的動機而表面服從，但不會自願提供資訊、採取主動等，而且，當危機當頭，組織結構脆弱時，他們會掉頭離去。

　　倘若權力的行使是成員自認應該的，組織的規則與命令符合他們自己的價值，服從也就會更有效，由於成員感到組織的規則符合其自己的價值而接受權力的行使的現象，韋伯稱為合法化 (legitimation)，使成員接受命令的能力，他稱為權力 (power)，權威 (authority) 乃是權力與合法化二者之混合。

　　韋伯把權威分成三類：即上述傳統的、理性—法律的（又稱官僚的）與非凡個人品質的。他認為在現代社會，只有理性—法律的組織，才能具有效率與效能。傳統的組織不能免於家族、階級、身分等考慮，因此理性化的生產與行政程序不易建立；以非凡的個人品質為基礎建立的組織缺乏有系統的分工、專業化或穩定度也不足。

　　韋伯的官僚結構為一高度理性化的結構，其特質如後❶：

　　⑴「其公務功能受規則約束的經常性組織。」理性的組織迥異於臨時的、不穩定的關係，因此必須是經常性的。規則可減少為每一個別問題尋求答案的麻煩，並有利於使大批個案在處理上達到標準化與公平。

　　⑵「職權的固定領域」，這包括(a)履行固定領域內任務之責任，此領域係由有系統的分工決定的；(b)提供負責者執行任務之必要權威；及(c)必要的權力是清楚界定的，其使用必須遵守若干條件。理性的組織之要素之一是工作、權利與權力有系統的分工。每一成員必須了解其工作，擁有履行它的工具，包括發號施令的能力，而且必須懂得其工作、權利與權力的限度，以免越權而損及整個結構的維持。

---

❶　由於疏離感，他的服從僅限於組織權力迫使之層面，而缺少自發性、主動性等。

❶　Max Weber, *The Theory of Social and Economic Organization*, trans. by A. M. Henderson and T. Parsons (New York, 1947), pp. 329–330.

(3)「組織內的職位按階層原則設立；此即，每一較低職位受較高者控制與監督。」如此，就沒有不受控制之職位。服從與否不得任意為之，必須有系統地查核與強化。

(4)「節制一項職位之履行之規則可能是技術性的規則或規範。不論何者，倘若欲充分理性地運用，專業訓練是必要的。因此，一般來說，唯有表現出他有充足的技術性訓練的人才可具有擔任行政工作的資格。」韋伯此語是指官僚的權威是基於其知識與訓練。這並不是說這些可取代「合法化」，而是指其技術性才能與知識是他獲得的「合法性」的根據。

(5)「行政機關的人員絕對不得擁有生產或行政的工具是基本原則……而且，原則上組織的公產與官員的私產須徹底分開……。」韋伯認為這類分隔可使官員的公務地位不受他的私人身分之干擾。

(6)為增加組織的自由，其資財不受任何外在的控制，職位不為任何人獨佔。它們可按組織之需要調配。任何官員均不得視其職位為個人的「私產」。

(7)「行政行動、決策與規則均以文字記錄……。」許多人士也許認為此一特質不甚重要，另有不少人則可能認為書面的公文、檔案太多，並不「理性」，會造成宕延公務的「公文旅行」，但韋伯則以為憑藉口語溝通無法達到理性化，因如此不能有系統地解釋或執行組織的規範與規則。

韋伯又指出官員應僅由組織支薪，不得自其他來源接受其公務行為之酬報，如此他的接受組織之規範才是完整的。

韋伯認為組織的中心問題為：官僚結構之高度理性是脆弱的，必須經常保護，不讓外界的壓力侵害其自主性，此自主性是它不分心地追求目標必需的。他的分析所勾劃出的組織原則都是基於此一觀點建立的。

伍、組織內的行為

組織理論的一個探討重點是組織內個人與集團的行為。個人加入一個組織後，必須要作種種調適，他必須與組織及組織內的集團與其他個人調適。

調適的努力常產生挫折、衝突、緊張與焦慮的感覺，而危及個人的貢獻及組織之效能與效率，因此，組織研究必須注意個人的行為。若干種涉及「行為」之探究的「模式」頗受重視：諸如泰勒的「經濟人」（經濟動機即行為動機），及馬斯羅 (Abraham H. Maslow) 的「自我實現」說❷。馬氏認為人的需要有層次，低層次的實現後，就會產生心理上的不安，而欲求實現高層次的需要❹。歸根結底一個人只有達到最高層次──自我實現 (self-actualization)，才會滿足。他說：

「即使一切較低層的需要均已滿足，我們往往（即或不是永遠）會發展新的不滿與不安，除非正在做適合自己的工作。音樂家必須產生音樂，畫家必須繪畫，詩人必須作詩，否則他不能真正快樂。一個人能做什麼，他必須做什麼，此需要稱為自我實現……自我實現是指自我圓滿化之慾求，即，實現一個人潛能的傾向。此傾向也許可如此表示：愈來愈變成『自己』的慾望，成就一切自己所能的❷。」

對個人行為的研究，也涉及態度與人格的探討。人格是由學習的過程而形成。關於學習與行為之形成的關係，有二個主要理論：即巴夫洛夫 (Ivan P. Pavlov) 的古典制約反射 (Classical Conditioning) 論與史肯納 (B. F. Skinner) 的運作制約反射 (Operant Conditioning) 論❷。

動機是組織理論家甚重視的。關於動機，除前述馬斯羅的理論外，較重要者還有麥克里蘭 (David C. McClelland) 的成就需要 (need for achievement)

---

❷　Abraham H. Maslow, "A Theory of Human Motivation," *Psychological Review* (July, 1943), pp. 370–96.

❹　其層次由低至高分別為：(1)生理的：即飲、食、衣、宿免於生理上的痛苦；(2)安全與平安：免於威脅的環境或事件；(3)社交與情愛：友誼、歸屬感、交際活動與愛；(4)尊敬：自尊與別人的尊重；及(5)自我實現：盡其所能的發揮能力、技術與潛能以實踐理想。

❷　Maslow, op. cit., p. 370.

❷　見 Alan E. Kazdin, *Behavior Modification in Applied Settings* (Homewood Ill., 1975).

論與哈茲伯 (Frederick Herzberg) 的二因素 (two-factor) 論 ❷ 。

　　集團的行為也是組織分析注意的對象。在龐大的組織中，常有不少正式與非正式的集團，成員的時間大部分花在這些集團之中，對集團的認同往往超過對組織的認同。

　　正式集團分為兩類：受指揮集團 (command group) 指組織表上那些向某一長官報告的全體僚屬；任務集團 (task group) 指共同完成某一特定工作的員工。非正式集團也可分為兩類：利益集團 (interest group) ❷ 指聯合起來達到共同利益的員工，譬如一些員工一起向主管要求某項福利；友誼集團 (friendship group) 如年齡、興趣、政治信仰接近的員工常聚集在一起交往 ❷ 。

　　集團的領導，尤其非正式集團之領導，與集團間的衝突都足以影響（正面的或負面的）組織的效能與效率，是極需要探究的。

陸、組織與環境

　　討論組織與環境，有三項重點：㈠現代組織的興起與發展的社會條件；㈡在節制與管理組織間的關係方面，社會扮演的角色；及㈢在未來的歲月，組織與社會之關係將產生何種可能的改變。

　　現代化的成分之一就是許多龐大組織的出現。以美國而論，企業財富之百分之五十強由二百家大公司掌握；在我國，王永慶的台塑企業，有員工二萬八千名，每年的營業額高達臺幣三百億元左右。不過與美國的大公司比，

---

❷　麥克里蘭認為具成就需要的人，才能產生強烈動機，而此種需要來自文化。見 David C. McClelland, *The Achieving Society* (Princeton, 1959) 。哈茲伯認為有二類因素：其中一類如不存在，會造成不滿，但其存在並不使員工具強烈動機；另一類如不存在，並不產生不滿，但其存在可激發強烈動機。見 Frederick Herzberg, et al., *The Motivation to Work* (New York, 1959).

❷　此處所謂利益集團並非政治學上的壓力集團之同義語。

❷　參見 J. L. Gibson, et al., *Organizations*, rev. ed. (Dallas, Tex., 1976), pp. 150–151.

還是「小巫見大巫」，但與我國以往的企業比，則是「大巫見小巫」。教育的發達，產生學生眾多的大學，六萬名學生的巴克萊加州大學，在二十世紀前是很難想像的。民國卅八年（一九四九）以前，中國大陸上的一般大學，學生只有數千人，今日的臺灣，就是較小（指人數，不是指規模）的臺灣大學也有一萬三千名左右學生。企業、教育機構以外的各類組織也大量出現，規模也都甚大。古代雖也有些頗大的組織，但數目甚小，整個社會往往僅有少數人歸屬這些組織；而且，古代的組織與現代的組織有一極重要的差別，即理性化的程度是差得多的，倘若我們用上節中韋伯的「原則」來衡量，不難發現此點：譬如人員的甄用，古代的組織重視家世、階級等，不會按專業知識與個人成就；員工的酬報也並非完全由組織提供，如法國中古末期的法官，薪俸由訴訟人支付，法院不負擔。因此，我們可說古代至多有若干大的組織，而現代才是名符其實的組織的社會。

　　組織大量產生的社會條件為何？首先，現代化的特徵是分化(differentiation)；現代化的過程，使社會的舊有功能更有效地履行（新功能的出現反在其次），譬如在現代化以前的社會，許多功能（經濟、教育、文化……等）皆由家族負擔，現代化社會中，則每一功能由特殊的組織負擔，因而效率大增。

　　與社會結構之改變相隨的為文化的改變。此改變的最佳分析是韋伯的「新教倫理」(Protestant Ethic) 說 ❷。韋伯不同意馬克思派的看法：資本主義的興起是由於技術因素或財產關係的改變。他強調新的規範與文化價值（即所謂新教倫理）的出現的影響。他指出新教徒的兒童比天主教徒的兒童更願意進商業學校，資本主義在新教國家發展甚快，但在天主教國家則比較緩慢。他認為新教（尤其卡爾文派清教徒）的態度與資本主義的態度甚具相似性。例如，新教教義訓誡信徒勤勉工作，並在塵世力行禁慾以增神之榮耀。此種勤

---

❷　Max Weber, *The Protestant Ethic and the Spirit of Capitalism*, trans. by Talcott Parsons (New York, 1958).

勉、節約的態度有利於資本形成。因此對資本主義的興起，相當重要。

　　此外，現代化價值中，尚有二類，極有助於現代組織的發展，其一是現世化的傾向。此種現世化的傾向鼓勵理性的行為，因理性化的行為需要實證的指涉、現實的試驗，這些都只能求之於現世。

　　若干人格與心理的改變，也頗值得注意。「組織人」必須具有若干特徵：⑴他必須能適應不同的社會關係，扮演不同的社會角色，在不同的社會單位中穿梭，而不致感到心理的不安；⑵他具有較強的忍受挫折並延宕慾望之滿足 (gratification) 的能力，此種心理特徵是理性化組織運作決不可缺的；⑶他必須具有一些成就取向：即對較高的物質與象徵性的酬報感興趣，並願意努力去爭取。

　　關於大社會如何節制與管理組織間的關係之研究，甚為貧乏。大體而言，組織間的關係，在某種程度內，是由國家的法律、行政機關，與法院加以限定的。在任何社會，數種節制與管理的方式被混合採用，但每種方式被採用的程度是不同的。一種方式是「放任」的意識型態的產物，即國家盡量少干涉組織間之關係，除非是絕對必需的；另一種是國家管制不少種組織關係，如生產與財政組織間關係（如證券交易所），不同學校間關係（如立案），大眾媒體與政黨間關係（如競選時，電視上各黨等量時間之規定）。另一類是「指示性的規劃」(indicative planning)：國家提出一系列經濟目標，追求這些目標者可獲政府之支助。政府把任務分配給不同的組織，但並不強迫，僅藉鼓勵（如稅金上的優待）來使其遵循「指示」。最後一類是極權的計劃：一切組織均聽命於國家的最高權威──可能是一個極權的政黨。

　　當然，由於社會需要的繁複，即使最極權的社會也無法把一切社會關係納入一個型式，故不同社會之區別僅在於各種方式混合之程度的差異。今日社會，放任的型式似乎最不受注意，事實上，由於政府角色的加重，公家組織已愈來愈多。

　　組織間的關係，決非法律或政治所能完全管制的，其交互活動之型式是在交易 (exchange)、衝突或合作或討價還價中決定的，而這些是受文化的、

權力的、生態的因素影響的。

關於組織社會的未來,可從三方面討論:在開發中國家,以往龐大的組織較少,而且由於社會功能分化度較低,組織的專業化程度也略遜;其取向的世俗性、理性化的程度也差些。近年來,有些開發中國家已有許多大規模組織出現,專業化的程度也大為增進;人們在組織中的行為也更趨理性化與世俗化。在不少開發中國家,組織的數目與規模雖然在加多與加大,但人們的組織行為仍舊不夠理性化與現代化,組織社會之文化與心理的條件尚未完全成熟。因此組織的病態如徇私、腐化(利用組織的工具達到個人的目的)等相當嚴重。

在極權國家,當革命成功後的初期,組織分化與專業化的程度大減,一切機構均置於最高的權威者控制之下。但長遠的趨勢是組織的自主性可能有些增加,組織間的權力之爭也可能發生。在某種程度內,節制的控制 (control by regulation) (規定組織行動的限度) 可能取代命令的控制 (control by decree) (以具體的命令控制)。命令的控制造成極高度的公文旅行與官僚的紙上作業,效率與效能頗為減少,並且使許多年輕而雄心勃勃的份子感到拘束,不能發揮所長。在一個高度工業化社會,這情勢無法繼續。

極權社會的組織之效率如何?根據西方的觀察者,有些組織效率較差(如蘇俄的國營旅行社),也有的效率雖極高(如蘇俄的太空發展組織)但為達此效率付出的代價(尤其是工作人員的幸福方面的代價)是甚昂貴的。

在現代的民主國家,許多人在為組織的需要與組織中人的個人需要謀求平衡。如雷斯曼 (David Riesman) 等人指出的,現在的傾向是較以往略為注重個人的需要,但組織的需要仍然獲得相當程度的重視❷ 。在組織的內部,除了生產與行政的效率以外,個人與人際的問題也獲得更大的關注。

----

❷　參閱 David Riesman, et al., *The Lonely Crowd* (Garden City, N. Y., 1955).

參考書目

緒　論

易君博，政治學論文集：理論與方法（臺北，民六十四年十月）

Gibson, Q., *The Logic of Social Enquiry*, (London, 1960)

Nagel, E., *The Structure of Science* (New York, 1961)

第一章

Ayer, A. J., *Language, Truth and Logic* (London, 1946)

Feigl, H. and M. Brodbeck (eds.), *Readings in the Philosophy of Science* (New York, 1953)

Hempel, C., "Fundamentals of Concept Formation in Empirical Science," in *International Encyclopedia of Unified Science*, Vol. II (Chicago, 1952)

Hospers, J., *An Introduction to Philosophical Analysis* (Englewood Cliffs, N. J., 1953)

Kaplan A. and H. Lasswell, *Power and Society* (New Haven, 1963)

Nagel, E. and C. G. Hempel, "Concepts and Theory in the Social Sciences," in *Science, Language, and Human Rights* (Philadelphia, 1952)

Rudner, R. S., *Philosophy of Social Sciences* (Englewood Cliffs, N. J., 1966)

Shils, E. and H. Finch (eds.), *Max Weber on the Methodology of the Social Sciences* (New York, 1949)

第二章

Gibson, Q., *The Logic of Social Enquiry* (London, 1960)

Hempel, C., "The Function, of General Laws in History," in *Theories of History*,

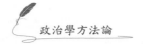

ed. P. Gardiner (Glencoe, Ill., 1959)

Isaak, A., *Scope and Methods of Political Science* (Homewood, Ill., 1969)

Kaplan, A., *The Conduct of Inquiry* (San Francisco, 1964)

第三章

Frohock, F. M., *The Nature of Political Inquiry* (Homewood, Ill., 1967)

Gross, L. (ed.), *Symposium on Sociological Theory* (New York, 1959)

Meehan, E., *The Theory and Method of Political Analysis* (Homewood, Ill., 1965)

Parsons, T. and E. Shils (eds.), *Toward a General Theory of Action* (New York, 1951)

Popper, K., *The Logic of Scientific Discovery* (New York, 1959)

第四章

Bergmann, G., *Philosophy of Science* (Madison, 1957)

Braithwaite, R. B., *Scientific Explanation* (Cambridge, Eng., 1956)

Gardiner, P., *The Nature of Historical Explanation* (Oxford, 1952)

Gibson, Q., *The Logic of Social Enquiry* (London, 1960)

Kaplan, A., *The Conduct of Inquiry* (San Francisco, 1964)

Meehan, E., *The Theory and Method of Political Analysis* (Homewood, Ill., 1965)

第五章

Margenau, H., *Ethics and Science* (Princeton, N. J., 1964)

Stevenson, C. L., *Ethics and Language* (New Haven, 1944)

Stevenson, C. L., *Facts and Values* (New Haven, 1963)

Welden, T. D., *States and Morals* (London, 1946)

第六章

Brecht, A., *Political Theory: The Foundation of Twentieth-Century Political Thought* (Princeton, 1967)

McCoy, C. and J. Playford (eds.), *Apolitical Politics* (New York, 1976)

第七章

Garson, G. D., *Handbook of Political Science Methods*, 2nd ed. (Boston, 1976)

Golembiewski, et al., *A Methodological Primer for Political Scientists* (Chicago, 1969)

Shively, W. P., *The Craft of Political Research* (New York, 1974)

第八章

Leege, D. C. and Wayne L. Francis, *Political Research* (New York, 1974)

Shively, W. P., *The Craft of Political Research* (New York, 1974)

第九章

Blalock, Jr. H. M., *Theory Construction: From Verbal to Mathematical Formulation* (Englewood Cliffs, N. J., 1969)

Leege, D. C. and W. L. Francis, *Political Research* (New York, 1974)

Shively, W. P., *The Craft of Political Research* (New York, 1974)

第十章

Galtung, J., *Theory and Methods of Social Research*, rev. ed. (Oslo and New York, 1969)

Leege, D. C. and W. L. Francis, *Political Research* (New York, 1976)

Miller, D. C., *Handbook of Research Design and Social Measurement*, 2nd ed.

(New York, 1970)

第十一章

Backstrom, C. H. and G. D. Hursh, *Survey Research* (Evanston, Ill., 1963)

Hyman, Herbert H., *Interviewing in Social Research* (Chicago, 1954)

Holsti, O., "Content Analysis," in *The Handbook of Social Psychology*, Vol. 2 (Reading, Mass., 1969)

Kalleberg, A. L., "The Logic of Comparison: A Methodological Note on the Comparative Study of Political Systems," *World Politics*, XIX (1966)

第十二章

Garson, G. D., *Handbook of Political Science Methods* (Boston, 1976)

Nutt, R., *A Methodology for Social Research* (New York, 1968)

第十三章

芮寶公，統計學（臺北，民六十六年十月再版）

Slonim, M. J., *Sampling* (New York, 1960)

第十四章

Leege, D. C. and W. L. Francis, *Political Research* (New York, 1976)

Shively, W. P., *The Craft of Political Research* (New York, 1974)

第十五章

芮寶公，統計學（臺北，民六十六年十月再版）

Blalock, Jr. H. M., *Social Statistics* (New York, 1960)

Edwards, A. L., *Statistical Methods* (New York, 1967)

第十六章

Davies, M. R. and Vaughan A. Lewis, *Models of Political Systems* (London, 1971)

Easton, D., *The Political System* (New York, 1953)

第十七章

Davies, J., *Human Nature in Politics* (New York, 1963)

Fortes, M. and E. E. Evans-Pritchard, *African Political Systems* (London, 1940)

Greenstein, Fred, *Personality and Politics* (New York, 1969)

第十八章

Almond, G. A., *The Politics of Developing Areas* (Princeton, 1960)

Almond and G. B. Powell, Jr., *Comparative Politics: A Developmental Approach* (Boston, 1966)

Deutsch, K., "Integration and the Social System: Implications of Functional Analysis," in Philip E. Jacob and James V. Toscano (eds.), *The Integration of Political Communities* (New York, 1964)

Gregor, A. J., "Political Science and the Uses of Functional Analysis," *American Political Science Review*, 52 (1968), pp. 425–39

Hempel, C. G., "The Logic of Functional Analysis," in L. Gross (ed.), *Symposium on Sociological Theory* (Evanston, Ill., 1959)

Levy, M., *The Structure of Society* (Princeton, 1952)

Parsons, T., *The Social System* (New York, 1951)

第十九章

Bertalanffy, Ludwig von, *General System* (New York, 1968)

Easton, D., *A Framework for Political Analysis* (Englewood Cliffs, N. J., 1965)

Easton, D., *A Systems Analysis of Political Life* (New York, 1965)

Young, Oran, *Systems of Political Science* (Englewood Cliffs, N. J., 1968)

第二十章

Bentley, A., *The Process of Government* (Cambridge Mass., 1967)

Latham, E., *The Group Basis of Politics* (Ithaca, 1952)

Olson, M., *The Logic of Collective Action* (New York, 1968)

Truman, D. B., *The Governmental Process* (New York, 1951)

第二十一章

Allison, G., *The Essence of Decision* (Boston, 1971)

Lasswell, H. D., *The Decision Process* (College Park, Maryland, 1956)

Simon, H., *Models of Man* (New York, 1957)

Snyder, R. C., et al. (eds.), *Foreign Policy Decision-Making* (New York, 1962)

第二十二章

Deutsch, K., *The Nerves of Government* (New York, 1963)

Deutsch, K., "Communication Models and Decision Systems," in James C. Charlesworth (ed.), *Contemporary Political Analysis* (New York, 1967)

March, J. and H. A. Simon, *Organizations* (New York, 1958)

第二十三章

Bottomore, T. B., *Elites and Society* (New York, 1964)

Edinger, L. J. and D. D. Searing, "Social Background in Elite Analysis: A Methodological Inquiry," *American Political Science Review*, 61 (1967), pp. 428–45

Frey, F. W., *The Turkish Political Elite* (Cambridge, 1965)

Keller, Suzanne, *Beyond the Ruling Class: Strategic Elites in Modern Society* (New York, 1963)

Lasswell, H. D. and D. Lerner (eds.), *World Revolutionary Elites* (Cambridge, 1965)

Lasswell, H. D., and D. Lerner, and C. E. Rothwell (eds.), *The Comparative Study of Elites* (Stanford, 1952)

Mills, C. W., *The Power Elite* (New York, 1959)

Parry, Geraint, *Political Elites* (New York, 1969)

Sereno, R., *The Rulers* (New York, 1962)

第二十四章

Etzioni, Amitai, *Modern Organizations* (Englewood Cliffs, N. J., 1964)

Galbraith, Jay, *Designing Complex Organizations* (Reading, Mass., 1973)

Lawrence, P. R. and J. W. Lorsch, *Organizations and Environment* (Cambridge, Mass., 1967)

March, J. and H. A. Simon, *Organizations* (New York, 1958)

Negandhi, A. R. (ed.), *Modern Organization Theory* (Kent, Ohio, 1973)

西洋政治思想史

薩孟武

　　本書特點：㈠分古代、中世、近代三篇，說明該時代該社會的一般情況，依此分析每個政治思想發生的原因及其結果。㈡精選每個時代代表學者的代表思想，尤致力於說明時空背景、何以產生此種思想、對後來有何影響。

政治學

薩孟武

　　本書是以統治權為中心觀念，採國法學的寫作方式，共分為五章：一是行使統治權的團體——國家論；二是行使統治權的形式——政體權；三是行使統治權的機構——機關論；四是國民如何參加統治權的行使——參政權論；五是統治權活動的動力——政黨論。書中論及政治制度及各種學說，進而批判其優劣，是研究政治學之重要經典著作。

地方政府與自治

丘昌泰

　　本書描述臺灣實施地方自治的法制規範與運作原理，不僅涵蓋傳統的「法制途徑地方自治」，也包括最新的「治理途徑地方自治」。

　　章節結構係以考選部公佈的「專業科目命題大綱」為藍本，參酌歷屆試題重點加以修正而成，刪除不必要的教材，使本書更為精簡扼要。本書是一本觀念清晰、結構系統、概念新穎的教科書，有助於提升讀者的系統思考與應試能力。

政治學概論：全球化下的政治發展　　藍玉春

　　本書扣緊臺灣時事與全球脈動，兼具議題廣度與論述深度，拋棄傳統政治學冷僻生澀的理論，直接爬梳當代全球化趨勢下的主要政治現象與實務，並對照臺灣相關的政治發展。前半部分析權力運用及民主的特色與缺失、第三波民主化浪潮與茉莉花革命、公民投票、總統直選、憲政體制、媒體與政治親密的危險關係；後半部則在全球化的大架構下，分析人權演進與斬獲、國際政治與經貿的高度依存關係、區域整合與治理、環保生態與經濟發展的兩難困境、女性領導人崛起等重要議題。

國家圖書館出版品預行編目資料

政治學方法論／呂亞力著.－－二版一刷.－－臺北
市：三民，2021
　　面；　公分

　　ISBN 978–957–14–7181–5　（平裝）
　　1. 政治學方法論

570.1　　　　　　　　　　　　　110005807

政治學方法論

作　　　者	呂亞力
發 行 人	劉振強
出 版 者	三民書局股份有限公司
地　　　址	臺北市復興北路 386 號 (復北門市) 臺北市重慶南路一段 61 號 (重南門市)
電　　　話	(02)25006600
網　　　址	三民網路書店 https://www.sanmin.com.tw
出版日期	初版一刷 1979 年 4 月 二版一刷 2021 年 6 月
書籍編號	S570070
I S B N	978-957-14-7181-5

三民書局